KABALA'NIN SESİ

"İçsel bakışını genişletmeyi arzulayanlar için"

Michael Laitman

ISBN: 978-1-77228-087-6

© Laitman Kabbalah Publishers

YAZAR: Michael LAITMAN

www.kabala.info.tr

KAPAK: Laitman Kabbalah Publishers

BASIM TARİHİ: 2023

İçindekiler

Önsöz	8
ZAMANI GELDİ	8
KABALA'NIN YAŞAMIMIZDAKİ ÖNEMİ	15
I: Temel Bilgiler	**15**
BABİL: İKİ YOLCUNUN HİKÂYESİ	18
ARZULAR – DEĞİŞİMİN MOTORU	23
RUHU AYIRIRKEN	26
GERÇEĞİN KANUNU	30
ÖZGÜR SEÇİM	34
ANLAMAK HİSSETMEKTİR	39
FEDAKÂRLIK İSTEĞE BAĞLI DEĞİL	43
İYİ OLAN ŞEY İYİ SONA ERER	47
MUTLULUĞUN GİZEMİNİN AÇIKLANMASI	51
Birinci Bölüm	51
İkinci Bölüm	55
GERÇEK SEVGİ	58
II: Gerçeği Algılarken	**62**
GERÇEKLİK, GERÇEKTEN ALGILADIĞIMIZ GİBİ Mİ?	69
MUCİZELER VE SİHİRLİ ADIMLAR	69
HER ŞEYİN BİR AÇIKLAMASI VAR MI?	73
HARRY POTTER'IN SİHRİNİN GİZEMİ	77
MANEVİYAT ARAYIŞI	81
YARADAN KİMDİR?	86

III: Maneviyat Yolu ve Modern Dünya 89
BUZ DAĞININ UCU 89
"KELEBEK ETKİSİ" VE KABALA 93
KÜRESELLEŞME VE MANEVİYAT 96
YAŞAM KİME AİT? 105
YENİ BİR MESAJINIZ VAR 108
ÖZGÜRLÜK KAYGISI 113

IV: Kabala ve Bilim **117**
BİR KABALİST, BİR GENETİKÇİ VE YAŞAMIN MANASI 117
Birinci Bölüm 117
İkinci Bölüm 120
Üçüncü Bölüm 124
ÖZGÜR İRADE 128
İNSAN OLMANIN EVRENDEKİ YEGANELİĞİ 132

V: Gelecek Nesiller İçin Eğitim **136**
UYUŞTURMAK VEYA İZAH ETMEK 150
BİZİM OKULLARIMIZDA OLMAYAN EĞİTİM 140
RUHUN YAŞI YOK 148
AŞKIN DEŞİFRESİ 153

VI: Kadının Rolü ve "Cinsiyetler Arası Savaş **157**
MODERN DÜNYADA KADIN VE MANEVİYAT 157
CİNSİYETLER ARASI SAVAŞ, NE ZAMANA KADAR? 162

Birinci Bölüm	162
İkinci Bölüm	166
VII: Seçilmis Konular	**169**
HAZİNEYİ KEŞFETMEK	169
BİR SORUNUN OLDUĞUNDA DUA ETMEK, GERÇEK BİR DUA	173
HARFLERİN SIRRI	176
KABALA KUTSAL KİTAPLARI AÇIKLAR	181
İKİ AĞAÇ – BİR KÖK	184
BEŞİNCİ EMİR	189
IŞIK DÖRT DİLDE AKAR	192
SONSUZLUĞA UZANAN	196
BASAMAK VE DOLGUNLUK	196
EN SON REENKARNASYON	199
MUSA- SAĞDIK ÇOBAN	203
ÜST DÜNYALARIN MELODİLERİ	207
VIII: Zohar (İhtişamın Kitabı)	**211**
ZOHAR KİTABINA GİRİŞ	211
Birinci Bölüm	211
İkinci Bölüm	215
Üçüncü Bölüm	219
ZOHAR KİTABI	223
Birinci Bölum	223
İkinci Bölüm	226
IX: Önemli Kabalistler	**229**
KİTAP, YAZAR VE KABALA'NIN ÖYKÜSÜ	229

YEHUDA AŞLAG – HAREKET ZAMANI	233
BARUH ŞALOM HALEVİ AŞLAG, RABAŞ	243
X: Bayramların Manevi Kökleri	**250**
TİŞRİ ŞENLİKLERİ, ADAM VE KABALA	248
ROŞ HAŞANA: MANEVİ YENİ YIL	252
DÖRT TÜR VE SUKA	255
HANUKA VE KABALA	259
TU BİŞVAT: BAHÇİVANLIĞIN MANEVİ KÖKLERİ	267
PURİM: ESTER KİTABI – İÇ MUCİZE	272
PESAH (HAMURSUZ BAYRAMI): İÇSEL ANLAM	276
TİŞA BEAV: ÜZÜNTÜ VEYA İYİ GELECEK?	280

Önsöz
ZAMANI GELDİ

Kabalistik ilk günlük gazete olan "Ulus"un tarihçesi günümüzden 67 yıl önce başladı.

XX. Yüzyılın en büyük Kabalisti olan "Baal HaSulam" – Yehuda HaLeiB AŞlag, Kabala bilgeliğini ifşa etmek için o zamanın en popüler olan iletişim aracı olarak bu yolu seçmişti. "Ulus" gazetesi okumak isteyen her kişiye verilmeye başlandı ve bu İsrail'de büyük bir şaşkınlık uyandırdı. Kabalistler, nesiller boyunca bu gizli bilgeliği saklamış, sadece kendi içlerinde, ayrıcalıklı birkaç kişiyle çalışmışlar ve kapalı kapılar arkasında çalışmalarını sürdürmüşlerdi.

Peki, buna rağmen, yazarı Zohar hakkında devrim niteliği taşıyan bir adım atarak "Sulam'ın Yorumu" isimli makaleyi yazmaya iten şey neydi?

Baal HaSulam şöyle yazıyor: "Gerçek Bilgelik'in yayınlanmasına izin verilen bir nesilde yetişmekten ötürü çok mutluyum ve eğer bana bu iznin verildiğini nereden bildiğimi sorarsanız cevabım şöyle olacaktır: 'Bana ifşa etme hakkını verdi...' derdim ve ardından şöyle açıklardım:

"Bunu anlamak için bir bilgenin dahi olması gerekmez, önemli olan neslin bu koşula hazır olması gerekliliğidir." (Kabala Bilgeliği ve Özü Makalesi'nden)

Böylelikle Baal HaSulam, Kabala'yı açıklamanın yasak olduğu uzun bir dönemin sona erdiğini ve kitlelere açıklanmasının zamanının geldiğini belirtmiştir.

Zohar Kitabı'nın ve diğer otantik Kabala eserlerinin yorumlanması için ona verilmiş olan bu özel yetenek, neslin bu koşula hazır olduğunu, uygun gelişim seviyesine ulaştığını ve olgunlaştığını temsil eder. Bütün bunlar, sürgünün sonuna yaklaşıldığının çok net bir göstergesidir. Bu nedenle bilgelik açıklanmalıdır demekten ziyade bilgeliği açıklamak çok büyük önem arzetmektedir denmelidir.

Baal HaSulam Kabala değerlerine dayanan bir toplum kurma umudundan aldığı güç ile bu kadim bilimi kitlelere yaymak ve güçlendirmek için elinden gelen her şeyi yaptı. Onun hayali, çok az kişiye layık görülen bu önemli bilgeliğin zaman içinde herkes için bir temel olması ve gerekliliğe dönüşmesi olmuştur. Bugün baktığımızda bu hayalinin gerçek olmaya başladığını görüyoruz.

GERÇEK KABALA: GENEL UZLAŞMALAR

Günümüzde, "tüm dünya Kabala çalışıyor" gibi bir izlenim bulunmakta. Ancak Kabala bilgeliği modası geçecek bir heves değil, insan aklının doruk noktasında yer alan çok eskiye ait bir yöntemdir. Öyle bir yöntemdir ki; insanların karşı karşıya kaldıkları tüm zorluklarla başa çıkabilmesi için gereken her şeyi kapsayan bir bilgelik. Her ne kadar mistik bir imaj içinde gösterilmesine ve doğasından kaynaklı önyargılar yüzünden kötülenmesine, siyasi ve ticari uygulamalarla ilişkilendirilmesine rağmen, her geçen gün daha fazla kişi Otantik Kabala'yla tanışmaya devam etmektedir.

Michael Laitman

KABALA'NIN SESİ
GAZETE

"Ulus" gazetesinin birinci sayısından 67 yıl sonra, apolitik, ticari beklentisi olmayan ve basit bir dille yazılmış olan "Kabala'nın Sesi" adlı gazete yayınlanmaya başlandı. Bu gazete, nesiller boyu Kabalist'ten Kabalist'e geçerek günümüze gelen en eski Kabalistlerin mesajlarını bizlere çok kolay ve anlaşılabilir bir dilde aktarmaktadır.

Kabala'nın Sesi tüm herkes içindir: Kadın ve erkek, genç ve yaşlı, dindar ve laik, doğulu ve batılı; kalbi yaşamın sırrını ortaya çıkarmak için atan herkes için.

Bundan da anlaşılacağı gibi, Kabala'nın Sesi'nin gazetesinin yayınlanması önceden programlanmamış, daha ziyade, içinde bulunulan dönemin gerekliliğinden doğan bir zorunluluktur. Bu gazetenin amacı, gömülü Kabala bilgeliğini serbestçe yaymak için destek olmak ve yeni, mutlu bir varlık yapısının yeniden doğuşunun bireyde, toplumda, ulusta ve insanlıkta yayılmasını desteklemektir.

Bizler, Bney Baruh grubunun Kabalist birer üyesi olarak, herkes için tam ve tatmin edici bir yaşamın anahtarının burada bulunduğuna inanıyoruz.

KABALA'NIN SESİ
KİTAP

Gazetenin, birçok ülkede yayınlanmasının ardından, şimdi sıra son 18 ayda yayınlanan en iyi makaleleri derlediğimiz kitabı yayınlamaya geldi. Kabala'ya adımlarını yeni atmaya başlayanlara

kaynak olması amacı ile bu önemli bilgeliğin farklı konularından tatlar sunan kitap, bundan beş bin yıl öncesine uzanarak Hz. İbrahim zamanından günümüze gelen öğretileri içermektedir.

KİTABIN YAPISI

Kabala'nın Sesi, Kabalist Bilgelerin bilgeliğini günümüze aktaran, bir mozaik gibi zengin ve tam olan makalelerden seçmeler ve derlemelerin on bölümden oluşmaktadır.

Bölüm I- Temel Bilgiler: Bu makaleler, Kabala'nın amacı ve kapsamını netleştirmeye odaklanmıştır. Bu bölüm, rahat anlaşılabilir bir dille, temel kavramların doğru yöntem ile algılanması için gerekli olan düzeltmeleri bizlere sunuyor.

Bölüm II- Gerçeği Algılarken: Algıladığımız ve tanıdığımız bu dünya gerçek mi yoksa hayali mi? Var olma nedenimiz nedir? Kabala Bilgeliği aklımızı kurcalayan sorulara yanıt vererek nerde olduğumuzu ve hangi amaca hizmet ettiğimizi anlamamıza yardım ediyor.

Bölüm III- Maneviyat Yolu ve Modern Dünya:
Bu dünyada olan her şeyin bir nedeni var ve bazen her ne kadar farkında olmasak da hepimizin bu toplumda görev aldığı bir rolü var.

Bölüm IV- Kabala ve Bilim: Bilim ilerledikçe Kabala Bilgeliği ile daha fazla ortak noktasının olduğunu görmekteyiz. Bu makaleler, son zamanlarda keşfedilen bu benzerlikleri gözler önüne sermektedir.

Bölüm V- Gelecek Nesiller İçin Eğitim: Günümüz eğitim sistemi beklentilerimizi karşılıyor mu? Yeni nesillerin yetişmesi için doğru şeyleri mi yapıyoruz? Bakalım bu kadim bilgelik bizlere bu sorunlarla başa çıkabilmek için neler söylüyor.

Bölüm VI- Kadının Rolü ve Cinsiyetler Arası Savaş: İlk Adam'ın ruhunun binlerce parçaya bölünüp bu dünyaya düşüşünden önce, Yaradan bu ruhu iki parçaya böldü: Erkek ve kadın. Bu bülünmeye neden olan neydi? Kabala'nın öğrettiği düzeltilmeye giden yolda kadının oynadığı rol nedir?

Bölüm VII- Seçilmiş Konular: Burada tıpkı diğerlerindeki gibi basit ve anlaşılabilir bir dille yazılmış, vizyonumuzu derinlemesine açmaya yardımcı olacak ve Kabala'nın kapsamını daha iyi anlayabileceğimiz bir dizi makale bulacaksınız.

Bölüm VIII- Zohar (İhtişamın Kitabı): İlk Kabalistik kitabın tarihçesi ve tanıtımı. Bu bölüm, bizim manevi yolda izlediğimiz yöntemi temel alarak çalıştığımız en önemli metinlerden bahsetmektedir.

Bölüm IX- Önemli Kabalistler: Tüm zamanların en önde gelen Kabalistlerinden bazılarının yaşamları ve yaptıkları çalışmalar.

Bölüm X- Bayramların Manevi Kökleri: Bu dünyada kutladığımız tüm bayramların manevi üst güçlere dayanan kökleri vardır. Bu anlayışla fiziksel dünyamız ve manevi dünya arasında bir köprü inşa edebiliriz.

Kitabı okurken keyifli vakit geçirmenizi ve varlığınızın sebebini bulmada çıktığınız bu yolculukta başarılı olmanızı diliyoruz.

Kabala'nın Sesi- Yayın Ekibi

GİRİŞ

"Ancak Kabala ilminin kitlelere yayılması sayesinde tam bir kurtuluşa erebiliriz."

Yehuda Aşlag, Baal HaSulam, Hayat Ağacı Kitabı'na Giriş

Eğer kalbimizi en önemli olan soruya cevap almaya yöneltirsek, eminim ki tüm sorular ve şüpheler hiçbir iz bırakmadan ufukta kaybolacaklardır. Tüm insanların kendilerine sorduğu bu keskin soru: "Hayatımın anlamı nedir'den başkası değildir". Bu demek oluyor ki; yaşamımız bunca sıkıntı ve acıya rağmen hayatta kalma çabamızdan başka bir şey değil ise, "Bu hayattan gerçekten zevk alarak yaşayan kim?" Ya da daha doğrusu, "Ben kime zevk vermek için yaşıyorum?

Yehuda Aşlag, Baal HaSulam, On Sefirot Çalışmalarına Giriş- 2. kısım

KABALA'NIN YAŞAMIMIZDAKİ ÖNEMİ

Herkes bu dünyaya neden geldiğini, gelecekte bizleri nelerin beklediğini, ıstırabı önlemek, barış ve güvenliği sağlamak için ne yapmak gerektiğini bilmek ister.

Kabala Bilgeliği bizlere bu ve daha birçok sorunun cevaplarını sunar. İnsanoğlunun aklına gelen herhangi bir soruyu sormasına imkân tanır ve verdiği mutlak cevaplar ile insanları içsel ve kişisel deneyimin elde edinilmesine ulaştırır ki; Kabala'ya "Gizli Bilgelik" denilmesinin nedeni de budur.

Kabala Bilgeliği'nin temelinde, herkesin isteklerinin olduğu ve bu istekleri doldurmak ve zevk almak istediği yatar. Kabalister bunu "Alma Arzusu" olarak tanımlar. Kendimizde olduğu kadar çevremizde de bulunan tüm bu arzular bizi harekete geçmeye iten bildik düşünce ve duygularımızdır ve Kabala Bilgeliği bizlere bu arzularımızı doğru şekilde nasıl kullanmamız gerektiğini kolay ve açık bir dille anlatır.

Kabala Bilgeliğinin teknik bir dil kullandığı doğrudur, ancak gelmek istediğimiz noktadan sapmamak için anlamamız gereken en önemli konu Kabala'nın "Yaşamın Bilgeliği" olmasıdır.

Bu bilgeliğe ulaşan ve öğretilerini bizlere yazılı olarak aktaranlar da sizler ve bizler gibi sıradan insanlardı. Bu Kabalistler de, "ne için yaşıyoruz? Öldükten sonra ne olacak? Neden dünyada ıstırap var? Kusursuz mutluluğa gelebilmek için ne yapılmalı?" gibi sorulara cevap bulabilmek adına girdikleri arayıştan yola çıkarak bulundukları seviyeye ulaşmışlardır.

Onlar bu sorulara kendi içselliklerinde yanıt bulduklarından, gerçekleri ortaya koymak ve bizlerin öğrenimine katkıda bulunmak üzere çalışmalar yapmış, kitap ve makaleler yazmışlardır. Bu eserler, doğruluğu kesin, tamamen bilimsel olan, sonsuz mutlulukla beraber yaşam yolumuzun mutlak büyüklük hissinin, ilahi duyguya nasıl ulaştırılacağı hakkındadır.

Kabala Bilgeliği bizlere burada ve içinde bulunduğumuz zamanda nasıl tat alacağımızı gösterir. Edinilmesi gereken dünyayı, ruhları, reenkarnasyonu, yaşam ve ölümü, bu dünyada varlığını sürdürdüğü sürece adamın kendi ruhsal gelişimi sırasında yaşadığı içsellikle ilgili tüm terimleri açıklar.

Bu durumda sorulması gereken tek bir soru kalıyor: "Bizler bu hissiyatı edinmeye nasıl gelebiliriz? Tüm gerçekliğin önümüze serilmesi için ne yapmalıyız?"

Bilinmelidir ki herkes kendi düzeni içinde tercih yapar. Her zaman bir diğerinden daha çok önemli veya daha az önemli olan ya da bir sonraki güne ertelemeyi tercih ettiğimiz işlerimiz vardır. Bizler hayatımızı sınıflandırırken bir tek şeye sadık kalarak program yaparız ve bu da "Hayattaki Amacımızdır."

Tüm çaba ve kaynaklarını; sevilme, para, şöhret ya da bilgiyi elde etmeye yönelik yatırım yapmaya istekli birçok kişi vardır. Ancak yalnızca tek bir arzuya odaklandıklarından ötürü diğerlerini ihmal ederler. Bu nedenle, birçok insan önemli kayıpları önlemek için güçlü isteklerde bulunmaktan kaçınmayı tercih eder. Yani, bize sunulandan alabileceğimizin en azı ile mutlu olur ve daha çok dikkat gerektiren isteklerimizi bastırırız.

Michael Laitman

Kabalistler eserlerini bizlere aktarırken tek bir hedef belirlediler: İnsanlara sonsuzluğu nasıl elde edebileceklerini göstermek, sevinç dolu bir hayat ve sonsuz zevk. Bu amaca ulaşabilmek için insanın zevk alma arzusunu derinlemesine araştırmaya daldılar.

Bizlere bu yolda rehberlik eden, Kabala'ya ait kanunları bizlere en açık şekliyle açıklayan, zamanımızın en önemli Kabalistleri: Zohar Kitabı'nı açıklamak için yaptığı önemli "Sulam" (merdiven) yorumlarından ötürü Baal HaSulam (Merdivenin sahibi) olarak bilinen Yehuda Aşlag ve öğretmeninin yorumlarını daha da genişleterek yorumlayıp ve bizlere açıklamış olan Baal HaSulam'ın oğlu olan Baruh Aşlag'dır.

Zamanın en büyük Kabalisti olan Baruh Aşlag'ın öğrencisi ve kişisel asistanı olmak benim için büyük bir ayrıcalık olmuştur ve ondan öğrendiklerimi, en derin şefkat ve sevgimle siz okuyucularla paylaşmaktan büyük mutluluk duyacağım.

Michael Laitman

Michael Laitman

BABİL:
İKİ YOLCUNUN HİKÂYESİ

İnsanlık bundan beş bin yıl önce, bugün Irak'ın bulunduğu bölgede bulunan Babil'de, yolundan saptı. Bu sapma bizi bir kaos ortamına doğru sürüklüyor.

Peki, bunun sorumlusu kim?

Bir sabah uyandığımızda, bu hayatta yapmamız gereken daha önemli bir görevimiz olduğunu hepimiz hissetmişizdir. Ama gerçekte ne istediğimizi biliyor muyuz? Bize mutluluk ve tatmin veren şeyleri sıralayabilir miyiz? Antik Babil nüfusunun büyük çoğunluğu da bu soruları kendilerine soruyordu ve mutsuzluklarından kaynaklanan birikim insanlığın evriminde kritik bir değişime neden olacak bir patlak verdi.

Her şey bundan beş bin yıl önce Mezopotamya'nın hareketli başkenti olan Babil´de başladı. O zamandan itibaren de birçok inanç ve öğretinin potası oldu. Tıpkı günüzmüzde New York'da, ya da XIX. Yüzyılda Paris'te hâkim olan "her şey serbesttir" atmosferinin aynısı o dönemde Babil'de hâkimiyet sürmekteydi. Bu antik uygarlığın düşüncesizce aldığı tüm kararlar yüzünden bir zamanlar uygarlığın beşiği olan Irak, "Kültürel Big Bang" kökenli mevcut küresel krizin habercisi olarak, bugün tüm bu ıstıraplara maruz kalmaktadır.

Başlangıçta Babil´deki bütün insanlar "aynı dili konuşur, aynı sözleri kullanırlardı." (Yaratılış, 11:1) Ama büyüyen nefretleri onları biri; zevk için almak

Michael Laitman

ve içsel arzularını tatmin etmek ve diğeri de; acı ve hazzın nereden geldiğini öğrenmeyi arzulayan, tüm bunu yapanın kim olduğunu sorgulayan bir grubun takipçileri olarak iki farklı yola ayırdı.

"Haz alma arayışı" taraftarları, yeni icatlar yapmaya, yaşamlarını yenilemeye ve ilerlemeye başladılar. İlerlemelerini hızlandırmak için projeler tasarladılar, diller geliştirdiler, daha fazla haz alabilecekleri kaynaklar aradılar. Ancak, farklı arzuları, onların bölünmesine ve kısa sürede birbirlerinden uzaklaşmalarına neden oldu.

Kültürel Big Bang gerçekleşmişti ve aralarındaki uzaklık arttıkça mutlu olmak için daha farklı arayışlara giriyorlardı. Bazıları kaprislerinin gerçekleşeceği umudu ile doğanın güçlerine tapıyor, diğerleri ise mutluluk ve arzu ettiklerine ulaşma isteği ile tek bir güce inanıyorlardı. Ayrıca arzu etmekten tamamen uzak durulmasının bir ihtiyaç olduğundan söz edenler de bulunmaktaydı.

Zamanla bu kavramlardan farklı kültürler doğdu. Buna bağlı olarak herkes kendi fikrinin en faydalı olduğunu savunmaya ve kendisi ile hemfikir olmayanlarla, zevk ve hoşgörü beklentilerine tehdit oluşturduklarından dolayı, düşman olmaya başladılar.

Uzun yıllar süren savaş ve kavgalardan sonra insanlar inandıkları şeylerin onları mutluluğa ulaştırmayacağının farkına varmaya başladı. Bu durum mevcut küresel krizin özünü oluşturmaktadır. Bizler, tüm insanlık, ne kendimizin ne de çocuklarımızın mutluluğunu ya da kişisel güvenliğini garanti edecek hiçbir şey yapamayacağımızın bilincindeyiz. Bu nedenle, Batı dünyasında en sık rastlanan hastalık, bu hayal kırıklığından doğan depresyondur.

Ama beş bin yıl önce, zevk alma arzusuna olan istekler yeni başladığında bu durumu iyileştirecek panzehir de ortaya çıktı. Sorgulayanların yolunu seçmiş olanlar arasında yaşayan İbrahim adında bir genç vardı. Babası puttan heykeller yapan bir adamdı, her ne kadar babasının yolunu izleyip o da puttan heykeller yapmış ve satmış olsa da hiçbir zaman kendi elleri ile yaptığı, hiçbir değeri olmayan o nesnelere tapınmanın ve onlara dua etmenin ne işe yaradığını anlayamıyordu.

Sorular ve şüpheler hiçbir zaman onu terk etmemişti, ta ki bir gün durup şu soruyu sorana kadar: "Bu dünyanın bir efendisi yok mu?" Yaradan ona döndü ve dedi ki: "Ben bu dünyanın efendisiyim." (Berşit Raba 39:1)

Bu olaydan sonra kendi adını değiştirip İbrahim adını aldı, ulusların babası, yeni bir düşünce çizgisinin habercisi olan, kendisi için alma arzusundan çok üst bir seviyede, ihsan etme eyleminde olan. Hz. İbrahim, alma arzusuna ulaşmak için tüm doğayı yöneten evrensel kanunların bilinmesi, onunla form eşitliğine gelinmesi gerektiğine ve ancak böylelikle evrenin tüm zevklerinin sahibi olabileceğimizi açıkladı ve ekledi: "Sorun şu ki bizler zevk almak istemiyor değiliz, yalnızca bu alma arzusunun nereden geldiğini bilmek istiyoruz."

Böylece Hz. İbrahim, Yaradan'a ulaşabilmek ihtiyacından doğan, O'nunla form eşitliğine gelmek için gereken ihsan etme arzusunu inşa eden bir metot geliştirdi. Yaradan'ın canlı bir varlıktan ziyade, tam anlamıyla mükemmel işleyen bir ihsan etme arzusu olduğunu öğretti. Hayatını mutluluğun şifresi olan bu yöntemin yayılmasına adamaya karar verdi.

Babil Kulesi

Michael Laitman

O zamandan beri bilge kişiler, Hz. İbrahim'in bu yöntemini farklı zamanlarda, farklı isimler vererek geliştirmişler ancak özüne sadık kalmışlardır. XVI. yüzyılın büyük kabalisti olan Haim Vital, tüm nesiller boyu öğretilenlerin hep aynı olduğunu, Kabala Bilgeliği'nin özünün yalnızca alma arzusunun bilgeliği olduğunu yazdı.

Her geçen gün daha fazla insan hayatında hep bir şeylerin eksikliğini hissetmekte ve neden mutlu olamadıklarını kendilerine sormaktadırlar. İşte bu yüzden, binlerce yıldır keşfedilmeyi bekleyen ve bugün bizlerin fayda sağlamasına olanak tanıyan Kabala, gerçek ve geçerli cevaplarla herkese yardım etmektedir.

Kullanımı, tüm insanlığın iyiliği için, birbirinden ayrı kültürleri birleştirmeye, yabancılaşmayı iyileştirmeye, bireysel becerilerden yararlanmaya yöneliktir. Yüz yıllardır süregelen bu husumeti sonlandırmak ve bir daha asla ayrılmamak için bu eksik unsurların tekrar sıkı sıkıya birbirine yapıştırılması ile mümkün olacak ve bu da aynı dilden konuşarak, tek bir düşünceye sadık kalarak olacaktır.

Michael Laitman

ARZULAR DEĞİŞİMİN MOTORU

"... herhangi bir motivasyon olmadan, yani bir şekilde bize yarar sağlayabilecek bir şey olmadan en ufak bir eylemde bulunmak tamamen imkânsızdır."

Yehuda Aşlag, "Barış"

Hiçbir talep yoktan varolmaz. Bilinçsizce içimizde oluşmaya başlar ve kesinlik kazanınca ortaya çıkar, tıpkı "Pizza İstiyorum" gibi. Bundan önce, istekler hissedilemezler, ya da en azından genel bir endişe olarak algılanabilirler. Hepimiz bir şey istediğimizin hissiyatını deneyimlemişizdir, ancak tam anlamıyla ne olduğunu bilememek bu arzumuzun daha olgunlaşmamış olmasındandır.

Platon bir defasında, "Zorunluluk buluşun anasıdır," dedi ve haklıydı. Benzer şekilde Kabala, bize öğrenmemiz için tek yolun yapmak istemek ile başladığını göstermektedir. Aslında çok basit; bir şey istediğimizde, onu elde edebilmek için gereken her şeyi yaparız. Zaman ayırırız, enerji harcarız ve gerekli olan becerilerimizi geliştiririz. Bu da bize gösteriyor ki; değişimin motoru arzularımızdır. Tüm bu arzularımızın ortaya çıkış biçimi insanlık tarihini tanımlar ve belirler. Bu arzular geliştikçe, insanları dileklerini yerine getirmeleri için çevrelerini araştırmaya teşvik eder. Mineraller, bitkiler ve hayvanlardan farklı olarak insanlar sürekli bir gelişim içindedir. Her nesilde ve her bir kişide, alma arzusu daha güçlü hale gelmektedir.

Kabala'nın Sesi

Michael Laitman

" ... ne zaman ki bir kişi, elini sandalyeden masaya hareket ettirse, elini masaya koyduğu an çok büyük bir hazla dolacağını düşünür. Bu şekilde düşünmeseydi, hayatının geri kalanını elini sandalyeden bir santim bile kıpırdatmadan geçirirdi ve bunun için bir çaba sarfetmekten bahsedilemezdi."

Yehuda Aşlag, "Barış"

Değişim motoru -arzu- sıfır ile dört arasında beş basamaktan oluşmaktadır. Kabalistler bir motordan bahsederken demek istedikleri aslında "zevk alma arzusu" ya da yalnızca "alma arzusu"dur. 5000 yıl kadar önce, Kabala'nın başlangıç dönemlerinde, alma arzusu sıfır basamağındaydı. Bugün, tahmin edeceğimiz gibi dördüncü ve en şiddetli basamakta bulunmaktayız.

Ancak, alma arzusunun sıfır basamağında olduğu o başlangıç dönemlerinde, arzular bizleri doğadan ve birbirimizden ayırmak için yeteri kadar güçlü değillerdi. O günlerde, doğa ile olan bu birliktelik, bugün çoğumuzun tekrar öğrenebilmek için meditasyon dersleri alması gibi (gerçeği söylemek gerekirse çok başarılı olmadığımızı kabul etmeliyiz), o zamanın doğal yaşam tarzıydı. İnsanlar birbirlerini başka bir şekilde tanımıyorlar, ne doğadan kopuk bir biçimde yaşayabileceklerini hayal ediyor, ne de bunu arzuluyorlardı.

Aslında, o günlerde, insanlığın doğa ve birbirleri ile olan iletişimi o kadar ahenkli bir şekilde işliyordu ki kelimeler gereksizdi. Bunun yerine insanlar telepatiye benzer bir şekilde, düşünceler yolu ile birbirleriyle iletişim kuruyorlardı. Bir birliktelik ve insanlığın tam anlamıyla tek bir ulus olduğu dönemlerdi.

Ama bir değişiklik oldu; insanların istekleri artmaya başladı ve daha da bencilleştiler. Doğayı değiştirmeye ve kendi çıkarları için kullanmak istemeye başladılar. Ona uyum sağlamak yerine kendi ihtiyaçları için değiştirmeyi istediler. Doğadan uzaklaşmaya başladılar ve bunun bir sonucu olarak birbirlerinden ayrılıp, yabancılaştılar. Bugün, yüzyıllar sonra, bunun iyi bir fikir olmadığını keşfediyoruz çünkü bunun bir işe yaramadığını görüyoruz.

Hatta bölünmeden bu yana, sürekli doğayla karşı karşıya gelmekteyiz. Bencilliğin artışını düzeltip doğayla birlik içinde kalmak yerine, doğanın elementlerinden korumaya çalıştığımız benliğimiz için mekanik ve teknolojik bir kalkan inşa ettik. Bu demek oluyor ki, bilinçli ya da değil, gerçekten yapmaya çalıştığımız şey sürücü koltuğuna geçip doğanın güçlerini kontrol etmeye çalışmaktan başka bir şey değil.

Bugün, birçok kişi, teknolojik vaatlerin sunduklarınıdan, zenginliğin, sağlığın ve en önemlisi güvenli bir sabahın yoksunluğundan yorulama başladılar. Bahsettiğimiz şeylerin tüm hepsini elde eden çok az kişi var ve onlar dahi tüm bunların yarın kendilerine ait olacaklarını iddia edemezler. Ama durumun böyle olmasının bir de faydası var. Bizleri, içinde bulunduğumuz yolu gözden geçirmemizin ve sorgulamamamızın gerekliliğine zorluyor. "Yanlış yolda olmamız mümkün mü?"

Özellikle bugün, krizi tanımlama şeklimiz ve karşı karşıya kaldığımız ölü nokta, açıkça bize seçtiğimiz bu yolun çıkmaz bir sokak olduğunu kabul etmemiz gerektiğini gösteriyor. Teknolojiyi seçerek, kendimizi egomuz yüzünden doğadan uzaklaştırmaktansa, bu durumu fedakârlık ile yer değiştirmemiz ve dolayısıyla doğa ile birlikteliğe gelmemiz gerekmekte. Kabala'da bu değişim için kullanılan terime Tikun (ıslah) denir.

Doğadan uzaklaştığımızın farkına varmak demek bundan tam beş bin yıl öncesinde insanoğlunun arasında meydana gelen bu bölünmeyi tanımak demektir. Buna "kötülüğün ifşası" denir. Çok kolay değil, ancak bunu yapmak daha iyi bir yarın için attığımız ilk adımdır.

RUHU AYIRIRKEN

Herbirimiz bir zamanlar var olmuş tek ruhun yani Adam HaRişon'nun (ilk insan), tıpkı bir yap-boz gibi, parçalarıyız. Tüm bu parçaları yeniden bir araya getirmenin zamanı geldi: Şimdi ıslah zamanı.

Trafiğin ortasında sıkışıp kalmak hiç kimsenin hoşuna gitmez, hiç kimse bir "alışveriş merkezi"nde kalabalık arasında dolaşmak ya da kasaya uzanan kuyrukta sonsuza kadar beklemek istemez. Peki, neden bu kadar kalabalık var?

Belki dünyayı onlarca ya da yüzlerce kişi ile yani arkadaşlarımızla ya da akrabalarımızla paylaşmakta hemfikiriz, ancak; geriye kalan yedi milyar insanla paylaşma zorunluluğu şüphe yok ki hiç de o kadar net bir durum değil. Peki, o zaman, neden dünyada bu kadar çok insan var?

Michael Laitman

BREZİLYA KAHVESİ VE İSVİÇRE SAATLERİ

Sağduyumuz bizlere insanlarla karşılıklı ilişki içinde olmamızın çıkarımız doğrultusunda olduğunu söyler. Eğer bu dünyada yalnız olsaydık, bir dilim ekmek yemek için bile çok büyük bir çaba ve arzu sarfetmemiz gerekirdi. Çünkü buğdayın ekilmesi, büyütülmesi, hasatı, öğütülmesi, yoğurulması ve en son ekmek halini alabilmesi için fırınlanması gerek. Ayrıca fırını da bizim inşa etmemiz gerekirdi.

Bunun yerine, en yakın fırına gidip, çok az bir ücret karşılığında ekmek satın alabiliyor ve satın alma aşamasında bir dakika gibi bir süre harcayıp hayatın zevklerini vakit kaybetmeden yaşamaya devam ediyoruz. Yani, günün birkaç saati çalışıyor ve geri kalanında dünyada var olan tüm ürünlerin zevkini çıkarıyoruz. Lezzetli Belçika Çikolatası'nın, Amerikan "fast food"unun, İsviçre Saatleri'nin ve Breziya Kahvesi'nin. Çinliler çocuklar için oyuncak araba yapıyorlar, Japonlar da bizlerin kullandıkları gerçek araçları üretiyorlar.

Peki, sizce bu, bu kadar çok insan olmasının iyi bir nedeni mi? Dünyada bir milyar daha az insan olsaydı, onların yokluğunu hisseder miydik?

ARZUNUN KRALLIĞINDA

Kabalistler hepimizin tek bir ruh olan, Yaradan'ın tüm özveri ve sevgi doğasına tamamiyle zıt, genel haz ve zevk alma isteği ile Yaradan tarafından yaratılmış olan, Adam HaRişon'dan (ilk insan) geldiğimizi söylüyorlar. Adam HaRişon'un ruhunun görevi Yaradan'ın doğasına benzemek, onun gibi ihsan edici olmak ve tüm arzuların üstündeki sonsuzluğun doyumuna böylelikle ulaşmaktır.

DOYUMDAN ÖNCE HAZ

Kabala'ya göre, Adam HaRişon'un ruhu yaratıldığında, ona ulaşmak için kişisel bir çaba sarfetmediğinden ötürü Yaradan ile olan ilişkisini sınırlı bir haz hissiyatıyla algılamaktaydı.

Yaradan, Adam HaRişon'un ruhunu kendi imkânları ile geliştirmesini istedi. Daha sonra daha büyük bir mutluluk vermek için kasıtlı olarak planladığı bu durumu ortaya koydu, hazları aldı ve iliklerine kadar sevinçle doldu, Yaradan'ın niteliklerinin hepsini kaybetti - ona tüm zevkleri verenin- ve O'nunla olan tüm ilişksini de.

Tıpkı kazancının yarısını bağışlamaya söz veren birinin loto'da büyük ikramiyeyi kazanmak için ibadet etmesi gibi. Ancak bu ikramiyeyi kazandığında, hazdan aldığı zevk o kadar büyüktür ki öncelikleri değişiverir. Verdiği sözü "unutur" ve bağışta bulunmaktansa aniden daha iyi yatırım alternatifleri bulur.

HAZZIN PARÇALARI

Yaradan'dan aldığı bu büyük haz nedeni ile ilişkisini "unutma"nın bir sonucu olarak, Adam HaRişon'un ruhu manevi dünyadan ayrıldı, "bireysel ruhlar" olarak adlandırılan birçok parçaya bölündüler, daha sonra, insan vücutlarına "giydirilerek" bu dünyaya doğru aşağı düştüler. Basamak basamak varsayılan hazzı nasıl almaları gerektiğini öğrenmek adına idare edilebilir parçalara bölündüler, ama hazzı veren Yaradan ile temasını kaybetmeden.

Benzer şekilde, bir ton ağırlığındaki bir şeyi taşımasını tek bir kişiden talep edemeyiz. Ama bu bir tonluk ağırlığı, birer kiloluk bin küçük parçaya böler ve her bin parçayı taşıması için bin farklı kişiye bölüştürürsek taşınmasını kolaylaştırabiliriz.

Bu süreç Baal HaSulam'ın bir benzetmesi ile kısaca şöyle ifade edilir: "Uzakta yaşayan oğlu için yüklü miktarda altın göndermek isteyen bir kral vardı. Ne yazık ki, ülkesinde yaşayan tüm insanlar hırsız ve hilekârdılar, kralın güvenebileceği hiçbir sadık habercisi yoktu. Ne yaptı? Altını parçalar halinde birçok haberciyle gönderdi, böylece bu kadar ufak bir miktarı çalmak uğruna onurlarına leke sürdürmek istemediler." (Hayat Ağacı, Baal HaSulam).

BİR DAHA REENKARNE OLMAMAK

Günümüzde, kırılma sonrası döneminde bulunmaktayız, her birimiz kralın habercileri gibiyiz, Yaradan'ın büyük hazinesinin parçalarını taşıyan birer haberciyiz. Görevimiz, yaşadığımız sürece, kralın bizden istediğini yapmak ve onunla tekrar bir bağlantı

Kabala'nın Sesi Michael Laitman

kurmaktır. Altın parçalarını yerine ulaştırmadığımız sürece bu dünyaya gelmeye devam edeceğiz.

Bu süreci geçmiş Kabalistler, bu durumu Tikun (düzeltme) olarak değerlendiriyorlar. Onlar bizlere, Manevi Merdiven'in üst noktalarına ulaşabilmek ve bir daha reenkarne olmamak için bireysel olarak "alma arzumuzu" nasıl düzelteceğimizi gösteriyorlar.

TOPLULUK PARÇALARIN TOPLAMINDAN ÇOK DAHA FAZLADIR

Kabala çalışmanın amacı her birimize yardımcı olmak - Adam HaRişon'un ruhunun her bir parçasını- mümkün olduğu kadar hızlı ve yararlı bir şekilde yeniden bir araya getirmektir. Herkes kendinde bulunan parçayı düzelttiğinde, bu dünyaya geliş amacımızı yerine getirip, bizim için tasarlanmış olan "Yaratılış Düşüncesi'nin" sonsuz hazzına ulaşabiliriz.

GERÇEĞİN KANUNU

... nasıl bir balta fiziksel bir nesneyi keser ve ikiye böler, bu da tıpkı böyle, manevi nesneyi ayırır ve ikiye böler...

Yehuda Aşlag "Zohar Kitabı'na Önsöz"

Dikkat edin, dünyamızın ne kadar enteresan olduğunu anlarsınız. Sen ve ben bir metre uzaklıkta duruyor, sohbet ediyor, birbirimize bakıyoruz ama hiçbirimizin, diğerinin düşünce ve istekleri hakkında en ufak bir fikri bile yok ya da aklının gerçekten nerede olduğunu bilmiyoruz. O an başka bir kıtada ya da

zamanda yaşayan ya da yaşamış olan biriyle ilgili düşünüyor olabilmemiz mümkün.

Birbirine âşık insanların aşkını nereye olursa olsun "yanlarında götürdükleri" bilinmektedir. Sanki sizinle birliktelermiş gibi konuşmak gerçekten sıkıcı bir deneyim olurdu; âşıkların düşünceleri onların harika "düşüncesel üstü dünya"larındadır.

Buna karşın, eğer bana bugün trende yanımda kim oturuyordu, futbol yarı final bileti almak için bulunduğum kuyrukta kimin yanında durmaktaydım diye sorarsanız, muhtemelen cevap veremem. Çünkü sırada beklerken ya da yolculuk ederken başka şeyleri ya da kişileri düşünüyordum.

"... mesele fiziksel olarak yakın ya da uzak olmakta değil, form eşitliğinde olmakta..."

Yehuda Aşlag, "Zohar Kitabı'na Önsöz"

Sonuç olarak, vücudun yakınlığı ya da uzaklığı, içsel hayatımızdaki yakınlık ve uzaklıkla aynı değildir. Şöyle ki, bir şeyi gerçekten istediğimiz zaman ya da ona yakınlık hissettiğimizde, tüm düşüncelerimiz, hislerimiz ve hayal gücümüz onunla meşgul olur.

DOĞAL EŞİTLİK

Eğer "Form Eşitliği Kanunu"nun doğada nasıl işlediğine dikkat edersek, bunun yeni bir şey olmadığını anlarız. Yalnızca algılama sistemimiz ile görürüz -örneğin gözümüz- form eşitliğini görebilme yetisi vardır.

İnsan gözü mordan kırmızı dalga boyutuna kadar olan renklerle uyumludur, bu yüzden, mordan daha

Kabala'nın Sesi

Michael Laitman

üst bir dalga boyutunu algılamaktan yoksunuzdur, örneğin; eğer uygun ekipmanlarımız yoksa ultraviyole ışığı algılayamayız.

Arılar ultraviyole dalga boyutunu ayırtedebilir ve bu yolla farklı türdeki çiçekleri bulurlar. Sivrisinekler, kendileri için uygun dalga boyutunda görürler ki bu onlara hangi damara "doğrudan saldıracaklarını" gösterir. "Form Eşitliği Kanunu" somut bir şekilde böyle işlemektedir.

Bizler, hayatlarımızı etkileyen ancak algılamakta yetersiz kaldığımız gerçeğin farklı frekanslarda olduğunu biliyoruz. Tıpkı X-ışınlarının yaydığı radyasyon ya da radyo dalgaları gibi. Eğer bu dalga boylarını kendi doğal algılama sistemimize çevirebilecek yetiye sahip uygun araçlara sahip olsaydık - kulaklar, gözler, burun ve vücudumuzun farklı duyu sensörleri- havada bu dalgaların varlığını algılayabilirdik.

"İnsanlar aynı şeyleri sevdiklerinde ve aynı şeylerden nefret ettiklerinde her biri arasında bir form eşitliği söz konusudur...

Yehuda Aşlag, "Zohar Kitabı'na Önsöz"

Örneğin, şu an en sevdiğin radyo istasyonunda herhangi bir program olup olmadığını sorsam, radyoyu açıp uygun radyo istasyonunun kanalını ayarlamadan bana bilemeyeceğini söylersin. O zaman radyonun ürettiği şey nedir?

Radyo sadece havada bulunan frekansları biraraya getirir, radyoyu açmadan önce bile. Daha sonra, radyo istasyonu tarafından bizim algılayamayacağımız dalga boyunda üretilen mesajı çevirerek, işitebileceğimiz bir dalga boyuna aktarır.

YAKINDAKİLER VE UZAKTAKİLER

"Yakınlık" teriminden bahsettiğimizde, örneğin ilk aklımıza gelen ananemizin Almanya'da yaşayan kardeşi Ayşe teyze ya da onun oğlu Murat'tır. Bazen bu terimi ülkede toplumsal bir değişimin gerekli olduğunu düşündüğümüzde aramızdaki fikir yakınlığını vurgulamak için kullanırız. Bazen de, aramızdaki karşılıklı sevginin bir ölçütü olarak kullanırız. Örneğin; bir başkasının iyi ve güzel bir hayatı olmasını düşünüp isteyerek. Öyleyse, manevi yakınlık nedir?

MANEVİ FORM EŞİTLİĞİ

Manevi dünyada da tıpkı vücutta olduğu gibi form eşitliği kanunu işler. Aradaki fark, sadece manevi dünyada dalga boyları arasındaki eşitlikten bahsedilmez, yalnızca niyetlerin benzerliği ve farkılığından söz edilir.

Manevi dünya sadece "niyet" (düşüncelerle) ile ölçülür. İnsanın doğası, kendisini ve kendi çıkarlarını düşünmeye odaklıdır, diğer taraftan Üst Güç hayatımızın akışını yönlendirirken sadece sevmek, vermek ve ihsan etmek için hareket eder.

Yani, insanoğlu ile hayatını yönlendiren güçler arasında bir form zıtlığı vardır.

Bu nedenle, eğer bizim arzumuz bu dünyayı yöneten gücü tanımak ve anlamak ise, ihsan etme vasfını edinmek zorundayız. Yalnızca kendimizi ve kendi kişisel menfaatlerimizi düşündüğümüz sürece, Üst Güce karşıt kalacağımız için, çevremizde ve içimizde olup bitenlerin nedenini hiçbir zaman bilemeyiz.

Yalnızca, egomuzun üzerine çıkabilecek yolu bulduğumuzda, kendimizi endişelerden kurtararak, form eşitliğine ulaşabiliriz, bilgelerimizin dediği gibi: "Tıpkı O'nun merhametli olduğu gibi, sen de merhametli olacak; tıpkı onun şefkatli olduğu gibi, sen de şefkatli olacaksın..."

Böylelikle, ihsan etme, cömertlik ve sevgi içeren yeni bir dünya inşa edebiliriz. Bu yolla iyiyi ve mutluluğu deneyimleyebilir; Yaratılışın Ana Nedeni'ne ulaşabiliriz.

ÖZGÜR SEÇİM

"Özgür irade var mı yok mu? Hayatımızdaki gerçek özgürlük nerede bulunuyor?"

İnsanoğlunun iç doğası, bencillik ve haz alma arzusudur. Bu doğamız bizleri arzularımızı doldurmaya yönelik formüller geliştirmeye zorlar: Minimum çaba ile maksimum performans. İnsanlar mutlu bir gelecek için bugün büyük ıstıraplara katlanmaya razı olurlar. Bilinçli ya da bilinçsiz olarak, her unsur, yaptığı her hareket, her şey kendi çıkarı için soğuk bir hesaplamadan başka bir şey değildir.

"... bir bireyin eylemlerini incelediğimiz zaman bir zorunluluktan kaynaklandıklarını görüyoruz. Kendi iradesine karşı ve hiçbir özgürlüğü bulunmadan. Tıpkı pişmekte olan bir yemek gibi... Pişmekten başka hiçbir seçeneği olmayan. Çünkü huzura ulaşma isteği hayatı iki zincir ile koşullandırdı: Zevk ve ıstırap.

Yehuda Aşlag, "Özgürlük"

Herbirimiz kendince yasaları olan toplumların parçalarıyız ve bu kurallara uymak zorundayız. Bu yasalar sadece bizim davranışlarımızı belirlemekle kalmaz aynı zamanda hayatın tüm alanlarındaki tavırlarımızı şekillendirir. İnsanlık, toplum tarafından dikte edilen kurallara bağlıdır ve er ya da geç bu kurallar kişinin davranışlarını kalıplara oturtur.

Zamanla birey, yaşadığı hayat tarzının kişisel seçiminden kaynaklanmadığının farkına varmaya başlar. İlgi alanları, hobileri, giyimine göre moda ve davranışları, dahası tüm bu seçimlerinin, bulunduğu çevrenin istekleri ve beğenileri olduğunu görür.

ÖYLEYSE, ÖZGÜR SEÇİMİMİZ NEREDE?

Baal HaSulam "Özgürlük" makalesinde şöyle açıklıyor: "Her bir birey, her an, karakterini, eylemlerini ve düşünce tarzını oluşturan dört elementten oluşmaktadır:

• Hammadde – 'Yatak': Bu, insanın iç özüdür. Şekli değişse bile, özü asla değişmez. Örneğin, insanlığı bir buğday tanesi ile karşılaştıracak olursak; tohum toprak altında bozulur ve dış formu tamamen kaybolur. Fakat aynı zamanda, yeni bir buğday salgını oluşur. Tam olarak aynı şekilde vücudumuz bozulur ancak özümüzü oluşturan 'yatak'- genlerimiz ve eğilimlerimiz- çocuklarımıza aktarılır.

• Değişmeyen Özellikler: Yatağın gelişim yasası asla değişmez. Bir buğday tohumundan buğday dışında başka bir tahıl üremez. Bu yasalar ve türevleri doğa tarafından önceden belirlenmiştir. Her tohum, her hayvan ya da herhangi bir insan, kendi yatağının gelişim yasasını içinde barındırır. Bu, varlığımızı oluşturan ikinci elementtir ve bunu etkileyemeyiz.

'...oturuyorum, giyiniyorum, konuşuyor, yiyorum... Ancak oturmak, giyinmek, konuşmak, giyinmek istediğimden değil. Böyle yapıyorum çünkü diğerleri benden oturmamı, giyinmemi, konuşmamı ve yememi bekliyor, toplumun istekleri doğrultusunda, kendi özgür irademle değil.'

'... haz ya da fayda sağlayacak arzularımızı da eklersek, bunların seçimi de tamamen kendi özgür irademizin dışındadır... Halen diğerlerinin istekleridirler.'''

Yehuda Aşlag, "Özgürlük"

• Çevrenin etkisi altında değişen nitelikler: Tohumun türü değişmez, ancak dış etkenlerden ötürü görünüşünde farklılıklar oluşur. Yani, yatağı çevreleyen dış görünüşün kalitesi, dış etkenler ve doğanın yasaları altında değişime uğrar. Güneş, zemin, gübre, nem ve yağmur gibi değişime neden olan bu dış etkenler, yatağa dâhil olur ve kendi özünden yeni bir form meydana gelir. Diğer bir deyişle, aynı buğday filizinde büyüyen tahıl miktarı ve kalitesini belirler.

Aynısı insanlar için de geçerlidir: İçinde bulundukları çevre, aile, öğretmen, arkadaş, iş ortamı, okuduğu kitaplar, iletişim araçlarından öğrendikleri içerikler vb. Öyleyse üçüncü element, çevresel faktörlerle bireyi etkileyen yasaların kişideki modifikasyonlarıdır.

- Dış çevreyi etkileyen değişiklikler: Tohumu etkileyen çevre, ayrıca dış unsurlar tarafından da etkilenir. Bazı durumlarda, yatağın oluşumuna direkt olmasa da köklü bir değişikliğe neden olur. Örneğin; bir kuraklık olması ya da çok şiddetli yağmur yağması sonucunda bütün tohumların telef olması gibi. Bu dördüncü unsur insanoğluna yorumladığımızda ise, çevrenin kendinden kaynaklı, yatağın dışında oluşabilecek özelliklere etki eden değişikliklerden bahseder.

DOĞRU ÇEVRE SEÇİMİ

O zaman, özgürlüğümüz nerede? Ya da diğer bir deyişle, tüm bu anlattıklarımız doğrultusunda, tam olarak neye etki edebiliriz?

Genetik kodu ya da yatağı değiştiremeyiz. Tıpkı özümüzü değiştiren yasalar doğrultusunda bir değişiklik yapamayacağımız gibi, çevrenin yasalarını kendimize göre etkileyemeyiz. Fakat, bizi var eden ve tamamen bağlı bulunduğumuz çevreyi kesinlikle değiştirebiliriz.

İnsanoğlu, manevi gelişimini destekleyen bir çevreye "yerleşmeyi" tercih edebilir ve bu, üç unsur üzerine kuruludur: Maneviyatı arayan diğer insanların bulunduğu bir ortam, kabalistler tarafından yazılmış otantik kitaplar ve manevi gelişim yolunda rehberlik edecek bir öğretmen.

Tüm bunlarla beraber Kabala'ya göre, doğru çevrenin seçimi, hayatımızda var olan en önemli unsurdur.

ANLAMAK HİSSETMEKTİR

"her bir kişiye, Yaratılış Düşüncesinde Yaradan'ın, yaratılanlara yarar sağlaması için tasarladığı tüm o harikalıklara ulaşacağına dair söz verildi.

Yehuda Aşlag "On Sefirot Çalışması'na Giriş"

Kabala'da, Âdem'in bir diğer adı daha var: HaRişon (İbranice, İlk insan). Ona ilk insan denmesinin nedeni, yeryüzündeki ilk insan olduğu anlamına gelmez, yalnızca yaşamının amacını keşfetme arzusuna sahip ilk insan olmasından gelmektedir. Âdem, yaşamın amacının yaşamı oluşturan İhsan Etme Gücü olan Yaradan'a benzer olmak olduğunu keşfetmiş ve amacına ulaşmıştır. Onun adı, aslında başarısına şahitlik eden, İbranice kelimelerle oluşturulan Laadom (Benzemek), "En Yüksekteki gibi olacağım" anlamındadır. Diğer bir deyişle, Âdem, insanlık tarihinde, Yaradan'ı bilinçli bir şekilde algılayan ya da Kabalistlerin söyleyişi ile Yaradan'a Ulaşan, ilk insandır.

Kabala'nın Sesi — Michael Laitman

Zamanımızda, Âdem'den yaklaşık altı bin yıl sonra, varlığımızın nedeni konusu her geçen gün daha fazla sayıda insanda uyanmakta. "Yaşamımın amacı ne?" sorusuna cevap vermedeki yetersizliğimiz birçok insanı umutsuzluğa, hayal kırıklığına, boşanmaya, şiddete (Irksal, ailesel ve uluslararası) ve hatta intihara sürüklüyor.

Kabalist Yehuda Aşlag (Baal HaSulam) en önemli yazılarından biri olan "On Sefirot Çalışmaları"nın hayatın manasını sorgulayan herkes için olduğunu vurgulamış ve Kabala bilgeliğinin ortaya çıkışının tek nedeninin bu soruya cevap vermek olduğunu söylemiştir.

ISLAH EDEN IŞIK

On Sefirot çalışmalarının girişinde, Aşlag soruyor, Kabalister neden tüm herkesin Kabala çalışması gerektiğini söylemişlerdir? Ve cevaplıyor; Kabala kitaplarını okuyan herhangi biri, ne demek istediğini anlamasa dahi, ruhlarını aydınlatan Işığı Yukarıdan kendilerine doğru çekerler. Bu Üst Işık hepimizin ruhunu yaratan, en sonunda bizi düzeltecek ve hazla dolduracak olan Güç'tür.

Işık ruha ilk kez "dokunduğu" zaman, onda tüm "kötü arzuları" düzeltmek isteyen bir duygu yaratacaktır, bu yüzden ona Islah eden Işık denir. Çalışmalarımızda ilerledikçe, Işık bizlere arzularımızın yanlış bir tarafının olmadığını "gösterir." Yanlış olan tek şey Yaradan'ın ihsan etme gücüne karşın bizim O'nun gibi olmayışımızdır. Yaratılışın amacının Yaradan'a benzemek olduğu gerçeğinden yola çıkarak,

Yaradan'dan farklı olmamızdan ötürü de kendimizi tatmin olamamış hissediyoruz.

Neden Kabalistler tüm herkesin Kabala çalışması gerektiğini söylemişlerdir?

Çünkü Kabala'da, Kabala bilgeliği ile meşgul olanlar için, harika ve çok değerli, büyük bir fayda vardır. Ne çalıştıklarını anlamasalar dahi, anlamak için sarfettikleri büyük istek ve özlemleri, ruhlarını çevreleyen Işıkları uyandıracaktır.

Yehuda Aşlag "On Sefirot Çalışması'na Giriş"

Düzeltilme arzusuyla, bir kez olsun O'nunla olan eşitsizliğimizin farkına varırsak, Işık arzumuza "yardım" ve etki eder. Yani, Işık bize sadece kim olduğumuzu göstermekle kalmaz, ayrıca Yaradan'ı ve ona nasıl benzeyeceğimizi de gösterir.

ANLAMAK HİSSETMEKTİR

Kabala çalışırken, şu ana kadar bildiğimiz her şeyi bir kenara bırakmalıyız. Kabalistler'in bizler için hazırlamış olduğu yolda yürüyebilmek adına yepyeni kavramlara tamamen açık olmalıyız ki bu yola tutunabilelim. Örneğin, Kabalistler'in sıklıkla kullandıkları bir cümle vardır: "Bunu iyi anlayın", derler. Bu, akıl ile anlamaktan ziyade tarif ettikleri gerçeği tecrübe etmemiz, hissetmemiz, yaşamamız gerektiğidir.

KABALA ÇALIŞMANIN YARARI

Kabalistler'e göre, çalışma, yalnızca yaşamın anlamını sorgulayanlar ve düzelmek isteyenlerle kısıtlı kalmamalıdır. Aksine, bu gerçeğin herkese açık olması gerektiğini söylemişlerdir. Maneviyata gelme arzusu uyanmamış olsa bile, Üst Işığın, Kabala metinlerini çalışan herkesin üzerinde parlayacağını açıkladılar. Bu metinleri okudukça farkında olmasanız bile Yaradan'a yakınlaşırsınız. Hayattaki hedefimiz Yaradan gibi olmaksa - Kabala'nın da bize tam olarak öğrettiği budur- Kabala "bir ayağımızı gaz pedalına koyacak" ve bu amaca hızla ulaştırmak suretiyle birçok eziyetten korumuş olacaktır. Zaten, ikilem ve problemler, sadece çalışarak, biz daha onların farkına bile varmamışken kaybolacaklardır. Neticede, her ikilem, yaşamın amacı ile ilgilidir. Dolayısıyla, direkt bu amaç için çalıştığımızda, diğer tüm problemler yok olacaktır.

KİTAPLAR VE DİĞERLERİ...

Bizim neslimizde, okuyanların üzerine en fazla miktarda "Islah edici Işık" çeken kitaplar, Yehuda Aşlag tarafından yazılmış olanlardır. Şimon Bar Yohai ve ARİ gibi önemli Kabalistler'in yazılarını yorumlayan kitaplar, Işığı en güçlü şekilde çekerek Kabala çalışmamıza yardımcı olur.

Michael Laitman

Bnei Baruch Eğitim ve Araştırma Enstitüsü

Kabala'nın Sesi

Bizi hedefe odaklayan ve farkındalığımızı artıran açık ve direkt bir dille yazılmış kitaplar ve günümüzde kullandığımız multimedya araçları, özellikle bu neslin acıyı bertaraf edip sükûnet ve huzura kavuşmasına yardımcı olur.

FEDAKÂRLIK İSTEĞE BAĞLI DEĞİL

Egoist ya da fedakâr olmak arasında bir seçim yapabileceğimizi düşünürüz. Ancak, Doğa'yı incelediğimizde, fedakârlığın onun temel kanunu olduğunu görürüz. Örneğin; vücudumuzdaki her bir hücre doğal olarak bencil; ancak, kendi iyiliği için bu bencillikten sıyrılmalıdır ki hayatta kalabilsin. Böylece hücrenin ödülü sadece kendi varlığını deneyimlemek değil tüm vücudun yaşamını sağlamaktır.

Bizler de aynı şekilde, birbirimiz arasındaki iletişimi geliştirmeliyiz. Bu bağı kurmada ne kadar başarılı olursak, fiziksel varlığın geçici niteliklerinin yerine, Âdem'in (Adam HaRişon, Ortak Ruh) ebedi varlığını daha iyi algılarız.

Fedakârlık, özellikle günümüzde hayatta kalabilmek için gerekli hale geldi. Çok açık bir şekilde herbirimiz diğeri ile iletişim halinde ve diğerine bağımlı. Fedakârlık buna bağlı olarak, yeni ve kesin bir tanım kazandı: İnsanlığı tek bir varlık olarak bir araya getirme ihtiyacı ile doğan herhangi bir eylem ya da niyet, fedakârlık olarak kabul edilir. Tersine, insanlığı bir araya getirmeyi amaçlamayan tüm eylem ve niyetler de egoist olarak kabul edilir.

Dünyada tanıklık ettiğimiz tüm ıstıraplar, bizim Doğa'nın kanunlarına karşı gelmemizden kaynaklanmaktadır. Bireyselliğin, içlerinde barındırdıkları tek bozuk niteliğin bu yasaya uymamaktan kaynaklandığı söylenebilir. Geri kalan cansız seviye, bitkiler ve hayvanlar ise bu yasaya içgüdüsel olarak uyarlar. Yalnızca insanoğlunun davranışı Doğa'ya ve Yaradan'a tezattır.

Etrafımızda gördüğümüz ıstıraplar sadece bize ait değil. Doğa'nın tüm diğer seviyeleri bizim bu yanlış davranışlarımız yüzünden etkilenmiş görünüyor. Eğer egomuzu düzelterek ihsan etme niteliğine getirirsek sonuç olarak; ekoloji, açlık, savaşlar ve tüm toplumu düzeltebiliriz.

Michael Laitman

GELİŞTİRİLMİŞ ALGILAMA

Değiştirmemiz gereken tek şey kendimizden önce başkalarını düşünmekmiş gibi gözükse de, fedakârlığın kendisi ile beraber bir yarar getirdiği göz ardı edilmemeli: Başkalarını düşündüğümüz zaman, onlar bizimle biz de onlarla bir bütün oluştururuz.

Şu şekilde ele alalım: Günümüzde dünyada yaklaşık 7 milyar insan bulunmakta. Düşünün bir kere iki el, iki bacak ve bir beyin tarafından yönetilmektense, on üç milyar el, on üç milyar bacak ve 7 milyar beyin tarafından yönetilselerdi ne olurdu? Akıl karıştırıcı değil mi? Eğer tüm bu beyinler birliktelik halinde işler ve eller sanki bir çift halinde çalışır ise hiç de o kadar şaşırtıcı olmaz. Böylelikle tüm insanlık tek bir vücut olarak kapasitelerini 7 milyar kat arttırmış olur.

Üstün yetenekli insan haline gelmektense, ihsan etmeye yönelen kişi, herkes tarafından en çok arzulanan hediyeye layık olacaktır: Sonsuz ilim ve mutlak bilgi sahibi. İhsan etme Yaradan'ın niteliğidir, bu niteliği elde etmek için, Doğamızın O'nunkine benzer olması ve O'nun gibi düşünmeye başlamamız gerekmektedir. Olayların nedenini, ne zaman olacağını ve olayların akışını değiştirmek için ne yapmamız gerektiğini anlamaya başlarız. Kabala'da bu durum "Form Eşitliği" olarak adlandırılır.

Yaratılış amacımız bu form eşitliğine gelmektir. Sonradan kırılmış bir toplum olarak yaratıldık ve şimdi yeniden bir araya gelmemiz gerekmekte. Bu tekrar birleşme aşamasında Doğa'nın neden böyle davrandığını anlayacak bilgeliğe ulaşacak ve O'nun yaratılışının ardındaki Düşünceyi anlayacağız.

Doğa ile birleştiğimiz zaman, tıpkı onun gibi sonsuz ve tamamlanmış hissedeceğiz. Bu durumda, vücudumuz varlığını yitirse dahi sonsuz Doğa'da yaşamaya devam ettiğimizin hissiyatına ulaşırız. Bedensel yaşam ve ölüm bizi etkilemeyi bırakır, önceden sahip olduğumuz benmerkezci ve sınırlı algılarımız, yerini fedakâr ve geniş kapsamlı bir bakış açısına bırakır.

ZAMANI GELDİ

Kabala'nın "Kutsal Kitabı" olan Zohar Kitabı'nın yazılmasının üzerinden yaklaşık iki bin yıl geçti. 20. yüzyılın sonlarına doğru, insanlığın benzeri görülmemiş bir bencillik seviyesine ulaşacağından, insanlığın hayatlarında daha önce hiç yaşamamış oldukları bir boşluk hissine ve yön eksikliğine düşeceklerini yazdılar. Zohar, Kabala'nın tüm insanlığa sunmanın zamanı geleceğine ve Doğa ile bir benzerliğine gelmek için ihsan etmeyi araç olarak kullanmaya dikkat çeker.

Doygunluğa ulaşma süreci Tikun (ıslah), ne bir defaya mahsus olacaktır ne de hepimiz için aynı anda. Tikun'a ulaşabilmek için kişinin bunun gerçekleşmesini arzulaması gerekir. Bu kişinin kendi iradesi dâhilinde oluşan bir süreçtir.

Islah (düzeltme), kişi tüm kötülüklerin kaynağının kendi bencil doğasından geldiğini anladığında başlayacaktır. Bu kişisel ve etkileyici bir deneyim, ancak kişiyi dönüşümü arzulayacak değişime ve egoyu, ihsan etme niteliğine getirecek kadar güçlü değil.

Yaradan bizlere mükemmelmişiz ve bir bütünmüşüz gibi davranır. Hedeflerimize ulaşmak için egoistçe düşüncelerle yaklaşmayı denedik, ancak artık farkına varıyoruz ki; problemlerimiz sadece birlik olarak ve ihsan etmeye yönelik hareket ettiğimizde çözümlenecekler. Egomuzun ne kadar bilincinde olursak, doğamızı ihsan etme eğilimine getirmek için Kabala metodunu o kadar çok kullanmayı arzularız. Kabala ilk ortaya çıktığında bunu yapmadık ancak şimdi yapabiliriz, çünkü buna ihtiyacımız olduğunu, kalıcı mutluluk ve tatmine giden tek yol olduğunu biliyoruz.

İYİ OLAN ŞEY İYİ SONA ERER

İyimser, "her şeyi olumlu tarafından gören ya da değerlendiren" kişi anlamındadır. Bu tanıma göre, Kabalistler iyimser olarak değerlendirilemezler, çünkü onlar, her şeyin iyi sona ereceğini ve hepimizi en iyi sonun beklediğini zaten biliyorlar. Tüm yaratılış, yaratılışın her seviyesi, ruhsal ve bedensel, tüm zamanlar, Yaratılış fikrinden sonsuzluğa kadar.

Otantik Kabala metinlerini dikkatlice okuduğumuzda, Yaratılıştan bu yana tüm gerçeklikte aslında kötülüğün hiç varolmadığını keşfederiz. Şimon Bar Yohai (Raşbi), Kutsal Ari ve Yehuda Aşlag (Baal HaSulam) gibi manevi yolda merdivenin tüm basamaklarını tamamlamış ve maneviyata ulaşmış büyük Kabalistler, Yaratılışın tüm düşüncesini algıladılar ve bulundukları o üst noktadan, gerçeklikte hiçbir "kötülük" bulunmadı, bulunmuyor ve de asla bulunmayacak diye bildirdiler.

Bu sonuçlara nasıl varabildiklerini anlamaya yardımcı olabilmek, bu dünyayı yargılamanın gereksiz olduğunu çünkü gerçeklikle eşleşmediğini anlatmak için, Yaratılış ve Düşünce'nin ardındaki süreci açıklayan kitaplar yazdılar. Yehuda Aşlag "Dinin Esası ve Amacı" adlı makalesinde, "gerçekliği doğru algılamak için şu anki bakış açımız ile incelemektense Gerçeğin amacına ulaşmak için algılamaya başlamak gerek," diye yazmış, sonrasında bu bilgi ile dünyayı yeni gözlerle göreceğimizi belirtmiştir.

Baal HaSulam bahsi geçen makalenin devamında, "Dinin Esası ve Amacının" tepki uyandırdığını söylüyor.

"Doğanın sistemlerini gözlemleyerek yaratılan herhangi bir seviyeyi anlarız; cansız, bitkisel, hayvansal ya da insan seviyelerinden hangisi olursa olsun... Her biri belirli bir Gözetim altında bulunmaktadır; yani, "neden ve sonuç" gelişimi için yavaş ve kademeli bir büyüme, tıpkı nihai hedefi tatlı ve lezzetli olmak için olumlu yönde kılavuzlandırılmış bir ağacın meyvesi gibi."

"Bir bitkibilimciye git ve sor, bir meyve kendini göstermeye başlayıp olgunlaşana dek kaç aşamadan geçer. Meyvenin önceki aşamalarından son tatlılığı ve inceliğine dair hiçbir bilgi edinemeyiz, ama bu sanki nihai sonucun karşıtı bir durumu yansıtır. Yani, gelişiminin ilk dönemlerinde ne kadar zorlu aşamalardan geçer ise, olgunlaşmış hali o kadar tatlı olur."

"Aynısı hayvanlar ve insanlar âlemi için de geçerlidir. Çünkü olgunluk döneminde sınırlı bir zihinsel kapasiteye sahip bir hayvan, gelişim süreci içinde çok da vasıfsız sayılmaz. Aksi takdirde, insan olgunluk döneminde büyük bir zihinsel kapasiteye ulaşır ama gelişim süreci içinde algısındaki yetersizlikten dolayı mustarip olur. 'Ve buzağı bir boğadır denilir' çünkü kendi ayakları üzerinde durma ve yürüme gücüne sahiptir, ona hasar verecek şeylere dikkat ederek yolunu bulur. Aksine, yeni doğmuş bir bebek duyulardan mahrum kalmış bir durumdaymış gibi halsiz olarak yatıyor gibidir.

"Ve eğer bu dünyanın yasalarını bilmeyen birisi yeni doğan bu iki varlığı gözlemlerse (buzağı ve insan yavrusunu), muhtemelen insan yavrusu için bu hiçbir işe yaramaz ve yeni doğmuş buzağı için "burada, büyük bir şampiyon doğdu" derdi.

"O, 'Rehberli Bir Yol' gibi her şeyi bildirerek yarattı, gerçek O'nun Yolunda göze böyle görünür, gelişim aşamalarının sırasından bağımsız olarak, ki bunlar bizleri amaçlarını anlamayı önlemeye yönelik aldatma eğilimindedirler, bu yüzden de sürekli en son şekline zıt durumdadırlar.

Bazı durumlarda dediğimiz gibi "Kişiyi deneyimler bilge yapar' çünkü deneyimin tadını yalnızca o çıkarır. Yani, yaratılanı tüm gelişim aşamalarından sonuna kadar inceleme fırsatı bulan kişi, layık olduğu olgunlukla inancını koruyarak, bu kusurlu görüntüler karşısında kendini yatıştırabilir.

"Bu, bizim dünyamızın O'nun Takdiri ile yürütüldüğünü gösterilir, tıpkı yararlı ve tamamen saf bir bakım gibi. Son olgunluğunu tamamlamadan, zirveye ulaşmadan, kaliteye dair hiçbir kanıt yoktur.

Kabala'nın Sesi   Michael Laitman

Tam tersine izleyenlerin gözü önünde bozuk bir form almaya alışkındır. Yalnızca iyi olan, Yaradan'ın Rehberli Yoldundan geçerek yaratılanlara ihsan etmeye ulaşır."

Michael Laitman

MUTLULUĞUN SIRRININ AÇIKLANMASI

BİRİNCİ BÖLÜM

Kabala'da mutluluk bir sır olmaktan çıkar. Birçok kişi için belirsiz bir fikir olan mutluluk kavramı, bileşenlerini analiz etmek ve anlamak için parçalara ayrıştırılabilir. Tıpkı e=mc2 formülünde olduğu gibi, kalıcı mutluluk için de bir formül bulunmaktadır.

"Hızlı düşün, seni gerçekten ne mutlu ederdi?" Mutluluk konusuna değinen, 2007 Mayıs ayı Newsweek dergisinin giriş makalesi bu şekilde başlıyordu. Uluslararası tanınmış psikologlar, sosyologlar, biyologlar ve ekonomistler bu ebedi soruyu yanıtlamaya çalışıyorlardı. "Mutluluğun sırrı nedir?" ya da daha açık bir şekilde, mutluluğa ulaşmak için ne yapmamız gerekir?

KOMŞUNUN PARASI DAHA DEĞERLİ

Araştırmacılar soruyorlar, mutluluğun sırrı "para olabilir mi?" Mutluluğun tipik hayali iddiası "Eğer param olsaydı, her istediğimi yapardım: dünyayı dolaşır, canımın çektiği her şeyi alır, özgür olur ve hayatımın kontrolüne sahip olurdum." Kısacası, para bana mutluluk getirirdi, öyle değil mi?

Şaşırtıcı ya da değil, yapılan çalışmalar gösteriyor ki bir kez temel ihtiyaçlarımızı karşılamak için yeterli miktara ulaşınca para mutluluk kaynağı olmaktan çıkar. Piyangoyu kazanmış kişiler üzerinde yapılan tanınmış bir araştırma; kazananların hissettikleri ilk mutluluğu oldukça hızlı bir şekilde kaybettiklerini ortaya koyuyor.

Kısa bir süre sonra, ruh halleri tam olarak şans onlara gülmeden önceki hallerine geri dönüyor.

Gerçekten de, temel ihtiyaçlarımızı karşılamak için yeterli parayı bir kez biriktirelim, ondan zevk alma kapasitemiz, "komşumla aynı seviyeye geldim mi acaba?" gibi sorular tarafından gölgelenir, ne kadar kazanırsak kazanalım, komşumuzun parası sanki bizimkinden daha değerliymiş gibi gözükür.

MUTLULUĞUN EKONOMİSİ

Boş zamanlarımızla ilgili ne söyleyebiliriz? Daha az çalışsaydık ve daha çok boş zamanımız olsaydı, özlenen mutluluğa yaklaştığımızı hisseder miydik?

Araştırmacılar kategorik olarak bu hipotezi reddediyorlar. Yakın zamanda İngiltere'deki Leicester Üniversitesi tarafından yayınlanan "Dünyanın Mutluluk Haritası" isimli çalışmada, çalışkan Amerika Birleşik Devletleri 23. sırada saygın bir yer işgal ediyor, Fransızlar ise, altı haftalık bir tatilin zevkini çıkararak şaşırtıcı bir şekilde 62. sırada bulunuyorlar.

Araştırmacılar, mutluluğa giden yoldaki en bilindik teorileri teker teker reddetmişlerdir. Meslekte başarılı olmak adına yaptıklarımız, evlilikte mutlu olmak ve hatta iyi bir sağlığa sahip olmanın uzun vadede mutluluk garantisi vermediği sonucuna varmışlardır. Peki, bizi mutlu edecek şey nedir? İşte tam da bu, araştırmacıları susturan sorudur. Nedense, bize mutluluk veren faktörleri belirlemek, gerçek mutluluk için pratik formül sunmaktan çok daha kolay.

Michael Laitman

Newsweek'in kıdemli ekonomi köşe yazarı şu sonuca vardığını söylüyor: "Mutluluk her yerde, -en çok satılan kitaplarda, sosyal politika üreticilerinin zihninde ve ayrıca bu konu ekonomistlerin de odak noktasıdır- ancak, bu hâlâ anlaşılması zor bir şey". Öyleyse, bu geçici mutluluğu yakalamak için ne yapabiliriz?

MUTLULUĞUN MEKANİĞİ

Mutluluğun sırrını deşifre etmek için, öncelikle gerçekten kim olduğumuzu keşfetmemiz ve doğamızın ne olduğunu tanımamız gerek, aslında bu çok basit: Bizler, mutlu olma arzusuyuz. Diğer bir deyişle, hepimiz zevk almak ve tadını çıkartmak istiyoruz, ya da Kabala'nın dediği gibi, "alma arzusu".

"... Alma arzusu Yaratılışın tüm seviyelerinde mevcuttur, başından sonuna kadar, sayısı hesaplanamayan tüm canlılara kadar ve bunların çeşitleri alma azrusunun dereceleri ve farklı değerlerinden başka bir şey değildir."

Yehuda Aşlag, "Kabala Bilgeliğine Önsöz"

Belki bu bahsettiklerimiz size yakın geliyordur. Ancak bizim doğamız, yani alma arzusu, göründüğünden çok daha karmaşıktır. Alma arzumuz sadece mutluluğu aramak için bizi sürekli dürten bir istek değildir. Bu alma arzusu, anlamsız günlük eylemlerden, aklımızdan geçen düşüncelere kadar gerçekte bize her şeyi yapmak için hareket veren tek şeydir.

Alma arzusu her adımda memnuniyeti arar ve taleplerini karşılamak adına dinlenmeden çalıştığımızdan emin olmak ister. Devamlı olarak ruh halimizi belirleyen şey budur; onu memnun edersek, kendimizi mutlu ve iyi hissederiz. Hayat bir şarkıdır. Ancak, eğer isteklerini yerine getirmez isek, hayal kırıklığına uğramış, sinirli, depresif hisseder, şiddete başvurmak ister ve hatta intahara kadar sürüklenebiliriz.

İrlandalı ünlü yazar Oscar Wilde, "Bu dünyada sadece iki trajedi meydana gelir. Birincisi, isteklerimizi elde edememek, diğeri ise elde etmek. Sonuncusu en feci olanı hatta tam bir trajedi" diye yazdığında bunu kesinlikle biliyordu.

Belki de farkına varmışsınızdır; farkında olmadan bize de sık sık olmuştur - ve kesinlikle mutluluğun sırrını çözmedeki anahtarı oluşturmaktadır- gerçek şu ki, bir kez olsun "alma arzumuzu" memnun edelim, hissettiğimiz zevk bir anda kayboluverir.

MUTLULUĞUN SIRRINI AÇIKLARKEN

İKİNCİ BÖLÜM

Kabala bizlere mutlu olmak için geçilmesi gereken süreci şu şekilde açıklıyor: İlk olarak, bir istekte bulunuyoruz ve ona ulaşmak için çaba sarfederiz. Özlem duyduğumuz bu şeyi elde ettiğimiz an, keyif, mutluluk ve zevk duyguları bizleri işgal eder. Kabalistik açıdan, herhangi bir arzu ve onun memnuniyeti arasındaki bu ilk buluşma zevkin en üst noktasıdır.

Yani, istediğimizi elde ettiğimiz an arzumuz yok olmaya başlar. Kısaca açıklamak gerekirse, elde ettiğimiz bir şey için artık arzu hissetmeyiz ve bunun sonucu olarak, alınan zevk, tamamen yok olanak kadar gittikçe azalır.

Örneğin, kendini çok aç hissedip de kalın ve sulu bir biftek parçasını (vejetaryan olanlar sebze ile dolu büyük bir tabak düşünebilir) kimseyle paylaşmadan, tek başına yiyebilecek gibi hissedin. Ama yemeye başladığımız zaman ne olur?

İlk lokma tam bir transa geçiş ve ikincisi harika. Bir sonraki lokma iyi, ondan sonraki yani evet... tamam. Ancak, sonra önemi gitgide azalır, ta ki "bir lokma daha alırsam patlayacağım" diyene kadar.

Bu her şeyde geçerlidir sadece yemek için değil. Bir spor arabanın hayalini kurarak yıllar geçirebiliriz. Ama, sonunda elde ettiğimizde, birkaç dakika, birkaç gün boyunca sonsuz bir duygu hissetsek bile, yavaş yavaş daha az zevk aldığımızı keşfederiz. Sonunda, aracı her sürdüğümüzde, edindiğimiz borç yığınını önümüzdeki üç yıl boyunca ödenmesi gerektiği gerçeğini düşünene kadar.

Mutluluk araştırmalarının önde gelenlerinden biri olan, Güney California Üniversitesi ekonomi profesörü Richart Easterlin bu olayı, "haz verici uyum" olarak adlandırıyor. Bu, şu anlama geliyor: "Yeni bir gardrop ediniyorum ve aynı şekilde kendimi alıştırıyorum. Çok hızlı bir şekilde aldığımız haz ile uyum sağlarız..."

Ancak, hikâyenin sonu bu olamaz. Her şeyden sonra, bu olayları açıklamak için, hepimiz kalıcı hazzı bulmak adına hasret çektiğimizi görürüz. Doğanın bizleri sürekli mutsuz olacağımız bu kısır döngü altına alması mümkün mü? Mutluluk hiç gerçekleşmeyecek bir peri masalı mı?

MUTLULUĞUN (GİZLİ) FORMÜLÜ

Neyse ki, Kabala bize Doğa'nın acımasız olmadığını açıklar, aslında onun tek arzusu bizlere aradığımız mutluluğu vermektir. Eğer bizim amacımız mutlu olma arzumuzu beslemeyi gerçekleştirmeyi amaçlamak olmasaydı, onunla yaratılmış olmazdık. Doğa'nın amacı, tam ve mutlak sevince ulaşmak için bağımsız olarak hareket etmeyi bizim insiyatifimize bırakmak. Kısmi ya da geçici değil tam tersi mutlak, mükemmel ve sonsuz.

Gerçekte, ona ulaşmaya düşündüğümüzden daha yakınız. Aslında, sürekli olarak memnuniyetsiz olduğumuzu hissetmemiz, son zamanlarda mutluluğu araştırma eğilimini ve giderek artan anlayışı ile gerçek

mutluluğa yaklaşmamızı sağladı. Patron'u tanımaya başlıyoruz: mutluluk ne kadar para kazandığımızla ya da evliliğimizin ne kadar iyi yürüdüğü ile ilgili değildir. Aslında, almaya çalıştığımız dünyasal herhangi bir zevkle ilişkisi yoktur, tamamiyle bizim iç durumumuz ile ilgilidir. Yalnızca farklı prensiplerle hissedilen keyif ile mutluluğun ulaşılabilir olduğu temel gerçeğini keşfetmeye başlıyoruz.

Kabala, mutluluk problemini kökünden çözmek için bize yardımcı olur. Kalıcı haz duygusunu neden hiç deneyimleyemediğimizi de açıklamıştık: Arzunun haz ile buluşması, arzuyu anında etkisiz hale getirir ve etkisiz hale gelmiş olması haz duygumuzun zevk almasını engeller.

Kabala'nın da bize açıkladığı gibi, mutluluğun sırrı bu sürece başka bir unsur eklemektir: "Niyet". Bu demek oluyor ki, eskiden olduğu gibi arzu etmeye devam edelim, yalnızca arzumuza yeni bir bakış açısı getirelim: Sanki başkasına veriyormuş gibi, kendimizden dışarıya yönlenmek. Başka bir deyişle, ihsan etme niyeti bizim arzumuzu mutluluk ileten bir durumla değiştirir. Eğer arzularımızı manevi yolda ihsan etme açısından yükseltir isek, duyduğumuz haz asla kaybolmaz; niyetimizi takip ederek arzumuzun arkasından akmaya devam eder. Ve böylelikle arzumuz hiç doluma ulaşmadan sürekli olarak almaya devam eder.

Bu, sonsuz zevk ve kalıcı mutluluğun formülüdür. Kişi bu formülü uygulamaya koyduğu zaman, aslında çok derin bir değişimden geçer ve farklı haz duyguları hissetmeye başlar. Kabala bu hisleri "manevi" olarak adlandırır ve bu hisler sonsuzdur.

Gerçek mutluluk köşeyi döndüğümüzde, nasıl deneyimleyeceğimizi, arzularımıza niyeti nasıl ekleyeceğimizi öğrenmemizi bekliyor. Kabala çalıştıkça, içgüdüsel bir şekilde ve Doğa'nın arzusunu almaya başladıkça, tam anlamıyla bu yeni niyeti kazanmaya başlarız. Ve tam da bu yüzdendir ki "Kabala" İbranice'de "Almak - Kabul" anlamına gelir ve bizlere kalıcı hazzı nasıl alacağımızı öğreten bilgeliktir.

GERÇEK SEVGİ

Yaradan bizlere komşumuzu sevebilme eğilimi için egoist arzularımızı nasıl terk edeceğimizi öğreten bir eğitim planı yarattı. Bu durum gerçekleştiğinde, gerçekten sevebiliriz...

Sevgi adına ne kadar yazılmış ve neler yapılmıştır? Bununla birlikte, aramızdan kim tam olarak aşkın ne olduğunu söyleyebilir? Hepimiz sevilmek, değerli olmak, güvenli, sakin ve huzurlu hissetmek isteriz.

Hayatımızdaki en mutlu anları hatırlamaya çalıştığımızda, onların kendimizi değerli hissettiğimiz anlar olduğunu keşfederiz. Hepimiz sevmek, kalbimizi ailemize vermek isteriz; ama gerçekte, bunu her zaman nasıl yapacağımızı bilemeyiz.

Kabala bilgeliği bizlere, bu derin ve içimizdeki sevme ve sevilme ihtiyacının nedeninin ne olduğunu ve ayrıca tam ve sonsuz sevgiye nasıl ulaşılacağını açıklar.

ARZU: SEVMEK

Hepimizin kökeni, Yaradan tarafından yaratılmış Adam HaRişon olarak adlandırılan (İbranice ilk insan) tek bir ruhtan gelmektedir. Kabalistler, Yaradan'ın doğasının sevgi ve mutlak ihsan etme eğilimi olduğunu, Adam HaRişon'un ise keyif ve zevk alma arzusu olduğunu açıklarlar.

"... insanoğlu gerçekliğin merkezidir... Üst dünyalarda olduğu kadar bedensel dünyaların kapsadığı her şey sadece onun için yaratıldı... Sonsuz bir yüceliğe sahip olan Üst Dünyalar'dan bahsetmeden, bu dünyanın bir lif ile eşdeğer olduğundan daha başka bir şey anlayamayan ufak insanoğlu için bunun anlaşılması zor gibi gözükür. Yaradan tüm bunları oluşturmak için zahmete girdi..."

Yehuda Aşlag "Zohar Kitabı'na Giriş" Madde 3

Yaradan ruhu saf sevgi ile yarattı, bu yüzden içte gömülü olan arzu sevgidir. Bu yüzdendir ki ruhun hissedebileceği en büyük zevk sevginin hazzıdır. Ancak, bu özlemi nasıl yerine getirebilir ve Yaradan'ı nasıl sevebiliriz?

EĞİTİM PLANI

Yaradan, ruhun sevgi arzusunu geliştirebilmesi için özel bir "eğitim planı" tasarladı.

İlk olarak, bireysel ruhlar olarak adlandırılan birden fazla parçaya böldü ve kendini onlardan gizledi. Onlar bencilce bir arzu ile doldular -sevgi almak- ve sonrasında bu dünyada bedene giydirildiler.

Kabala'nın Sesi — Michael Laitman

Kabalister, Yaradan bizden gizli olduğu için, günlük hayatımızda hissetmek zor da olsa, O bizleri sonsuz bir sevgi ile seviyor diyorlar. Bununla beraber, diğer insanlar bizden gizli değildirler, bu bizlere onlar ile "çalışarak" dost sevgisine gelmemize yardımcı olur ki sonrasında Yaradan sevgisine gelebilelim.

Bu demek oluyor ki, başkaları ile olan ilişkilerimiz sayesinde, doğuştan gelen bencilce sevgi alma arzumuzun üstüne çıkmayı öğrenerek Yaradan'ın doğasını edinebiliriz.

Bu gerçekleştiğinde, bütünleşmiş durumumuza geri döneceğiz: tek bir ruhta birleşmiş ve Yaradan'ın verme isteğinin sonucu olan sevgi ve ihsan etmenin yüce hazzına ulaşmış olacağız. İşte o zaman Yaradan aramızda tekrardan ortaya çıkacak, diğerlerini sevmek için yaptığımız "uygulama" doğrultusunda, edindiğimiz sevgiye bağlı olarak bizlere sevgi ile karşılık vermek için izin sağlayacak.

TIPKI YENİ DOĞMUŞ BİR CANLI GİBİ

Yaradan tarafınan tasarlanan eğitim planı çeşitli aşamalar içerir, bunlar bizlere Adam HaRişon'un ruhunun parçalarını tekrar nasıl ilişkilendirebileceğimizi öğretir. Sevme arzusundaki evrim süreci tıpkı yeni doğmuş bir canlının büyümesine benzer. İlk başta, birey sadece kendi arzusunu hisseder ve kendini evrenin merkezindeymiş gibi görür. Tıpkı bir bebek gibi, sevgiye ve yoğun bir ilgiye ihtiyacı vardır.

Sevgi arzusu büyüyüp geliştikçe, birey kendi imkânları ile ulaşamayacağı şeyleri kazanmak için,

çevresi ile işbirliği yapmak ve sevgi bağı oluşturmanın gerekliliğini öğrenir.

İnsanın arzusu ne kadar çok büyür ise, dostundan faydalanmaktan o kadar haz duyar. İnsanların geri kalanına hâkim olarak ve kendi çıkarı için kullanarak daha mutlu olacağını düşünür. Ancak, gelişiminin en üst seviyesine ulaştığında, Yaradan gibi sınırsız sevme ve ihsan etme kapasitesinin, en eksik olan tarafı olduğunun farkına varır.

EBEVEYİNLERİN ÇOCUKLARINA DUYDUKLARI SEVGİ GİBİ

Tanıdığımız en büyük zevklerden biri çocuklarımızı yetiştirmektir. Tüm zorluk ve fedakârlığa rağmen, dünyanın büyük çoğunluğu, çocuk sahibi olmak ve tüm zamanlarını onlara ayırmak ister. Çocuklarına verdikleri sevgi ve bağlılık, ailelere en büyük hazzı verir.

Eğer tüm insanlığı çocuklarımız sevdiğimiz gibi sevseydik, hayat çok daha basit olurdu. Ancak, mevcut gerçekliğimiz bunun tam tersi. O zaman, kalbimizde diğerleri için de tıpkı çocuklarımıza duyduğumuz gibi bir sevgiyi nasıl geliştirebiliriz?

Ödün vermeden, gerçekten arayan, bizlere gerçek sevgiye ulaşmamızın yolunu gösteren Kabala bilgeliğini keşfeder.

YARADAN'IN DOĞASINA ULAŞIRKEN

Çağımızda, Kabala'nın kitleler tarafından keşfedilmesi ile tüm ruhlar dostunu sevmeyi öğrenebilme firsatını yakalıyor. Kim kalbinin içindeki bu uyanışa yanıt verir ise, sevgiyi çalışabilir ve deneyimleyebilir.

Bu antik bilgelik sayesinde, insan diğer ruhların arzuları ile ilişki kurar ve onları koşulsuz olarak sever. Tıpkı Yaradan'ın, hepimizin bir parçası olduğumuz Adam HaRişon'un ruhunu sevdiği gibi. Böylelikle, insanlığın geri kalanı ile birlikte, adam Yaradan'ın doğasına ulaşmayı ve O'nun gibi sevmeyi başarabilir.

Hepimiz sevmeyi öğrendiğimiz zaman, tekrar birleşebilir ve tek bir ruh olarak var olabiliriz, mükemmellik durumumuza geri dönebilir ve Yaradan ile sonsuz birliğe ulaşırız.

II Gerçeği Algılarken
GERÇEKLİK, GERÇEKTEN ALGILADIĞIMIZ GİBİ Mİ?

"Tersine dönmüş bir dünya gördüm"
Babil Talmudu- Pesachim Antlaşması

Gerçeklik nedir? Dış bir şey mevcut mu? Ya da iç özelliklerimizden kaynaklı içimizde oluşturduğumuz görüntüler mi?

Çevremizde apaçık gördüğümüz her şeyin gerçek olduğunu sanabiliriz; evler, insanlar ve tüm evrenin... Gördüğümüz, dokunduğumuz, duyduğumuz,

tattığımız ve kokladığımız her şeyin. Ancak bunlar gerçek mi?

Sabah gözlerini açar ve gerinirsin. Yeni bir gün, güneş parlıyor, kuşlar şarkı söylüyor. Ancak içinden bir şeylerin iyi olmadığını hissedersin. Yatağın ters tarafından uyandın ve en son istediğin şey kalkmak. Fakat, dünün mükemmel bir gün olduğunu hatırladın; uyandığın andan itibaren müthiş bir gün olacağını biliyordun ve bütün günün harika geçti. Bugün ise yataktan bile çıkmak istemiyorsun.

Değişen ne oldu? Gerçeklik mi değişti? Ya da sen mi değiştin?

Kabala'ya göre, tanıdığımız bu dünyanın görüntüsü, aslında yok. Yani, insanoğlunun algıladığı bu dünya bir "Fenomen". Bireysel özelliklerimizdeki denklik derecelerinin bir yansımasıdır ve onun dışında bulunan güçlerin, yani Doğa'nın güçleri olan sevgi niteliği ve mutlak ihsan etme eylemidir. Diğer bir deyişle, adamın "dünya" olarak algıladığı insan Doğası'nın özelliklerinin arasındaki denklik derecesidir.

Bununla bize ne demek istiyorlar? Bunu anlamak için bir radyo alıcısını ele alalım. Radyo yayıncıları sürekli iletim yapıyor, ama belirli bir frekansta istasyonu ayarladığımız zaman radyoyu dinleyebiliyoruz. Alıcı sinyali nasıl yakalar? Havadaki ses dalgalarına eş değer olan iç bir frekans üretir. Böylelikle, ses dalgaları her zaman orada olmasına rağmen radyo alıcısı iletileni, frekansı içinde değiştirdikten sonra yakalar.

Kabalistlerin dediğine göre bizler de çevremizdeki gerçekliği içimizde oluşturduğumuz "frekansa" göre algılıyoruz yani bir radyonun işleyişi ile aynı şekilde.

Diğer bir deyişle, bizi çevreleyen gerçeklik tamamen bizim iç koşullarımıza bağlıdır. Bu nedenle, bunu sadece kendimiz değiştirebiliriz.

Şaşırdınız mı?
HAYATIMIZ İÇİMİZDE

Gerçeği algılama şeklimizi anlamak için, insanoğlunun beş "açıklığı" bulunan kapalı bir kutu olarak düşünelim. Gözler, kulaklar, burun, ağız ve eller. Bu organlar bizim beş duyumuzu temsil eder: Görme, işitme, koklama, tatma ve dokunma. Gerçekliği onların sayesinde algılarız. Duyduğumuz seslerin aralığı, görebildiklerimiz ve diğerleri duyularımızın algısına bağlıdır.

Bunu örneklendirmek için, işitme sistemimize bir bakalım. Öncelikle, ses dalgaları kulak zarına ulaşır ve titreşim oluşturur. Bu titreşimler beyne sinyal gönderen orta kulak kemiklerini hareket ettirir ve orada yeni gelen bilgiler bellekte hâlihazırda varolanlar ile karşılaştırılır. Bu kıyaslamaya göre, beyin bize "önümüzde" varmış gibi görünen dünyadan bir görüntü oluşturur. Bu süreç özel bir "yerde" yaşadığımız hissini yaratır, ancak bu yer aslında sadece içimizde bulunmaktadır. Diğer bir deyişle, tüm süreç içimizde gelişmektedir. Diğer duyularımız de aynı şekilde çalışırlar.

Öyleyse, gerçekte algıladığımız ne? Aslında gerçekte dışarıda hiçbir şey olmasa da, bu sadece bir dış uyarana iç tepkimiz. Bizler "kutumuzun içinde kilitliyiz" bu yüzden dışarıda ne olduğunu kesinlikle söyleyemeyiz. Gerçekliğe dair algıladığımız görüntüler aslında duyularımızla hissettiğimiz ve beynimizde saklı olan bilgilerdir. Birkaç yıl önce, bilim insanları beyni elektriksel olarak uyarıdıkları zaman bedenimizi sanki başka bir yer ya da durumda hissedebileceğimizi keşfettiler. Aslında, doğayı inceleyen bilim insanları her bir canlının dünyayı farklı bir şekilde algıladığını biliyorlar. İnsanlara kıyasla, kediler karanlıkta altı kez daha iyi görebilirler, işitme duyusu köpeklerde daha keskin ve hassastır bu yüzden sesleri bizlerden daha önce duyabilirler. İnsan gözü, mor ile kırmızı arasında değişen bir dalga boyunda görmeye uyum sağlamıştır. Bu yüzdendir ki, mordan daha kısa dalga boyuna sahip olan viyole dalgalarını göremeyiz. Ancak arılar, ultraviyole ışınlarını algılayabilirler ve böylelikle farklı tipte çiçekleri bulabilirler. Bu örnekler de bize gösteriyor ki eğer tüm insanoğlu başka duyulara sahip olsaydı, gerçekliği algılamaları tamamen farklı olurdu.

Tüm her şey, sadece iç niteliklerimizin değişimine bağlıdır. Bu yüzden, Kabala biliminin amacı değişim yaşadığımız zaman (ve bunu yaşadığımız bu ömürde hızlıca yapmalıyız) dünyevi varlığımızı aşmaya başladığımızı göstermektir. Vücut burada bulunmaya devam eder ve günlük hayatımızı, ailemizi, çocuklarımızı, dünya ve toplumu yaşamaya devam ederiz; ancak tüm bunlara rağmen, Üst Gerçekliği algılarız.

HAYAT BİR RÜYADIR

Dünyamız bizim içimizdedir. Beş duyumuz dış uyarıları alır ve onların işlendiği yer olan beyne dünyadan bir görüntü oluşturarak iletir, ancak bunun dışında hiçbir şey algılamıyoruz.

Evrenin kendisi bilinmemektedir. Örneğin, kulak zarım hasarlı ise, hiçbir şey duymuyorum ve hatta ses benim için yok. Sadece benim için ayarlanmış bir aralıkta algılayabiliyorum.

"Hayat nedir? Bir çılgınlık. Hayat nedir? Bir yanılsama, bir gölge, bir kurgu ve en ufak şeyden duyulan büyük haz: Tüm hayat bir rüya ve rüyalar, rüyadır."

Pedro Calderon de la Barca " Hayat Bir Rüyadır"

Bizim çevreyi algılayışımız tamamen özneldir. Sözde bizim dışımızda olan şeyleri kendi tepkilerimiz ile yakalayabiliriz ancak, gerçekten dışarıda yaşanan bir şey var mı?

Birçok teori bu konuyu tartışır. Newton'un teorisi, objektif bir gerçeklik olduğunu ifade ediyor, dünya bizim gördüğümüz gibidir ve biz var olduğumuz sürece varolacaktır. Daha sonra, Einstein gerçeklik algısının, gözlemcinin hızı ve gözlenen arasındaki ilişkiye bağlı olduğunu söyledi. Bir nesneye göre kendi hızımızı değiştirdiğimizde, tamamiyle farklı bir şekilde görmeye başlarız; uzay deforme olur, sıkışır ya da genişler ve zaman değişir.

Diğer teorilerde, Heisenberg'in belirsizlik ilkesi gibi, birey ile dünya arasıda bir karşıtlık olduğu önerisinde bulunur. Kısacası, gerçeğin algılanması, dünyadaki etkimin sonucu ve bana etkisidir.

HEPSİ BİR RÜYAYDI

Kabalistler, adam kendi iç özelliklerinin etkisi altında gerçeği iki aşamada algılayabilir diye açıklıyorlar.

Birinci aşama, insan olmanın temel özelliği "egoizm". Bu bize diğerlerinden ayrı olma hissi verir ve diğerlerinden yararlanmak için bizleri teşvik eder. Egoizm, bizim gerçeklikte algıladığımız savaş, kavga, yoksulluk ve yolsuzluğa da neden olur.

Bununla birlikte, yavaş yavaş hayatta yaşadığımız deneyimler ile egoist algımızın bizlere gerçek bir tatmin sağlamayacağının farkına varabiliriz, bu zevk her zaman geçicidir.

İkinci aşama, en önemli olan, bizim iç niteliğimiz, Doğa'nın güçleri ile aynı olan mutlak sevgi ve ihsan etmedir. Dünyayı bu şekilde algılayanlar gözlemler ki insanoğlu olarak eşsiz bir sistemin parçaları olarak, karşılıklı sorumlulukla çalışarak, sonsuz haz çemberini oluşturarak hareket ediyoruz.

Kabala'ya göre ilk aşama sadece bizim geçmek zorunda olduğumuz bir aşamadır ve tek amacı gerçeklik algımızdan bağımsız olarak değişebilmemize izin vermesidir. Algılarını dönüştürmeyi öğrenen Kabalistler, bizim mevcut varlığımızı "hayali hayat" ya da "hayali gerçeklik" olarak tanımlarlar.

Buna karşın, tam ve mükemmel olarak düzeltilmiş olması durumunu da "gerçek hayat" ya da "gerçek gerçeklik" olarak tanımlarlar. Geçmiş egoist algılarının farkına vardıkları zaman da "biz de rüya görenler gibiydik" derler. (Salmos 126:1) Bu demek oluyor ki; gerçek gerçeklik şimdilik bizlerden gizlenmiştir. Bunun farkına varamayız çünkü kendimizi ve dünyayı hâlâ egoist olan kendi iç özelliklerimiz ile algılıyoruz. Hâlâ tüm insanların tıpkı bir bütün gibi birbirine bağlı olduğunu göremiyoruz çünkü bu ilişkiyi reddediyoruz.

Eğer egomuzu, Doğa'nın sevgi ve ihsan etme niteliği ile yer değiştirebilirsek, çevremizde hiçbir zaman farkına varmadığımız tamamen farklı şeyler algılayacak ve deneyimleyeceğiz. Dahası, daha önce gördüğümüz her şey bütünlük, sonsuzluk hissi ile dolar ve net bir amacı olur. "Tersine dönmüş bir dünya gördüm" (Babil Talmudu- Pesachim Antlaşması) cümlesinde Kabalistlerin belirttiği de budur.

GÖRMEK İÇİN DENE...

Kabala bilgeliği bizlere hayatımızın amacının, bağımsız olarak, sınırlı varlığın gerçek ve sonsuza yükseltilmesi olduğunu öğretir.

Bunu elde etmek için, gerçekliğin gerçek resmine ulaşmış olanlar tarafından yazılmış olan Otantik Kabala kitaplarına ihtiyacımız vardır. Kabalistler, bu kitaplarda, aslında hepimizin etrafında bulunan mükemmel gerçeklikten bahsederler. Sadece iç frekansımızı değiştirip yayın için ayarlarlamaya ihtiyacımız var.

Gerçeğin realitesi üzerine okudukça, algılarımız üzerindeki sis yavaş yavaş dağılır ve algılamaya başlarız. Kabalistelerin de açıkladığı gibi aslında, bizim özelliklerimizi değiştiren metinlerin algılanışı değildir. Anlaşılmamış olsalar da, özümseme arzumuz algımız ile bütünleşir.

Baal HaSulam On Sefirot Çalışması'na Giriş kitabında şöyle diyor: "Okuduklarını henüz anlamasalar da, öğretileni anlamak için duydukları büyük özlem ve arzu, onların ruhlarını çevreleyen ışıkları uyandırır... Bu nedenle, henüz kablarını inşa etmemiş olsalar da, bu bilgeliğe başlayarak, ışıkların isimlerini ve ruhlarıyla ilişkilendirilmiş kablardan bahsederek belirli miktarlarda aydınlatmaya başlarlar..."

Hayat ile ilgili mevcut algımız ile ulaşabileceğimiz arasındaki fark çok büyüktür. Bir şekilde bunu açıklamak gerekirse, Zohar Kitabı ince bir mum ışığı ile sonsuz ışık arasındaki farkla karşılaştırılır ya da bir kum tanesi ve tüm gezegen ile. Bununla beraber, kim gerçekten ne anlama geldiğini bilmek isterse, Kabalistler kendileri görmelidirler diye önerirler: "Dene ki Yaradan'ın iyi olduğunu göresin" (Salmos,34:8)

MUCİZELER VE SİHİRLİ ADIMLAR

"... Çünkü bu doğru ve gerçektir ki Yaradan'ın Kendisi adamın elini iyi hedefinin üzerine koyar, yani tüm içeriği boş, ıstırap ve acı dolu maddeci bi hayat içinde, zevk ve sevinçli bir yaşam sunar. Kaçınılmaz bir şekilde, sizi harekete geçirir ve gördüldüğünde ondan kaçma hissiyatı uyandırır. Ölümden daha zor olan bu dünyadan sığınmak için olan sakin bir yuvadan bir bakış olsa bile. Yaradan tarafından bundan daha üstte adamın elinden tutulması söz konusu değildir."

Baal HaSulam, On Sefirot Çalışması'na Giriş, Madde 4

Hepimiz bir mucize bekleriz, sadece bir an için bile olsa, bizleri baskıcı gerçekliğin sınırları dışına götürecek bir şey. Buna rağmen, gerçek mucize sihirle gerçekleşmez. Bu ancak doğamızda bir değişiklik yaparak ihsan etmeye gelerek ve ruhsal yükselme arzusu ile olur.

Burada ve orada alışılmışın dışında tezahüratlar duyarız, tıbbi mucizelerden tutun da tehlike ve ölümden açıklanamayan bir şekilde kurtulmaya ve büyüye kadar.

Bununla beraber, eğer "mucize" kavramı üzerinde duracak olursak, algımız için kafa karıştırıcı ve mantıksız sonuçlar doğurur. Eğer bu gerçekten imkânsız bir şey ise, nasıl oluşur? Kesinlikle imkânsız şeyler olması mümkün değildir. Peki, öyleyse, bu şeylerin meydana geleceğini neden umuyoruz.

Aslında, çok daha iyi bir şey için, yaşamımızın ve varoluşun ötesinde olan başka bir şeye cevap bulmak adına duygusal bir ihtiyacımıza cevap verir.

Geçmişte hayali ya da mucizevi kabul edilen birçok olayı açıklamak günümüzde daha kolaydır. Afrikalı bir köylü, gökyüzünden gelen büyük metal bir kuş gördü. Eğer biz onun yerinde olsaydık, bunun sadece inişte olan bir Boing uçağı olduğunu görürdük.

Bu durumda, mucize kavramı bizim gerçeklikle ilgili bilgimize bağlıdır; biraz görecelidir, birisi tarafından normal olarak algılanan bir durum bir başkası tarafından mucize olarak algılanabilir.

Örneğin, komşumuzu havada uçarken görürsek, delirdiğimizi düşünürdük. Fakat stratosferde yerçekimi sıfır olacağından bu son derece mümkün olacaktır.

Michael Laitman

BEŞ DUYU VE AKIL İLE SINIRLANDIRILMIŞ

Bizim dünyamızda mucizeler yoktur, ama her şey sabittir. Bizim tarafımızdan keşfedilmeyi bekleyen ve Üst Gücün Kanunu'na uygun olarak üretilmiştir. Zaten bu konuda şöyle yazılmıştır: "Ne olduysa, o olacak, ne yapıldı ise, o yapılacak; güneşin altında yeni hiç bir şey yok." Sonsuz gerçekliği duyularımız ve aklımız yoluyla sınırlı bir şekilde algılıyoruz. Bu nedenle, açıklanamayan herhangi bir fenomeni bir mucize olarak yorumluyoruz.

Bilim insanları gerçekliği algılayışımız hakkında göreceli olarak konuşuyorlar. Tutarlı olmasına rağmen, zaman, kütle ve uzay; ışık ile ilişkilendirilerek tanımlanır ve değişirler. Kütle ışık hızına ne kadar yaklaşırsa o kadar sonsuza ulaşır, uzay ve zaman ise sadece yok olur. Ayrıca, kuantum fiziğine göre, bir şey aynı zaman dilimi içinde farklı yerlerde ve durumlarda bulunabilir.

MANEVİ DÜNYADA, MUCİZE KANUNDUR

Manevi dünya bizim algılarımızın sınırı dışındadır. Bizim dünyamızda, her şey egonun alma yasaları üzerine yapılır. Manevi dünyada ise, her şey sınırsız ve sonsuzlukta olur ve manevi fizik, sevgi ve ihsan etme kanunları üzerine işler.

Üst Güce ulaştığımızda, mucizelerin olmadığını anlarız, ancak bazı olayları bu şekilde yorumlarız, çünkü henüz Üst Doğa'yı idrak edebilecek düzeyde değiliz. Diğer bir deyişle, algılayabildiğimiz yakın fiziksel boyutumuz içinde sınırlıyızdır. Bu yüzden, bizlere bir mucize gibi görünen bir şey maneviyatta net gerçekliktir; Doğa'nın gerçek bir yasası.

MUCİZE VE SİHİRLİ ADIMLAR OLMADAN

Kabala Bilgeliği, mucize kavramından sıkça sözeder. Bizler bunların yüzeysel açıklamalarını biliyoruz, Hanukkah mucizeleri gibi (Işıkların Festivali) Mısır'dan ve Purim'dan çıkış.

Maneviyatta bunların farklı bir anlamı bulunmaktadır: Bireyin manevi yolculuğunda yaşadığı derin ve içsel süreci temsil ederler.

Manevi gerçekliği almak koşulu ile kişinin kablarını egoist bir durumdan özgecil bir konuma getirip algıyı (algılayıcılar, duyular) değiştirmek için yeterince güçlü bir isteğe sahip olması gerekir. Bu gerçekleştiği zaman, Üst Güç kişinin, tıpkı kendisi gibi "ihsan etme" arzusunu yerine getirir ve bu dünyada bir "mucize" yapar.

Böylece, manevi basamakta bir üst dereceye her çıkışımızda -daha büyük bir verme kapasitesi elde ederek- bize bir "mucize" ulaşır. Ancak, Üst Doğa'ya ulaştığımız zaman, artık onu bir mucize olarak değil, basit bir doğa kanunu olarak olarak görürüz.

Günümüzde herkes bir mucize bekler. Televizyon programları, falcılar ve mucize yapanlarla dolu. Bir bakıma, gerçeklikten kaçmak ve şu ana kadar hiç deneyimlemediğimiz daha yüksek bir şeye ulaşmak istiyoruz. Gerçek mucize -ki bu kendi doğamızı ihsan etme doğası ile değiştirmektir- sadece Üst Güce katılmayı sıkı bir şekilde istemek ile ortaya çıkar. Ancak o zaman, doğamızın bariyerlerini kırar, manevi bir şekle dönüştürerek ihsan etmeye gelebiliriz.

İşte o zaman "bulutlarda" hissederiz. Bu demek değildir ki havada uçacak ya da başka boyutta olacağız, sadece daha gelişmiş bir günlük gerçekliği deneyimleyeceğiz. Her şey burada olacak, bizim dünyamızda, mucizeler ve sihirli adımlar olmadan. Manevi yasalara göre yaşamaya başlarız ve bu şekilde maddi gerçeklik ve manevi gerçeklik tek bir his olan doygunluk ve sonsuzlukta birleşir.

HER ŞEYİN BİR AÇIKLAMASI VAR MI?

"Bu dünyada kendi kaderi ve gökyüzünde bir koruyucusu ona vurmayan ve 'büyü!'demeyen bir ot bile yok."

Bereşit Raba

Tıpkı bu dünyayı yöneten mutlak yasaların olduğu gibi Üst Dünya'nın da bizleri etkileyen yasaları vardır ancak onların farkında bile değiliz.

İçinde yaşadığımız bu dünyada meydana gelen bulguları anlamak istersek, öncelikle kökünü anlamamız gerekir, yani nereden geldiklerini.

Eğer sadece neler olduğuna bakarsak, bu dünyada olan bu olayların nedenleri hakkında hiçbir fikrimiz olmadığını itiraf etmeliyiz. En basit fenomenlerden, örneğin; hava durumu, değişken ruh hali, sağlık ve hastalık, geçmişten gelen bir ses ile tesadüfi bir şekilde karşılaşmak, kanlı savaşların patlak vermesi ya da bir gol fark ile bir futbol takımının zafer kazanması.

Bir şey olduktan sonra, hayal gücümüzün yaratıcılığının çeşitliliğine bağlı olarak bin bir neden bulabiliriz ve olayların her zaman bir açıklaması olacaktır. "Hastayım çünkü dün duş aldıktan sonra sıkı giyinmedim." "Bu teknik direktör kritik anlarda karar almasını bilmiyor" vb.

AMA BU GERÇEKTEN BÖYLE Mİ?

Kabala Bilgeliği, Doğa'nın mutlak yasalarına göre dünyamızdaki karşılığı olan bu davranışları açıklayarak, türetilen tüm bu sonuçların kökenini araştırır. Hâlâ normal insanlara gizli olsalar da bunlar rastgele olan olayların bir koleksiyonu değildirler.

Buna yerçekiminin bizim üzerimize olan etkisi örnek olarak verilebilir. Elbette ki, bir sandalyeye çıkıp yere atlarsak eğenceli olur ancak bir gökdelenin çatısından atlarsak bu bir felaket olacaktır.

Bu örnekte, hata ve sonuçlar anında ve belirgindir ve bizim anladığımız kadarı ile sonuçlar sebepler ile doğrudan ilişkilidir. Eğer atlama ve etkisi arasında az bir gecikme olduğunu hayal edersek, Kabala'nın neden bahsettiğini daha iyi anlayabiliriz.

Kabala, sonuç ve sebebi aynı anda görür, ancak bizler neden ile faktör arasındaki bağlantıyı anlamadan sadece etkisini hissederiz.

"Çekim Yasası", mutlak bir yasadır, ondan kaçmak ya da onu kandırmak mümkün değildir. Yapabileceğimiz tek şey onu tanımak ve onun esaslarına göre hareket etmektir. Ama hâlâ bu yasayı tanımıyorsak ve yasa ile aramızdaki sebep sonuç ilişkisini göremiyorsak, bir sonraki kazayı nasıl önleyebiliriz?

Ve bu konuda Kabalistler açıkça bizlere şu cevabı veriyorlar: "Yasa bilinmeden cezasını ortadan kaldıramayız". Diğer bir deyişle, bir gökdelenden atlayıp da ardından "Ay afedersin, bilmiyordum!" diyemeyiz.

Kabalistlerin bahsettiği manevi yasalar da aynı şekilde tanımlanmış ve salt bir şekilde hareket ederler, hayatın tadını çıkarmak ve tamamen yerine getirmek istiyorsak bu yasaları çok iyi bilmek durumundayız.

KÖK VE DAL YASASI

Bu manevi yasalardan bir tanesi "kök ve dal yasasıdır". Bu yasa, bedensel dünyada gerçekleşen her şey, manevi Üst Dünyada gerçekleşen her şeyin bir kopyası ya da mührüdür diye belirler.

Kabala bilgeleri bunun bizim duyularımızda gizli olduğunu açıklarlar, onlar için anlaşılabilir olsa da, bu fiziksel dünyayı sonuçların hayali dünyası gibi görseler de, ona belli bir noktaya kadar gerçek dünya olarak bakarlar. Onlar gördükleri dünyayı nedenlerin dünyası ya da köklerin dünyası olarak ve bizim gördüğümüz dünyayı ise sonuçların dünyası ya da dalların dünyası olarak isimlendirirler.

Düşündüğümüz, algıladığımız, hissettiğimiz, hayal kurduğumuz, gördüğümüz, duyduğumuz, vs. her şey biz hiç farkında olmasak dahi Üst Dünyada belirlenmiş ve karar verilmiştir.

Kabala'nın Sesi — Michael Laitman

Yehuda Aşlag (Zohar Kitabı'nın en saygın yorumu olan Sulam'ın yazarı) "Kabala Bilgeliği'nin Özü" makalesinde şu şekilde tanımlıyor:

"Tıpkı 'Kök ve Dal' adı verilen iki su damlasına eşdeğer olan ve Bizim alt dünyamızın [bedensel] gerçekliğinin, Üst dünyada [manevi] örneği olmayan, bir tek öğesi ya da etkinliği dahi yoktur. Yani, alt dünyada [bizim dünyamızda] parçası bulunan ve 'dal' olarak tarif edilen her şeyin Üst dünyalarda bir karşılığı bulunmaktadır. Ve bu alt parçanın sonuncusu 'Kök'tür. Aşağı dünyaların bu parçasında kaydedilmiş ve oluşmuştur ve bu da oraya aittir [Üst dünyalara]."

EĞER BÖYLEYSE YAPILACAK BİR ŞEY VAR MI?

Kabalistler bizlere bu sisteme müdahale etmek için ve kaderimizi değiştirmek için izin verirler. Değişim, sistemin hareketini öğrenmekle başlar. Eğer benim şu anki konumumda herhangi bir değişiklik yapamıyorsam ama kaderimi değiştirme ve belirleme yeteneğine sahip olduğum başka bir yer varsa, bunu bilmek önemlidir. Neden? Çünkü şu ana kadar mutlu olabilmek için yaptığı başarısız girişimlerden dolayı boşu boşuna zaman ve çaba harcayarak devam etmemek için.

Önemli olan evrenin genel sistemi ve yasalarına tam olarak nereden etki edebileceğini bulmak için aynı yöne doğru bir arayışa başlamak. Her birimiz bunu başarmış Kabalistlerin ayak izlerini takip ederek elde edebiliriz.

HARRY POTTER'IN SİHRİNİN GİZEMİ

Geçtiğimiz son on yıl içerisinde eşi görülmemiş bir edebi fenomen oluşturuldu. Adı "Harry Potter". 7 bölümden oluşturulmuş bu kitabın dünya çapında şu ana kadar 325 milyon kopyası satılmıştır. Koleksiyon Latince ve Zulu kadar abartılı dillerin de arasında bulunduğu 65 dile tercüme edilmiştir. En son kitap birkaç hafta içerisinde Amerika Birleşik Devletleri'nde 8 milyon cilt satmıştır ve her saat binlerce satın alınmaktadır. Bu başarısının önemini anlamak için şunu belirtmek önemlidir ki Harry Potter'dan daha fazla kopya satan tek kitap İncil'dir.

BU KADAR SKANDAL NEDEN?

Harry, Hagwarts Büyücülük ve Cadılık Okulu'na giden, gözlüklü, nazik delikanlı, insanlığı kurtarmak için kötü cadılar ve canavarlarla yüzleşmek zorundadır. Ancak Harry'nin çekişmeleri varolan tek fenomen değildir. Bunun yanında, Matrix ve Yüzüklerin Efendisi gibi afişleri büyük başarılar yakalamış olanlar da bulunmaktadır.

Birçok örnek verebiliriz ancak fikir çok açık: Fanteziye bayılıyoruz. Bizi mistisizme çeken nedir? Başka bir yerde olmayan ama orada bulmaya çalıştığımız nedir? Gerçekten perili yerlerin varlığına, sihirli güçlere mi inanıyoruz veya çok basit bir şekilde içinde bulunduğumuz soğuk gerçekten mi kaçmaya çalışıyoruz?

HARİKALAR DİYARINA BİR YOLCULUK

İçimizin derinliklerinde, gerçekliğin daha derin, toplam, özgür, zaman ve mekândan bağımsız bir seviyesini keşfetmek için doğal bir özlem bulunmaktadır. Bilincimiz altında bize eşlik eden, tam önümüzde duran gerçekliği şekillendiren güçleri anlamak isteğimiz.

Fantezi romanları, bir dereceye kadar, içimizde hissettiğimiz bu ihtiyacı ifade ediyor ve geçici alternatifler yerine daha derin bir gerçeği bulmak için aradıklarımızı bizlere sunuyorlar. Bizlere alternatif dünyaları tanıtıyorlar, büyülü ve gizemli; bizlere dünyamızı değiştirebilecek efsanevi güçler tarafından yönetilen diğer boyutlardan bahsediyorlar.

Çocukluk çağı, hayatın anlamını sorgulamak için çok uygun bir zaman. Çoğu zaman, çocukluğun verdiği masumiyet ile kim olduğumuzu ve nereden geldiğimizi açığa kavuşturmayı deneriz. Sevdiğimiz birisi vefat ettiğinde yaşam ve ölüm hakkında sorgulama yapmak için kendimizde bir dürtü hissederiz.

Fantastik romanlar cevap vermekte en çok zorlanılan sorulara büyülü cevaplar sunar, sayfalarında gezinerek uzak diyarlara yelken açar ve daha önce hiç duyulmamış topraklarda maceralar yaşarız ve her zaman sağlıklı ve güvenli bir şekilde eve geri döneriz. Sorun şu ki, büyüdükçe hayat daha karanlık ve sıkıcı bir döngüye girmeye başlar, tıpkı hayatın cazibelerinden tamamiyle eksik yaşayan Muggle topluluğu gibi.

XX. yüzyılın büyük Kabalisti Baal HaSulam, mektuplarından birinde, çok benzer bir şekilde öğrencilerine manevi dünyaya ilk kez giriş hakkında bir hikâye anlatıyor. O da bu durumu tıpkı bir duvar olarak tariflendiriyor, yalnız onun ardından yürümek yerine, gereken tek şey doğru niyetinin olmasıdır ve böylelikle duvar yok olacaktır.

Michael Laitman

Doğru niyeti elde etmek için ne yapmamız gerektiğini tarif etmek adına, tombul kadın karakteri, kitaplar ve Kabala öğretmenleri tarafından örnek olarak alınır.

SİHİRLİ KELİME: SEVGİ

Birkaç yüzyıl boyunca, Kabalistik kitaplar aracılığı ile bizlere manevi dünyaya gitmek için davet göndermişler, sadece onların rehberliğini takip ederek bulacağımız bolluğu tarif etmişlerdir. Ancak, şu ana kadar büyük çoğunluğumuz nasıl giriş yapacağını aramaz. Çünkü ya Kabalistlerin varlığını reddederiz, ya ruhun büyülü dünyasına girmek için edilen bu davetin farkında değilizdir ya da sadece reddederiz.

Ancak, Kabala Bilgeleri bizleri bu bilgeliğin harikalar dünyasında yol göstermek için hazırdırlar. Varoluşun utançlarına karşı nasıl başarılı olunacağını bizlere gösterebilir, sorunları ve ikilemleri aşmada, sevgi yoluyla diğerleri ile birleşmede bize yardım ederler. Kabala kitapları, büyüklüğe ulaşmak yolunda olduğumuzu göstererek, ergenlik döneminde kaybettiğimiz ilgi çekici şeyleri bizlere geri döndürecektir.

İnsanlığın Alice, Narnia, Oz ve Harry Potter'da aradığı büyülü dünyanın keşfini yapacağız, aslında bu arayış köşeyi döndüğümüzde bizi bekliyor, bir başka hayatta değil, sadece bir niyetle. Gerçek sihir içimizde ve bunu gerçeğe dönüştürecek olan kelime "sevgi".

MANEVİYAT ARAYIŞI

Hepimiz keyfimize bakmak, ikramiye almak isteriz. Kimi 350 gram sulu bir biftek ile zevkin zirvesinde bulunur, diğeri satranç maçında başarılı olana dek ya da hatta futbol takımı kupayı kazanana kadar dinlenmez. Sen piyangoyu kazanmak istiyorsun, kız arkadaşın fazlası olan beş kilodan kurtulup mutlu olmayı...

Her ne kadar zevk duyma seçimimiz farklı olsa da ortak paydamız, eksikliğini hissettiğimiz şeyleri doldurma isteği.

ZEVK ORTADAN KALDIRILIYOR

Zevk alma; "bu konuda" ufak bir problem var. Eğer kendi hayatımızı analiz edersek, bu güne kadar yaptığımız her şeyden bize sadece bir anı kaldığının farkına varırız. Ulaştığımız zaman ellerimizden kaçacak olan anlık zevklerin peşinden gidiyoruz.

Ana sınıfındayken okula gitmek isterdin; orayı eğlenceli bir yer olarak hayal ederdin, büyük ve küçüklerin bir arada "iyi vakit geçirdikleri" ve inanılmaz şeyler öğrendikleri bir yer olarak. Nihayet ilkokula başladığında gözlerini ortaokula sonra liseye diktin ve daha sonra arzun dünyayı tanımak ya da bir üniversite diplomasına sahip olmaktı, bu hayallerinin doruk noktasıydı. Daha sonra, bir aile kurma ihtiyacın uyandı...

Sürekli bir sonraki etapta her şeyin çok daha iyi olacağını düşünürüz. Ancak, bu gerçekten böyle mi? Bugün, dünden çok daha iyi mi hissediyoruz?

Bunun ötesinde, isteğimiz yerine geldiğinde onun keyfini çıkarıyoruz ve daha sonra zevk yok oluyor. Eğer susuz isen bir bardak su hayal edersin, alırsın ve ilk yudumda zevkini çıkarırsın. Peki, sonrasında ne olur? Bir sonraki yudum seni daha az ve daha az mutlu eder ve en sonunda hissettiğin susuzluğu unutursun.

Sonuç olarak, tüm hayatımız boyunca yakaladığımızda kaybolacak bir "hayaletin" peşinden gideriz.

ARZUNUN BEŞ DERECESİ

Kabala Bilgeleri, insani arzuların, gelişim düzeyimize bağlı olarak artan ölçekli beş dereceye ayrıldığını keşfetti:

Birincisi, en basit olanı, beslenmek, sağlık, cinsellik ve aile için olanı. İkincisi, para arzusudur ki bunun bize hayatta kalma ve iyi bir yaşam strandardı sunduğuna inanırız. Üçüncüsü, kendimiz ve başkaları hakkında onur ve kontrol isteğimiz. Dördüncüsünde, bilgiye ulaşmanın bizi mutlu edeceğine inanırız. Sadece arzu gelişimimizin beşinci derecesinde algılarımızın da ötesinde, hayatlarımızı yönlendiren bir şey olduğunu anlıyoruz, bu öyle bir şey ki onunla bağlantı kurmak istiyoruz.

Beslenme ve cinsellik ihtiyaçları bedensel arzular olarak tanımlanırlar ve hayvanlar için de önemlidirler. Tamamen kendini izole etmiş biri için de, açlık hissini giderme, iyi bir sağlık ve cinsellikten zevk alma ihtiyaçları bulunur.

Bunun yerine, zenginlik, güç ve bilgi arzuları tamamen insani arzular olarak değerlendirilir. Bunların gelişimi, toplumdaki hayatımızın bir parçası olarak, diğer insanların yardımıyla bu arzuları tatmin ederek olur.

Ama beşinci arzu uyandığı zaman, onu nasıl tatmin edeceğimizi bilemeyiz. Kabalistler bunu Kalpteki Nokta olarak adlandırırlar.

KALPTEKİ NOKTA

Kabalisteler tüm arzularımızı insan kalbi gibi ve en doruktaki istek olarak ifade ederler. Manevi dünya için duyulan özlemi Kalpteki Nokta olarak adlandırırlar, bu bizde bir anlamsızlık duygusu üretir, hayatımıza bir amaç bulma ve yaşamak için bir neden ihtiyacı ile bizleri uyandırır. Kalpteki noktası uyanan kişi kısa bir zaman sonra kendine, "hayatımın amacı nedir?" sorusunu sorar ve bunu doldurmak için fiziksel dünyadan hiçbir cevap bulamaz. Bu kişiye bol miktarlarda para, onur, kontrol ya da bilgi sunulabilir ancak kişi yine de hayal kırıklığı hissiyatında devam eder.

Bunun nedeni bu son dileğin, bu dünyadan daha yüksekte bulunan bir düzlemden gelmesinden kaynaklanmaktadır. Bu yüzden cevabının da aynı seviyeden gelmesi gerekmektedir. Kabala bilgeliği bu arzuyu nasıl karşılayacağımızı öğretir ve gerçekten de son yıllarda manevi arzunun uyanışının gelişmesine tanıklık ediyoruz, bu yüzden birçok insan Kabala'ya doğru yönleniyor.

BOŞLUĞU DOLDURMAK

Kabalistlere gore, Kalpteki Noktası uyanan kişi, manevi haz, tam ve sonsuz doyum arayışına girer. Bedensel ve insani arzuların doyumu insanoğlunu sakinleştirir. Ancak maneviyat için olan arzu uyandığı zaman, kişi bunu nasıl tatmin edeceğini bilemez. Hatta birdenbire onda uyanan bu durumun ne olduğunu bilemez. Ve bu nedenle, bir türlü tatmin olamaz, çaresizlik hissine kendini bırakır, umutsuzluk, hayal kırıklığı ve ayrıca hayatın anlamının eksikliğini hisseder. Bu duygu uyuşturucu, alkol kullanımının ve diğer kaçıp kurtulma isteklerinin gün geçtikçe artmasının en önemli nedenidir.

Birçoğumuz çocukluğumuzdan beri merak etmişizdir: Neden yaşıyoruz? Ancak yıllar geçtikçe arzular ve bizi cezbeden şeylerin etkileri düşüncelerimizin dikkatini dağıtır. Bu sorunun nesli tükeniyor ve bu nedenle gerçek çözümü bulmak ihtiyacı ortadan yok oluyor. Bazı zamanlar, Kalpteki Noktanın uyanışı ile, bu soru tekrar gündeme gelir ve duyularımızı teşvik eder.

Michael Laitman

Kim ki cevabı bulmak için ısrarlı bir şekilde gerçekliliğin karşısında sağlam bir şekilde dururrsa, Kabala bilgeliği ona gelir ve onun aracılığı ile manevi tatmine ulaşır, Kalpteki Nokanın ihtiyacını tatmin eder.

Manevi arzu için doygunluk, insanoğluna sonsuz ve tam bir yaşam hissi, bedensel varlığının üzerinde bir varoluş sağlar. Bu algı çok güçlüdür, bu noktada, fiziksel bedeninden ayrılması sırasında, artık hayatta olmadığını hissetmez, çünkü bu Kalpteki Noktada varolan en üst tatmin ile "tanımlanır", algısının yeni kabı ile.

YARADAN KİMDİR?

Yaradan'ın kim olduğuna ilişkin Kabalistik bir yaklaşım, O'nun nerede bulunduğu ve bizim ile olan ilişkisi ile ilgilidir.

Bugünlerde herkes Yaradan hakkında konuşuyor. Bu çok güçlü ve hiç yoktan tartışmalı bir konu halini aldı. Ancak, Yaradan hakkında konuşurken, kim ya da ne hakkında konuştuğumuzu gerçekten biliyor muyuz? Ve eğer bu böyle ise, benim ile farklı bir görüşe sahip biri ne dediğini bilmiyor mu? Peki, neden ne benim ne de muhataplarımın açıkça algılayamadığımız bir durum için benim daha iyi bir anlayışa sahip olduğumda ısrar edeyim?

Ünlü bir Zen bilmecesi şöyle diyor: Eğer bir ağaç düşerse ve onun düştüğüne şahitlik edecek kimse yoksa, her durumda yine de ses çıkarır mı? Benzer şekilde, kişisel olarak Yaradan'ı deneyimleyene kadar, O'nun varlığını doğrulayamaz, ne de senden ne istediği hakkında konuşamazsın.

Kabala bizim dünyayı algılayış biçimimizi sarmalayan beş duyumuz tarafından biriktirilmiş olan izlenimlerdir ki bunlar geçmiş anılar ve paradigmalara göre beynimiz tarafından yorumlanır ve onun içinde bulunur. Bu yüzdendir ki farklı insanlar aynı olayları farklı şekilde yorumlarlar. Birisi için, iyi bir restauranta hafif bir müzik eşliğinde yenen akşam yemeği zevkin doruk noktası olabilir, ancak başka biri için çok can sıkıcı olabilir. Bunlardan hangisi haklıdır?

Kabala Bilgeliği bizlere Yaradan hakkındaki bu tartışmalar adına orjinal bir çözüm sunar: "Gel ve gör", ya da Kabalistlerin dediği gibi: "Gel ve Yaradan'ın iyi olduğunu göreceksin". Bu ifade körü körüne O'nu iyiliğini kabul edeceğiz anlamına gelmiyor. Tam tersine, kendimizi için "gelmek" ve "görmek" zorunda olduğumuz anlamına gelir. Bunu "deneyen" Kabalister, deneyimlerinden ötürü "O iyidir" diye iddia ediyorlar.

Bizim fiziksel dünyamızın algısı tamamen özneldir, bizim maneviyat ile ilgili genel algılarımız - özellikle Yaradan ile ilgili olan- öznel ve tarifsizlerdir. Bu yüzden Kabalister bizlere kendimizin görmesini öneriyorlar, yani, gel ve gör. Bu konuda bizleri teşvik etmek için kendi izlenimlerini, O'nun iyi olduğunu ve Yarattıklarına iyilik yaptığını -Yaradan ile kendi deneyimlerine dayanarak- sunuyorlar. Aslında, O, o kadar iyidir ki bize kendi sahip olduğu her şeyi vermek istiyor, yani bizlerin O'nun gibi olmasını istiyor.

Kabalistler Yaradan'ı Yaratıcı olarak ifade ederler. Kabala'nın dili olan İbranice'de, Yaradan ELOHİM demek. Bu kelime iki kelimenin birleşiminden oluşuyor: Mİ ("kim" anlamında) ve ELEH ("bunlar" anlamında); ve bu da Isaias 40:26 cümlesinden geliyor ki anlamı "Bunları yaratan kim?" Böylelikle, Yaradan kelimesi bir anlamda hem fiil hem de Allah kelimesi olarak işe yarar, tıpkı onun kendi adı gibi, bu iki terim aynı amaca hizmet eder.

Kabala'nın Yaradan'ın özü ile ilgili ortaya çıkan tartışmalara sağladığı çözüm tektir, aslında bize hiçbir cevap vermez, yalnızca kişisel algımızı geliştirmek için bir çalışma biçimi sunar. Diğer bir deyişle Kabala, eğer sürekli olarak çalışırsak bu dünyada algıladığımızdan çok daha açık bir şekilde Yaradan'ı keşfedebilir ve deneyimleyebiliriz diye söz verir.

Kabala'nın Sesi — Michael Laitman

Orijinal Kabala çalışma kitabı olan Zohar Kitabı'nda da yazıldığı gibi, Yukarıdan aşağıya tüm dünyalar adamın içindedir ve tüm gerçeklik sadece adam ve onun ihtiyaçları için yaratlmıştır. Aynısı Bizim Yaradan algımız için de geçerlidir. O, bizim içimizdedir. O'nun nasıl bizim dışımızda olduğu hakkında hiçbir fikrimiz yok, hatta O'nun bizim dışımızda var olduğu hakkında hiç bir izlenimimiz yok, iddia ederim ki "tüm dünyalar, Yukarıdan aşağıya, adamın içinde bulunur".

Eğer bu düşünce çizgisine tutunursak, Yaradan hakkında tartışmak artık anlamsızdır çünkü O'ndan öğrenebileceğimiz her şey subjektif olarak algıladıklarımızdır. Bizim subjektif algımızı başkalarına empoze etmek doğru olur mu? Yapabileceğimiz tek şey, doğru olduğunu düşündüğümüz yolu önermek, ama bu yolu seçmek kişinin kendi kararı olmalıdır ve diğerlerini keşfetmelidir, böylelikle onun olacaktır.

Kabala bizlere belirlenmiş bir yol sunar, bazı kitapları çalışarak ve doğru açıklamaları dinleyerek Yaradan'ı keşfedebiliriz. Ancak, yol aynı olsa bile, deneyimler tamamen özneldir: eğer ben kan kırmızı renktedir dersem tüm dünya benimle aynı fikirdedir. Ama bu tüm herkesin kanı aynı şekilde algıladığı ya da aynı şekilde deneyimlediği anlamına mı geliyor?

En net sonuç şudur ki; aynı dili konuşabiliriz, aynı anda aynı deneyimlere sahip olabiliriz, çok bireysel hayatlar yaşıyor olabiliriz. Ve Yaradan ya da Doğa ile ilişkilerimiz (Kabala'nın dili olan İbranice'yle aynı sayısal değere sahip), bu kuralın bir istisnası değildir. Yani, O'nun bizler için yarattığı Yaratılışın

Düşüncesine ulaşmak için, hepimizin gelmek zorunda olduğu yer eninde sonunda O'na benzemektir.

III Maneviyat Yolu ve Modern Dünya
BUZDAĞININ UCU

Kabala ilmine göre, mevcut krizin nedeni, doğayı yöneten yasalar ve bizim yani insanoğlunun, onunla nasıl bir ilişkide olduğumuzda yer almaktadır.

Geçtiğimiz yaz, Kuzey Amerika'nın bazı bölgelerde bunaltıcı bir sıcaklık varken bazı bölgelerinde de sel vardı. Avrupa ve Asya'nın büyük bölümü kelimenin tam anlamıyla yandılar ya da sular altında kaldılar, heyelanlar ve nehir taşkınları rapor edildi. Zararın gökten gelmediği yerlerde, yerkürenin derinliklerinden geldi. Peru ölümcül bir deprem sonrası iyileşmede ve Japonya'da en önemli nükleer enerji santrali depremin radyoaktif bir sızıntıya yol açması nedeni ile kapatıldı.

Pek çok bilim insanı, bu felaketlerin ölçülemez boyuttaki bir buzdağının sadece ucu olduğunu kabul ediyorlar. Artık daha büyük bir felaket daha yaşar mıyız diye değil, ne zaman olacak diye soruyoruz. Doğacı James Lovelock, Gaia'nın İntikamı (Yunan mitolojisine göre Toprak) adlı kitabına isim verirken haklı mıydı?

20 Ağustos 2005'de dikkate alınmayan uyarılar sonrasında, Katrina Kasırgası, Louisiana'nın güney kıyılarını yerle bir ederek New Orleans, Biloci ve çevresindeki kentleri yıkıp geçti. Yaklaşık iki bin ölüye ve ekonomik maliyeti herhangi bir fırtınadan daha büyük olan bir felaketle sonuçlandı. İki yıldan daha

fazla zaman geçmiş olmasına rağmen Katrina'nın yol açtığı yaralar henüz iyileşmiş değil.

Dünyadaki doğal afetlere hızlı bir şekilde bakacak olursak, şiddetli ve artan sıklıktaki etkilerini gözler önüne sermektedir. Kuzey Kore'deki seller yüzlerce hayat aldı, aynı şekilde, Peru'daki depremler ve Çin'deki muson ikliminin yol açtığı taşkınlar. İtalya ve Yunanistan'daki yangınlar, yerleşim alanlarını küle çevirip, çok büyük arazileri etkiledi.

ABD'nin Orta batı bölümünün büyük çoğunluğu, sürekli yağıştan dolayı doldu ve bunun sonucunda nehirler kendi kanallarının seviyelerini geçerek büyüdüler. Binlerce Amerikalı evlerini kaybetti. Bu yıl olan diğer felaketler de California'daki yangınlar ve Greensburg, Kansas'ı harap eden kasırgalardır.

İKLİM MODA OLDU

Hollywood, bu konuyu da kendine malzeme yaptı. Leonardo Dicaprio tarafından seslendirilen Al Gore belgeselleri Uygunsuz Gerçek ve 11. Saat bu trendin en açık örnekleridir. En ciddi gazeteler çevre konusuna birkaç sütun ayırıyorlar. Sanayi Devrimi'nden 250 yıl sonra sonuçlarını kabul etmeye başladık gibi gözüküyor. Önceden bazı türlerin hayatta kalması ile ilgili endişe duyuyorsak, bugün kendi ırkımız da dâhil olmak üzere tüm türlerin hayatta kalması için endişe duymalıyız çünkü yaşam tehlikede. Eğer düşünce tarzımızı köklü bir şekilde değiştirmez isek, doğa bunu bizim yerimize yapar ancak bize öğretileri çok pahalıya mal olacaktır.

DOĞANIN YENİ BİR VİZYONU

Karşılıklı bağlılık ve birlik ilkesine göre, doğanın tüm parçaları kendi geçim kaynağı için çalışmak yerine, tüm sistem için çalışmalıdır. İnsan dışında, bu dengenin korunması doğanın her düzeyi için doğal bir niteliktir: cansız, bitkisel ve hayvansal. Bu nedenle, tüm evrende, insanlık ayrıştırılmış tek unsurdur.

Böylelikle, insan doğasını düzelterek çevrenin diğer unsurları da tamir edilmiş olur, ancak dengesini kırmaya devam edersek içinde bulunduğumuz zorlukları yoğunlaştırmış ve sürelerini uzatmış oluruz. Kabala, kendimize ve bizi çevreleyen diğer dünyaya yardımcı olabilmek için tek yolun birliktelik içinde "çalışmak" olduğunu öğretir. Kişi kendi için almak arzusu yerine "sistemi memnun etmek" için istekte bulunmalıdır.

ADAM ADAMIN KURDUDUR

Her geçen gün daha ve daha çok egoistleşiyoruz, anlaşmazlıklar artıyor ve birlik ilkesinden uzaklaşıyoruz. Adam sadece kendi türünden olanları değil, hayvanları, bitki ve mineralleri de sömürüyor ama aynı zamanda başkalarının kalıntılarının üzerinde dikilmekten mutluluk duyuyor. Ve ne kadar çok bencilleşirsek, doğanın dengeyi yeniden kurmak için gösterdiği reaksiyon o kadar çok olur. Bu yüzden, bizden öç aldığını hissediyoruz, ancak gerçekte, sadece bizim neden olduğumuz zararı gidermeye çalışıyor.

Doğa ne tek başına yapabilir, ne de kendinden taviz verebilir. Kafamızı kumun altına gömerek saklanmaya devam edebiliriz, ama böyle yapmaya devam edersek büyük bir ihtimalle orada gömülü kalacaktır. Zaman kısalıyor, ama birlik içinde bir katılım üstlenir isek hâlâ çamurdan çıkma şansımız var.

ALTERNATİF

Biz insanlar istediğimiz şeyleri sadece kendimiz için alıyoruz. Ancak, önceden belirlenmiş ve değiştirilemez doğa kanunları gibi bizim de, kör bir şekilde devam etmek ve sürekli olarak beklenmedik engellere karşı çarpışmak yerine, "bu süreçte gönüllü olarak bir araya gelmek ve geri vermeyi seçmekten" başka bir seçeneğimiz yok. Aslında, insanoğlunun öncelikli özelliği, doğanın nasıl ve neden bu şekilde çalıştığını anlama yeteneği olmasıdır.

Kabala bilgeliği bize yaklaşık beş bin yıl boyunca Kabalistler tarafından kanıtlanmış yasaların tutarlı açıklamalarını paylaşarak, kendi kendine çalışma ve kendi kendini dönüştürme yöntemi sunar. Farklı dönemlerde yaşamış olan öğrencilerinin ihtiyaçlarına uyum sağlamak için terminolojisi değişmiş olsa da, ilkeleri doğanın kendisi gibi sabit kalmıştır.

Doğa bizleri mütekabiliyet (karşılıklılık) gücü ile yaratmadı, ancak kendi seçimi ile bunu edinmenin yollarını bize açıkladı. Bunu yaparken, bize verdiği ödül her şeye gücü yetme ve her şeyi bilme yeteneklerinin geliştirilmesi oldu. Birinci adımı atmak için sadece istemek yeterli olacaktır.

Michael Laitman

"KELEBEK ETKİSİ" VE KABALA

Krizler, örneğin Amerika'da subprime (yüksek riskli krediler) gibi, bir unsurun diğerine "yayılması" ve tüm pazarı çöküşe doğru sürüklemesi, ekonomik küreselleşmenin etkilerinden bazılarıdır. Mevcut ekonomik modellerin projelendirme kapasitesini güçlendirmek için yapılan denemeler, bu fenomenlere karşı ayakta durabilmek için eylemler yoluyla yapılan tüm girişimler başarısız olmaya mahkûm edilmişlerdir.

Ekonomik-finansal sistemleri ve yaşamın diğer sistemlerini oluşturmak için, öncelikle içinde yaşadığımız temel sistemin genel yönetmeliklerini anlamamız gerekir: Doğanın sistemi. Fizyoloji ve Tıp alanında nobel ödülü almış olan Profesör Günter Blobel, karşılıklılık ilkesinin doğadaki her bir sistemin anahtarı olduğunu belirtiyor. Blobel diyor ki, "karşılıklılığa en iyi örnek", "canlı bir bedenin hücreleridir. Hücreler tüm vücudun iyiliği için biri bir diğerine karşılıklı olarak ihsan ederek bağlanırlar. Vücuttaki her bir hücre, hayatta kalmak için ihtiyaç duyduğunu alır ve geriye kalan gücünü tüm vücudun işleyişini gerçekleştirme yararına kullanır."

Aslında, Doğa'nın her düzeyinde, bireysel her şey, ait olduğu grubun iyiliği için hareket eder ve bu yolla doygunluğa ulaşır. Bu karşılıklı hassas denge, varolmayı kolaylaştırır ve bu doğanın tüm sistemlerinin temelidir.

İnsan topluluğunun kendisi için inşaa ettiği yapay sistemler, ekonomik-finansal sistemler de dâhil olmak üzere, Doğa'da hüküm süren uyumla tam bir zıtlık içinde bulunmaktadır. Merkezinde bencillik bulunmaktadır, her zaman sınırlı kişisel ilgilerinin getirdiği tercihleri genelin iyiliğinden üstün tutarlar. Hiç kuşku yok ki, kişiselleşmeyi ve dostumuz üzerinde avantaj elde etmeyi ne kadar çok ararsak, insanların birbirine ne kadar bağımlı olduğunu daha çok anlarız. Her ne kadar bunun farkında olmasak da, bizim yapmış olduğumuz eylemler, dünyanın başka bir yerinde güçlü değişiklikler üretme yeteneğine sahiptir. Bunun tam tersi de geçerlidir. Ego ve küreselleşme bizleri kısır bir döngünün içine hapseder, nefes almamızı engeller.

Eğer "kelebek etkisi" matematiksel karmaşanın popüler bir benzetmesi ise, o zaman küreselleşme çağında, "tüketici etkisi" aynı şekilde işler. Tüketici olarak bizim yaptığımız her eylem, genellikle hiç bir temasımızın olmadığı diğer sistemleri ve insanları etkiler. Aynı şekilde, Buenos Aires'deki bir kadının evinin yanında bulunan alış-veriş merkezinde geziye çıkmasının dünya çapındaki birçok kişinin hayatı üzerinde önemli sonuçları vardır. Bunu, satın alacağı her ürün belirleyebilir, herhangi bir fabrikanın çalışmaya devam edip etmeyeceğini, bazı insanların kendi topluluklarından başka bir yere gönderilip gönderilmeyeceğini, belki de açlıktan kurtulabileceklerini ya da daha fazla istismar edilip edilmeyeceklerini belirler.

Bu şekilde, basit olayları kolaylıkla tanımlayabiliyoruz, tıpkı ABD'deki Mortgage Krizi gibi; doğal afetlerin, terorist saldırıların ve Basra Körfezi'ndeki askeri gerginliğin, tüm dünyadaki ürünlerin fiyatlarına etki etmesi ve küresel ekonomik istikrar için bir risk taşıması gibi.

Böylelikle, bizlerin de doğal sistemin birer parçası olduğumuzu anlamanın ve O'nun tarafından belirlenen rolü üstlenmenin zamanı geldi. Aramızda oluşturduğumuz çeşitli sistemleri istikrara kavuşturmak için, egoist ilişkilerimizi düzeltmemiz gerekir ki bunlar, bahsettiğimiz sistemlere dayanmaktadır. Bu ulaşılabilir bir hedef, ancak çesitli açılardan yaklaşılması gerekir.

Öncelikle, ekonomik liderlerin dünyaya "ağrı kesici çözümler" sağlamaya devam etmek yerine bu hastalıkla kökünden başa çıkmaları gerektiğini anlamaları gerekir.

Ayrıca toplumda, hepimizin çok hücreli bir vücudun parçaları olduğumuzun bilincinin uyandırılması gerekir. Bu sistemin hücrelerinin herbirinin, kendisi için en faydalı ekonomik modelin, başkasının mutluluğu olduğunu anlaması gerekir ki sadece bu şekilde bu dengeyi sağlayabiliriz.

Bu nedenle, krizin nedeni ve çözüm yollarının kamuoyuna açıklanması önemlidir. Bu Doğa'nın nasıl birden fazla sistemle faaliyette olduğunu ve bu sistemlerin aralarındaki ilişki ve mütekabiliyetini gösteren örneklerin kullanılması ile mümkündür.

Bu anlamda, Doğa'nın genel sisteminin nasıl çalıştığının öğretilmesi, kilit insanların eğitilmesi önem gerektirmektedir ki stabilize ve dengeli bir duruma gelebilmek amacı ile mevcut insan sisteminde yapılacak değişikleri anlayabilelim. Bu nokta, doğal sistemlerin temel yasalarını öğreten yöntem olan Kabala Bilgeliği aracılığı ile oluşturulabilir.

Son olarak, toplumdaki farklı kurumların birlikteliği ile oluşturulacak güce ulaşmak gerekmektedir ki bu yolla bilgelik kök salabilsin, halk tarafından özümsenebilsin ve bu gerekli değişikliği yapabilmek için insanlığa sığınacakları bir limana doğru yol gösterebilsin.

Ne zaman ki dünyamızın yönünü gerekli olan dengeye doğru değiştirirsek, o zaman olumlu sonuçları hızlı bir şekilde almaya başlayacağız.

KÜRESELLEŞME VE MANEVİYAT

Ekonominin küreselleşmesi, tüm piyasaların birbiriyle ayrılmaz bir bütün ve küresel ekonomi ile bağlantılı olduğu anlamına gelir. Bu yeni gerçeklikte, birbiriyle bağlantılı bir sistem içerisinde doğru hareket etme biçimini bulmamız gerek. Ve, içiçe geçmiş tüm mükemmel sistemleri, Doğa'nın kendisini anlamak üzerine çalışma yapmak buna iyi bir örnektir.

Myron Acholes y Robert Merton'un her şeyleri vardı, herhangi bir bilim insanının hayal edemeyeceği her şey: Ün, Ekonomi Nobel Ödülü ve dünyanın en prestijli üniversitelerinde profesörlük yapma.

Piyasada tahmin yürütmenin zar atmak gibi olduğundan eminlerdi: muhtemel olayların her biri için olasılıkların kolaylıkla ölçülebileceğini düşünüyorlardı. Amaçları, yanılmaz planları aracılığıyla doğru istatistiksel çalışmalar ile pazarı tahmin etmekti.

Diğer uzmanlar ile birlikte, mümkün olan her piyasa koşulundan yararlanmak için bir fon kurdular. Adını Uzun Vadeli Sermaye Yönetimi (LTCM) koydular.

Fon, kayıp veya kararsızlık ortamı olmadan yıllık %40 kazandıran şaşırtıcı bir verimle, matematiksel modellere dayalı bir yatırım politikası geliştirdiler. Daha önce öngörülmemiş bir dünyanın modellerini belirlediklerine ve sihirli formülü keşfettiklerine inanıyorlardı.

Yapacakları işlem çok cazip ve kaçırılmaması gereken bir fırsat gibi gözüküyordu, ta ki balon uğursuz '98 Eylül'ü akşamı patlayana kadar. Felaket, ilk bakışta zararsız gibi görünen bir olay ile başladı: Tayland Bahtı'nın değer kaybetmesi Asya ve Doğu Avrupa piyasalarını vurdu. Dünya çapındaki ekonomik sistemlerdeki toplam çöküşün benzeri görülmemiş ıstırap ve gerginliği, LTCM'ye kadar ulaşana dek kar topu gibi yuvarlanıp büyüdü.

Dünya ekonomisinin liderleri arasında yapılan çaresiz acil toplantı küresel ekonomik kaosu önlemeyi başardı.

Michael Laitman

ÇÖKÜŞ BULAŞICIDIR

Ekonomistler doların en dramatik çöküşünü, Çin politikasında kaynaklanan bir değişikliğin tetiklediğini söylüyorlar. Bu, kendi ekonomisi hakkında endişe ederek, tüm fonlarını dolar olarak korumaya devam etmek yerine yatırımlarını çeşitlendirmeye başlamasından kaynaklandı. Sonuç olarak Suudi Arabistan, Güney Kore, Venezuela, Sudan, İran ve Rusya, Kuzey Amerika para biriminin değer kaybından korunmak adına, yatırımları için "dedolarizasyon" seçeneğini düşünmeye başladılar.

Dünya çapında bir küresel krizin hissi tekrar ve tekrar kendini gösterir. Ekonomik eğilimleri tahmin etmek için tüm girişimleri başarısız olmuştur. O zaman, nasıl gerçekten uygun ve istikrarlı bir ekonomik sistem kurabiliriz?

ARAMIZDAKİ SİSTEMLER

Kabala bilgeliğine göre bu sorunun cevabı gerçekten çok basittir. Farkına varmak için parlak bir ekonomist olmaya gerek yok. Sadece farkında olmamız gereken, biz ve yaptığımız her şey, ekonomi de dâhil olmak üzere, Doğa olarak adlandırılan evrensel sistemin yasalarını takip etmekte. Yani, her bir bireyin, bütünün yararına çalıştığı, mükemmel bir birlik sağlamak için çalışması.

Kabalist, Yehuda Aşlag (Baal HaSulam), "Geleceğin Toplumunu İnşa Ederken" adlı makalesinde yazdığı gibi, "...her bir birey toplum aracılığı ile temel ihtiyaçlarını karşılamaya ve aynı zamanda kendi çalışmaları ile topluma yarar sağlamaya Doğal olarak zorunludur."

Bizlerin, insan toplumlarında kurduğumuz yapay sistemler bu prensibe tamamen zıttır. Bizim davranışımızı bu sistemlerde harekete geçiren çekirdek egodur; genelden önce kendi kişisel çıkarımız, maddiyat, onur ve kontrol; hatta (ya da özellikle) diğerlerinin aleyhine.

Bütün bunların ekonomi ile doğrudan ilişkisi vardır. Egoya dayalı ekonomik sistemde, kapitalistlerin ve pay sahiplerinin kişisel çıkarları şirketler için en önemli önceliktir. Hatta topluma yardımcı olduklarında, bunu reklam amaçlı ve itibarlarını arttırmak için olup olmadığını sormaktan kendini alıkoyamayanlar olur.

KÜRESELLEŞME + EGO = ÇIKMAZ SOKAK

Binlerce yıllık egoist bir gelişmeden sonra kendimizi köşeye sıkışmış olarak buluyoruz; biri diğerinden ne kadar çok faydalanmayı denese daha çok birbirimize karşı olan bağlılığımızı keşfediyoruz.

Yerel pazardaki ufak bir dalgalanma küresel pazarda türbülansa neden olabilir. Küreselleşme, gezegenimizde bir kırılganlığa neden olmuştur, en ufak bir çatlak, sendelemesine ve düşmesine yol açabilir. ABD'deki mortgage krizi gibi yerel etkiler, bir doğal afet, bir terör saldırısı, uluslararası mal fiyatları üzerinde doğrudan etkilidir ve küresel ekonominin istikrarını tehdit etmektedir.

ÇIKIŞ YOLU

"Ve Doğa ile ilgili en harika şey onun usta bir yargıç olmasıdır, bizi gelişimimize göre cezalandırır, yani gözlerimizin gördüğü kadarıyla insanlık ne kadar çok gelişirse geçimimizi sağlamayı bulmak için daha fazla ağrı ve acıyla karsılaşacağız."

Yehuda Aşlag, "Barış"

Kabala, insanlığın iki paralel süreçten geçtiğini öğretir: Bir yandan, bizi birleştirmek ve tek vücut olarak çalışmamız için itiyor, diğer taraftan insan egosu giderek büyüyor.

Öyle ya da böyle insanlık, egosuna bir çizgi çekmek ve tek vücut olarak çalışmak zorunda. Bizi bu değişime getirmek için zorlayan tokatlar yüzünden acı çekmek yerine Kabalistlerin bize önerisi, bu sürece hâkim olarak ve kontolünü kendi elimize alarak yapmamız.

Bu genel sistem ve ilkelerini öğrenerek, Doğa ile dengeye gelebilmek için sosyal değişiklikleri nasıl uygulayacağımızı anlarız ve ekonomi de dâhil olmak üzere hayatımızın her alanında gelişmeyi başarırız. Neyse ki Doğa'nın düşüncesinde yatan planın bilimine sahibiz: Kabala Bilgeliğine.

İPLERLE OYNATILAN KUKLALAR

Açıktır ki, Saddam Hüseyin'in ölümü şiddeti durdurmayacak. Irak'taki çatışmaların patlak vermesinden bu yana, üç binin üzerinde Amerikan askeri helak oldu ve bu sayı gün geçtikçe artıyor. Yüz binlerce Iraklı sivil kendi yurttaşlarının elinde yenik düştüler. Irak, dünyanın içinde bulunduğu mevcut durumun korkunç bir yansımasıdır.

Kabalist Yehuda Aşlag'a göre bu sadece bir başlangıç. İnsanlık seyrini değiştirmez ise, üçüncü hatta dördüncü dünya savaşına sürüklenebileceğini ve geriye kalanların bizim bugün yapmamız gereken bu değişikliği her şekilde zorunlu olarak yapacaklarını yazıyor.

Bu iyi ya da kötü siyasi kararlar meselesi ya da dünyayı kendi felaketine sürükleyen belirli bir lider konusu değildir. Tüm bunların olmasının bir nedeni var ve bunun farkına ne kadar hızlı bir şekilde varırsak o kadar çabuk bu duruma çare buluruz. Aynı Kral Süleyman'ın dediği gibi dünyadaki olayların rotasını belirlemek yöneticilerin elinde değildir; yaratılan ve rehberlik edenlerin elindeki güçtedir. "Sana bilmen için gösterildi ki Efendi, O Yaradan'dır; O'ndan başkası yoktur."

Kabalist Aşlag şöyle açıklıyor: "O'nun dışında başka hiç kimse yok" anlamı; yaşadığımız her şey, iyi ve kötü, dost veya düşman, istisnasız hepsi O'nun habercileridir. İşte bu bizim odaklandığımız noktadır, onunla olan ilişkimiz aracılığı ile Yaradan'ı keşfedeceğiz.

"Kralın kalbi bir nehir gibidir; Efendi'nin belirlediği yolu takip et".

Günlerinin sonuna doğru, Aşlag insanlığın maneviyata ulaşma sürecini tetikleyecek olan olayların seyrini açıklayan bir dizi makale yazdı. Bu olayların zamanla zorunlu olacağını teyit etti, içten (her kişinin manevi krallığı içinde) ya da bizim dışımızda (fiziksel dünyada) geliştirilebileceğini vurguladı.

Bu yazılarında, Aşlag insan egosunun sürekli olarak miktar ve kalite bakımından geliştiğini açıklıyor. Daha fazla paramız olsun istiyoruz, daha fazla güç, daha fazla cinsellik her şeyin daha fazlası. Ama bencilliğin zirvesinde tüm dünyayı nasıl kontrol edeceğimizi, her şeyin nasıl işlediğini ve nasıl yönetileceğini bilmek isteriz. Özetle, Yaradan gibi olmayı arzularız.

Kabala ve hemen hemen tüm manevi makaleler bize Yaradan'nın iyi olduğundan bahseder ve bu nedenle o hepimize, Yarattıklarına iyilik yapmak ister. Ve tüm gerçeklikte Yaradan'dan daha iyi başka bir şey yoktur. Kendisinde var olan her şeyi bize vermeyi ister yani O'nun Bilgisini ve O'nun Gücünü. Yaradan, bize bu yolda yürümemizde yardımcı olur, bu dünyadaki "okulda", üstesinden gelmek zorunda olduğumuz testler ile ve bu yüzdendir ki insan egosu sürekli olarak gelişmektedir: Egoizm ne kadar büyük ise bu test de o kadar büyük olur. Maneviyatta bu şekilde ilerleriz; daha iyi bir dünya ve toplum oluşturmaya çalışarak. Bu sınavlardan başarıyla geçtikçe her bir derecenin "sahibi" oluyorum; yani, Yaradan'ın bakış açısından görmeyi başarıyorum, O'nun derecesindeki bilgiye ve güce erişmiş biri olarak ve aynı zamanda bu derecede artık ipler ile oynatılan bir kukla değilim.

Dünyamızdaki zulümler bizim şişmiş ve evcilleşmemiş egomuzun bir yansımasıdır. Ancak bu acı deneyimlerin ortaya zorbalık şeklinde çıkmasının hiçbir nedeni yok, doğal afetler, terör ya da salgın hastalıklar. Eğer böyle bir durum ortaya çıktığında egolarımızı doğru yöne kanalize edersek, onların da kendilerini olumsuz olarak göstermelerinin hiçbir nedeni olmayacaktır.

İnsan egosu sadece ruhun niteliklerine işaret eder ki (henüz) Yaradan'ın niteliklerine benzer değildirler. Başlangıçta, sanki hafif bir baş ağrısı gibi bizi çok az rahatsız ederler. Ego büyüdükçe ve Yaradan ile aramızdaki fark arttıkça, bu baş ağrısı "migren" ağrısına dönüşür. Ancak, ağrı henüz daha ufak iken biz içimizde çalışır isek bunun migrene dönüşmesi için hiçbir sebep yoktur. Böylelikle devasa bir trajediyle karşı karşıya kalmak ihtiyacını önlemiş oluruz. Hayatımızı ve diğerleri ile olan ilişkilerimizi algılarız, tıpkı bir ifşanın dizilimleri gibi, Yaradan'a benzemenin sonsuz olasılıkları. Böylece, diğerleri için nefret yerine sevgi hissederiz ve bu his ile okul neşeli bir oyun alanına dönüşür.

Bunun gerçekleşmesi için bir eğitim sistemine ihtiyacımız var. Kabala O'ndan başkası olmadığını söylüyor, o zaman içimize egoyu yerleştiren de O ve bunu yapmasının bir nedeni olmalı. Artan egoyu bastırmak için boşuna çalışmak yerine, Kabala bunu nasıl yapacağımızı gösteren ders kitapları geliştirmiştir, tıpkı Yaradan'ın sanki bir nehir gibi gidecekleri yolu işaretleyerek kralların kalpleri ile yaptığı gibi.

Bu Kabala'nın dünyaya sunduğu büyük ifşadır: birbirimizi ortadan kaldırmaya çalışmak yerine, hepimiz bilgi sahibi, güçlü ve Yaradan'a benzer olmayı öğreniriz. Böyle olduğu zaman, hepimiz kazanmış olacağız!

Michael Laitman

YAŞAM KİME AİT?

Gezegeni kurtarmak küresel gündemde önemli bir konu haline gelmiştir. Ancak yeryüzünün imhasının ilerleyişini önlemek için, ilk önce kendimize çok derin bir soruyu sormamız gerekmektedir: Bize hayat ne için verildi?

Üçüncü Dünya ülkelerinde milyonlarca insan açlıktan ölüyor ve ayrıca milyarlarcasının daha yiyecek yeterli gıdası yok ya da en azından içme suları. Yaşamları, Batılı ülkelerin halklarınınkinden çok daha zor, bu yüzden birçok durumda onların ilerlemeleri gerçek bir mucizedir.

Batılı ülkelerde, insanlar bu kötülükler yüzünden acı çekmezler. Genellikle sağlıklı, ekonomik açıdan istikrarlı ve neredeyse emin bir geleceğe sahiptirler. Ancak onların da kendilerine göre problemleri var, depresyon ile başlayan. Yaşamın yüksek standardına rağmen, depresyon Birinci Dünya'da en hızlı şeklide yayılan hastalıktır.

ABD Ruh Sağlığı Ulusal Enstitüsü'nün (NIMH) yayınladığı resmi bir bültene göre: "Depresif bozukluklar kişide bitkinlik, değersizlik, çaresizlik ve umutsuzluk hissine neden olur. Bu olumsuz düşünce ve hislerin bir sonucu olarak kişi kendini bırakır". Aslında, Batı dünyasındaki endişe verici intihar oranları, görünüşte her şeyi olan insanların her geçen gün daha fazla umutsuzluktan dolayı vazgeçtiklerinin bir kanıtıdır.

Birinci Dünya ülkelerinde yaşayanlar ile gelişmekte olan bir ülkedeki yaşayanların hayatlarını karşılaştırırsak, Batı'da yaşayanlar ellerinde olan fırsatları en iyi şekilde değerlendirmeye çalışırlarken diğer taraftan en fakir ülkelerdekiler çaresizlik içinde yaşıyorlar. Bir kez her şeye sahip olduğumuzda, hayatlarımız da dâhil olmak üzere, hepsini gemiden denize atmamız garip değil mi?

HAYATIM KİME AİT?

Bu paradoksu anlamak için daha geniş bir perspektife sahip olmamız gerekir. Aslına bakarsanız günümüzde hepimiz birbirimize bağlıyız. Kendimizin ve çocuklarımızın hayatlarını kurtarmak için bu işbirliği içinde olmak bir esastır. Ancak, nedenini bilmediğimiz sürece işbirliği yapmak için bir arzumuz olmayacaktır. Varoluş amacımızı anlamamız gerekmektedir, hayatımızın anlamı ve bu bilgiyle olumlu dünya çapında eylemler yapmak için motivasyon elde etmeliyiz.

Kabala ilmine göre, bizim karşılıklı bağımlılığımız "birlik" kavramından geliyor, birbirimize bağımlı olduğumuz gerçeği dışında hepimiz bir varlığı oluştururuz. Yüzlerimiz farklı görünüyor olabilir ancak derimizin altına bakınca hepimiz birbirimize benziyoruz. Eğer bu kadar benzer olmasaydık, modern tıbbın varlığı söz konusu olmazdı.

Maddenin içine daha çok nüfuz ettikçe, öğeleri birbirine daha çok benzer olurlar. Her bir atomu oluşturan parçacıklar bu şekilde analiz edilir, sadece iki temel unsur bulunmaktadır: Çekirdek ve onu çevreleyen elektronlar. Hayatın temel esasları yaşamın her formu için aynıdır. Ve sadece aynı olmakla kalmaz, sürekli olarak kendi elementleri arasında alış-veriş yaparlar, çağdaş fizikçilerin söylemine göre elektronlar doğanın en temel düzeyindedirler, kelimenin tam anlamıyla hepimiz biriz. Bunu anlayabilirsek, hayatın amacını anlamanın tıpkı sağlıklı olmayı başarmak gibi olduğunu görürüz. Bu sadece kendim için yaptığım bir durumdan ziyade dünyanın geri kalanı ile ve tüm insanlık için ne kadar iletişimde olduğumdadır.

HAYATIN ANLAMI

Birlik kavramı bundan beş bin yıl önce kadim Kabalistler tarafından keşfedildi, ancak bu şu an, günümüzde bilimsel olarak kanıtlanmış bir gerçektir. Bu konseptin bize dediğine göre: hayatın amacı kişisel bir mesele değildir, sadece var olan her şeyin "panoramik", genişletilmiş algısıdır. Kabala ilmine göre, sadece kendimizi, egolarımızı aştıktan sonra hayatın amacını anlayabiliriz, çünkü ancak o zaman "resmin tamamını", yani, Yaratılışın tüm çerçevesinin içindeki görevimizi görürüz. İşte bundan sonra neden doğduğumuzu ve bu hayatta ne yapmak zorunda olduğumuzu anlarız.

Hayatın anlamını fark etmek için, yaşam ile ölüm arasında bir fark olmayacağını ve fiziksel ya da manevi varlıklar olarak varolduğumuzu anlamalıyız, kısacası evrenin bu duygusuna ulaşmak zorundayız. Eğer sadece şu anki algılarımız yerine dünyevi ve manevi tüm boyutlarda, özgürce yaşayabilseydik, gerçekten ebedi olduğumuzu bilebilirdik.

Bu zihinsel durumda, birinin hayatı diğeri kadar önemli olur. İnsanlar arasında bir husumet olmaz çünkü hepimiz biriz. Bu rekabet böbreğin karaciğere üstün gelmeye çalışması ile karşılaştırılabilir. Varlığın böyle bir durum içinde, her yerde ve her zaman, bütün gerçeklikte tamamen sorumlu hale gelmek ve onun içinde olan her şeyin tamamen farkında olduğu durumunda, her bir kişi Yaradan ile benzerlik durumunu başarır.

Aslında, Kabala'nın bize söylediği hayatın anlamının, onun amacında yattığıdır - tüm yaratılanların Yaradan gibi olması- sonsuz, her şeye gücü yeten ve her şeyi bilen. Kabalistler bunu "form eşitliği" olarak adlandırır ve hepimiz buna Kabala bilgeliği aracılığı ile ulaşabiliriz.

YENİ BİR MESAJIN VAR

Sohbet odalarındaki gençlerin yaptığı gibi bizler de kodlarla iletişim kurabiliriz, bir bilgisayar ekranının arkasında ve sahte bir isim altında kendimizi gizleyebiliriz ancak sonsuza kadar değil. Er ya da geç, maskeleri indirmek ve dostlarımızı kalplerimize yerleştirmek zorundayız.

Günümüzde, gençlerin uzun mektuplar yazıp onları pullu zarflara koymalarına gerek yok. Bunlar yerini ekrana ve klavyeye ya da cep telefonuna bıraktı.

Erken yaşlardan itibaren, çocuklar Yahoo, MSN, ICQ ya da Skype gibi anlık mesajlaşma yazılımlarını kullanmayı öğreniyorlar. Bunlar serbestçe kullanılabilen basit ve hızlı mevcut uygulamalardır. Her ne kadar kişisel bilgisayar ya da cep telefonları ile sınırlı olsa da, internet zaman ve mekân engellerini aşarak, gezegenin herhangi bir bölümüne erişim sağlar. Bu bizleri faydacı insanlar haline dönüştürür, kullandıkları teknoloji gibi, ama uzaklaşmış.

Ancak, bizleri yabancılaştıran bu çevrimiçi iletişimler mi yoksa bizlerin yabancılaşması mı bu tarz bir iletişimi geliştirmemiz için bizi motive eden? Kablolu ya da kablosuz yolla iletişim kurmaktan başka bir yol bilmeyen bir nesile ne olacak?

HER ŞEY BAĞLANTIDA

Çocukken, bilim kurgu filmlerinde gördüğümüz cihazların günlük yaşamda kullanılabilecek araçlar olabileceğini hiç hayal etmezdim. Küçükken, arkadaşlarımızla oynamak istediğimiz zaman, "ayak" adı verilen antik bir araç kullanırdık. Konuşmak için evlerine kadar giderdik. Formalite icabı, ilk önce arkadaşlarımın anneleri ile sohbet etmem gerekirdi.

Günümüzde, cep telefonlarını kullanarak arkadaşlarımıza anlık mesajlar gönderebiliriz. Ve ayrıca bunu yapmak için kimseden izin almamıza gerek yok. Gençler arkadaşları ile öncelikle SMS ile görüşüyorlar, kelimeler yerine kısaltmalar ve duygular yerine ifadeler kullanarak. Hatta ilişkiler çocuklarımız için sanal hale gelmiş gibi görünüyor.

HER ŞEYE RAĞMEN BAĞLANTIDA

İnsanlar arasındaki bağlantının özünü anlamak için, onun Köklerini bilmemiz gerekir. Kabala'ya göre, bu kök yer ve zamanın var olmadığı bir yerde bulunuyor. Kabalistler bize bu yer ile ilgili, hepimizin orada bağlantıda olduğunu, "Adam HaRişon'un ruhu (ilk insan)" tek bir ruh olduğunu söylüyorlar. Bu ruh birbiri ile ilişki halinde olan milyonlarca hücreden oluşan bir vücut gibidir. Evriminin bir noktasında, parçalar (hücreler) bağlantı kavramını kaybetti ve ruh çok sayıda parçaya bölündü.

Bu ayrılma, aramızda yabancılaşmayı ve nefreti tetikledi ve o günden beri bir zamanlar paylaştığımız duyguları tekrar doldurabilmek için bilinçsizce arayıştayız. Aslında, insanoğlu gibi tarih boyunca yaratılan tüm sosyal sistemler tek bir amacı takip ederler: Bağlantımızı ve kaybedilenleri karşılıklı olarak yeniden kurmak.

Bizim ayrılmamızın kilit unsuru egodur. Bu sadece parçalanmamıza neden olmadı ayrıca o zamandan beri birbirimizden ayrılışımız giderek artrmaktadır. Bir taraftan, ego başkalarını kullanmak istememize neden olur, kendi ihtiyaçlarımızı karşılamak için onlara bağımlı hale gelerek, tıpkı küreselleşmede olduğu gibi. Ama diğer taraftan, kendimizi tatmin etmek, başkalarından bağımlı hale gelmeyi bırakmak ve diğer insanların sadece yok olmasını istemek için başka yollar aramamız için bizleri kışkırtır.

Birbirimize bağlı olduğumuzu ve bunu değiştirmek için hiçbir şey yapamayacağımız gerçeğini bir türlü kabul edemiyoruz. Bu "ortaklık" bizi rahatsız ve tedirgin ediyor ve dolayısıyla bizim gösterdiğimiz direnç ve bağlantı gerçeğini tanımayı reddetme isteğimiz buradan kaynaklanıyor. Yabancılaşmamız, birbirimizle olan bağlantıdan da anlaşılacağı gibi, günümüzde iletişime geçmek için kulladığımız araçlardan çok açık bir şekilde belli oluyor.

Bir yandan, herkesle paylaşmak istiyoruz, diğer yandan bilgisayar ekranının arkasında anonim ve güvende olmak. Eğer doğru niyet ile kullanmazsak, teknik anlamda bağlı olsak da, modern iletişim bizleri birbirimizle birleştirmek yerine birbirimizden izole olmamıza neden olacak.

İzolasyonumuz arttıkça, gerçek bir bağlantı için daha büyük bir ihtiyaç hissederiz. Ancak bu, telefonlar, bilgisayarlar ya da başka bir cihaz aracılığı ile yapılamaz. Kalbimizin içine ekilmesi gerekir. Er ya da geç, muhtemelen en erken vakitte, metin mesajları yerine duygu ve düşünceler ile iletişim kurarak platformumuzu zenginleştirmemiz gerektiğini keşfederiz. Bunu yaparken, Adam HaRişon'un ruhunda var olan samimi birliği tekrar keşfedecek ve aramızda doğal, direkt ve sağlıklı bağlantıyı tekrar kuracağız.

Adam HaRişon'un ruhu paramparça kalmak niyetinde değildi. O'nun parçaları (bizler) bir kez ayrı olduğumuzun farkına varalım, bunun ıstırabın nedeni olduğunu bilir ve yeniden birleşmek için çaba harcarız. Kabala'ya göre, bu yeniden birleşme 1995 yılında başladı.

Mevcut küresel kriz bizim bağımlılığımızın ilk belirtilerindendir. Ama gerçekte, bu bizi korkutmamalı, bunu yerine bizleri birbirimize yardım etmek için motive etmeli ve zorluklarını düşünmek yerine, bunu bağlarımızı güçlendirmek için bir fırsat olarak görmeliyiz.

Bu bağlantıyı yeniden kurduğumuzda, birliği hissederiz, Âdem'in kolektif ruhu; şu an, dar algımız ile sınırlı olan; kapsayıcı, sonsuz, çağlar ve evren ötesindeki varlığımızı algılarız. Ayrıca, sınırsız özgürlük lütfunu yaşayabiliriz. O zamana kadar, bu gizliliğin bizim için güvenli olduğunu düşünerek monitörlerimizin arkasına saklanarak devam edeceğiz. Bir sonraki aşama, maskelerimizi çıkarmak ve kalplerimizde gerçekten birleşmek olacak.

Ve bu arada, yeni bir mesajım var...

ÖZGÜRLÜK KAYGISI

Neden tatile kaçmaktan zevk alıyorsun diye hiç merak ettin mi? Kendi evinde olmayıp da başka bir yerde arayıp bulacağın şey ne? Kabala aradığımız şeyin önümüzde daha doğrusu içimizde olduğunu söyler.

TATİLE GİDECEK BİR YER ARIYORUM

İfade özgürlüğü, dini inanç, bilgi, düşünce özgürlüğü, yayınlamak, oluşturmak, akademik özgürlük, ekonomik özgürlük, serbest zaman... 21. yüzyılda herkes kendi özgürlük türünü oluşturacak yeteneğe sahip gibi görünüyor.

Ancak, mutlak ve koşulsuz özgürlük var mı? Bir şey değil de, basit, sınırsız, toplam özgürlük söz konusu mu?

Kabala'ya göre mümkün ancak, bu hayal ettiğimizden çok farklıdır. Çoğunluk için özgürlük iş sorumluluklarından ve günlük sorumluluklardan kaçmak demektir. Endişeleri, baskıları, patronu ve abartılı hesapları unutmak. Nefes alabilmek için hayattan ufak bir kaçış arıyoruz.

Sonunda kumsalda geçireceğimiz mutlu bir an için, bütün yıl boyunca sıkı çalışıyor ve para biriktiriyoruz. Ve hepimizin bildiği gibi, tatil sırasında olaylar her zaman istediğimiz gibi gitmiyor, ya otel ya da uçuş yüzünden veya çocuklar tam da bu zamanın hastalanmak için mükemmel olduğuna karar verirler. Sebebi ne olursa olsun, tatilin büyük çoğunluğu hayalini kurduğunuz şekilde sonlanmaz.

Kabala'nın Sesi   Michael Laitman

Hâlâ biraz şanslıysak ve bu bize mükemmel sonuçlar getiriyorsa her geçen dakika sanki çok çabuk sona erecekmiş ve "gerçek hayat" ile yeniden bağlanmak zorundaymışız gibi gelir.

O zaman, günlük rutinden kaçarak gerçekten daha mı özgür oluyoruz? Özgürlük arayışında kaçmak istemeyeceğin farklı bir yol olsaydı ne olurdu? Mükemmel ve sonsuz bir tatil mümkün mü? Aslında var. Ama bu yeri bulmak için bu dünyanın çerçevesine bakmayı durdurmak gerekir.

ÖZGÜRLÜK BU DÜNYANIN ÖTESİNDE

Kabala bilgeliği bizim dünyamızda insanların her şey olabileceğini yalnızca özgür olamayacağını açıklar. Ne ailemizi, ne doğal yeteneklerimizi, ne de özelliklerimizi seçebiliriz. Çocuk olarak sürekli ebeveynlerimiz ve öğretmenlerimiz tarafından etkilenmişizidir.

Büyürken, toplum ve medya bizim için her şeyi belirler: Ne giyeceğimizi, ne olacağımızı, neyin doğru olduğunu, ne düşüneceğimizi, ne yiyeceğimizi ve kimi seveceğimizi. Güzeli ve çirkini, doğruyu ve yanlışı, görgüyü, konuşma ve davranış tarzını.

Doğal olarak, dünyamızda özgürlük olmadığı fikrini kabul etmek kolay değildir. Ancak, bir kez bunun farkına varalım ve sonrasında Kabala, bizlere gerçek özgürlüğe doğru olan yolda olacağımızı açıklar.

Kabalistler bizim özgürlük anahtarımızın "yaşamın amacı nedir" sorusunun cevabında olduğunu söylerler. Hepimiz en azından bir kez bu soruyu kendimize

sormuşuzdur: Neden buradayız? Nereden geliyoruz? Kişisel ve küresel deneyimlerimizin bir amacı var mı? Nereye gidiyoruz?

Toplum bize bu soruları görmezden gelmenin daha iyi olacağını hissettirir. Sosyal olarak, yaşamın gelgitleri tarafından sürüklenmek, hayatın anlamını sormaktan daha iyi karşılanır. Bu nedenle, bu sorular ortaya çıktığında, gerçek bir cevap vermekten kaçınırız.

"...eğer kalbimize ünlü bir soruyu cevaplamak için izin verirsek... Bu dünyadaki tüm varlıklar tarafından yapılır: Hayatımın amacı nedir?"

"...bizim neslimizde de olduğu kadar, hiç kimsenin bile düşünmek istemediği bir yerde. Ancak, sorunun kendisi acı ve sert bir şekilde orada kalır, tekrar ve tekrar beklenmedik anda oraya çıkar, aklımızı gagalar, bildik bir taktik bulmadan önce bizi yere devirir; tıpkı bir önceki gün olduğu gibi, yaşamın gelgiti için anlamsızca yüzeriz."

Yehuda Aşlag, "On Sefirot Çalışması'na Giriş"

Hatta abartılı eğlence sektörü bizim hayatın anlamını arayışımızdaki kaçış girişimlerimizden doğmuştur. Sayısız aktivite gerçekleştiririz, tonlarca gereksiz bilgi ediniriz, saatlerce kıpırdamadan televizyona bakarız, internette geziniriz, film izleriz, Disneyland'a gideriz ve bizi meşgul edecek daha neler yapmayız ki? Dikkatimizin dağınık olmaması düşüncesi bizi korkutuyor.

Michael Laitman

Kabalistlerin açıklamasına göre; aslında çok istediğimiz Özgürlük yoluna bizleri götürecek olan soruyu bastırıyoruz. Hayatlarımızdan kaçmaya çalışmak yerine, bunu tamamen farklı bir deneyim haline dönüştürebiliriz, hissttiğimiz zevkin giderek arttığı, kalıcı ve mükemmel bir tatil.

Sence bu bizim dünyamızda var olmayan bir şey mi? Kesinlikle haklısın, orada yok, ancak başka bir yerde mevcut. Kabala bunun nerede olduğunu ve oraya nasıl gidileceğini sana anlatır.

ORAYA NASIL GİDERİZ?

Bu çok basit bir karar ile başlar: Kaçmayı bırakmak. Aslında, hayatımızın amacını sorgulamak, mutluluk kaynağı ile iletişim kurmanın başlangıcıdır, Yaradan'la. Diğer bir deyişle, bu soruyu cevaplamak ve Yaradan ile bağlantı kurmak aynı anlama gelmektedir.

Kabalistler, Yaradan ile bu bağlantıyı kurabilmenin içimizde yer alan aşamalı bir süreç olduğunu söylüyorlar. Yani özgürlüğe ulaşmak için, dağlara tırmanmaya, dünyanın öbür tarafına seyahat etmeye ya da günlük hayatımızdan kaçmaya çalışmamıza gerek yok.

Sadece bu iç sorunun bizi uyandırmasına ve bize rehberlik etmesine izin vermeliyiz. O zaman, mükemmelliğe uzanan yol önümüzde açılacak böylece gerçek ve sonsuz özgürlüğe doğru olan yolda olacağız.

Michael Laitman

Kabala Ve Bilim
BİR KABALİST, BİR GENETİKÇİ VE YAŞAMIN MANASI
BİRİNCİ BÖLÜM

Eğer cömertliğin kökünün iyi niyet ve diğerleri için endişe etmek olduğunu sanıyorsanız bir kez daha düşünün. Yapılan genetik araştırmalar gösteriyor ki bu sadece genlerden kaynaklanan bir durum olabilir. Kabala'ya göre, bu yeni bir şey değil.

Genes, Brain and Behavior(Genler, Beyin ve Davranış) isimli araştırma gazetesi, son zamanlarda Kudüs İbrani Üniversitesi tarafından yapılan bir araştırmanın sonuçlarını yayınladı. Bu araştırma belirli bir gene sahip olan kişilerin paraları ile %50 daha fazla cömert olmaya yatkınlıkları olduğunu gösteriyor.

Profesör Richard P. Ebstein liderliğindeki araştırma ekibi ile birlikte yeni bulguları ve bunların etkilerini tartıştık. Dr. Ebstein genlerimizin kısmen tüm davranışlarımızdan sorumlu olduğunu savunuyor. Peki, neden kısmen? Çünkü davranışlarımız genler tarafından değil toplumun etkisi ile belirlenir. Bu, Kabala'nın çok uzun zamandır anlatıklarını bilimsel olarak açıklıyor.

Aşağıda, sohbetimizden alıntılarda, neden bu son bilimsel bulguların Kabala için bir süpriz olmadığını anlayacaksınız.

RE: Belirli genlerin fedakârlığı etkileyip etkilemediğini, basit bir oyun kullanarak araştırmaya başladık: Bir kişiye içinde para olan bir zarf verildi. Paranın tümünü alabileceği ya da bir kısmını başkasına verebileceği söylendi ancak karşısındaki kişi hakkında, ihtiyacı var mı yok mu, milyoner mi yoksa yoksul mu hiçbir şey bilmeden.

Bu paradigma sunulduğunda, dediler ki: "Hadi ama, ne tür bir aptal elindeki paranın bir kısmından vazgeçer ki? Herhangi biri bile paranın tümünü alır ve evine gider. Paranın bir kısmını vermek için beni motive eden ne?"

Sonuçlara göre bu insanların sadece %20'si paranın tümünü aldılar ve neredeyse üçte biri elindeki paranın yarısını gerçekte ihtiyacı olup olmadığını bilmedikleri birine verdiler.

ML: O zaman, bunu yapmaları için onları motive eden şey neydi?

RE: Bu bizim için belirsizdir. Ekonomistler ise buna fedakârlık diyor.

ML: Ancak, bu noktada Kabala aynı fikirde değil. Kabala, hepimizin bencil bir maddeden yapılmış olduğunu söyler ve "fedakâr" olanlar da aslında egoisttirler. Basitçe, farklı bir motivasyonları var, zaten bir motivasyon olmadan herhangi bir eylem yapılması mümkün değildir.

Eğer birine bir şey veriyorsam, bir "yakıt" ya da enerji olması, bunu gerçekleştirmek için itici bir güç olması gerekir. Bir eylem gerçekleştirmek için onu "haklı çıkarmam" gereklidir. Bedenim ya da ben'im yani "ben", bu tür bir eylem sonucunda ne yarar sağlayacağını bilmek ister. Ben bir şey alırken ya da bir şey verirken fayda sağlayabilmeliyim. Her iki durum da, içten, alma eylemidir. Ancak, dışarıdan bu, fedakârlıkmış gibi gözükebilir.

RE: Bazılarınız, kişi bir diğerine para veriyor olsa bile bunun karşılığında bir tür ödül alıyor diyebilirler. En azından, beynimiz bu şekilde tasarlanmıştır ve böyle davranmaktaki motivasyonumuz da budur. Bu yüzden kişi bir ödül verilmeden bunu yapmazdı. Beyin, bilim açısından ödülü serbest bırakılmış kimyasal bir maddedir. Bu anlamda, haklısınız. Karşılığında bir bedel olmadan hiçbir fedakârlık yoktur, aksi takdirde, kişi bir şey yapmak için motive olamaz.

ML: Bu yüzden, herkesin içinde bir tür mekanizma vardır, bu kimyasal bir maddeyi serbest bırakarak zevk almaya neden olur ve bu yüzden kişi bir şey verebilir ve bu değişen derecelerde olur. Bazen fazla, bazen de daha az. Ancak bu, kişinin içinde daha önceden belirlenmiştir, burada ne "egoist" ne de "fedakâr" diye bir durum söz konusu değildir, yalnızca her bir bireyin doğal gelişimine göre belirlenir. Tıpkı birinin doğumu gibi.

RE: Doğru, ancak genler eylemin %100'ünü belirlemez. Çoğu insanın da günümüzde kabul ettiği gibi, toplumun etkisi de önemli bir rol oynar.

ML: Nasıl?

RE: Toplumun etkisini, kişinin doğuştan itibaren nasıl tam olarak etkilendiğini anlamak ve açıklamak, genleri karakterize etmekten çok daha kolaydır. Ancak araştırmacılar bu konuyu inceliyorlar.

Örneğin, günümüzde biliyoruz ki şiddet dürtülerinden sorumlu bir gen bulunmaktadır ve bu bir kişinin neden suç işlediğini kısmen açıklayabilir. Araştırmacıların bu genin etkileri üzerine bulduklarına göre, bu durum kişinin çocukken maruz kaldığı şiddetten kaynaklanmaktadır. Yani, sadece çocukken şiddete maruz kalmışsanız bu gen şiddet içeren bir duruma dönüşebilir. Ama sosyal etki olmadan, gen nötr bir durumda kalır.

ML: O zaman başlangıçta sadece potansiyel olarak bulunan bu eğilimin var olmasının başka bir nedeni olmalı...

RE: Evet, eğitimimizin bir kombinasyonu, aile, okul ve toplum bizim eylemlerimizi belirler. Ancak genler de çok önemlidirler: Yaptığımız her şeyin %50'sinden sorumludurlar. Bu yüzden bizler "fabrikadan" çıktık diyoruz.

BİR KABALİST, BİR GENETİKÇİ VE YAŞAMIN MANASI
İKİNCİ BÖLÜM

Eğer genlerin hayatımız üzerindeki etkisi bu kadar belirleyici ise, ne ölçüde özgürüz? Kabala Bilimi bizleri buna cevap vermek için birleştirir.

Time dergisinde yayılanan, "Bu bizim varsaydığımız mutluluk mu?" isimli yeni bir makale, Edinburg Üniversitesi'ndeki genetikçiler tarafından yapılan yeni bir çalışmaya değiniyor. Ulaştıkları sonuç ise genlerin insan mutluluğunun %50'sini belirliyor olması.

Heyecan verici bir konu üzerinde daha fazla ilerlemek adına, insan için bilimsel yaklaşım ve Kabala arasındaki rastlantıların tekrar gündeme geldiği toplantıdan, genetikçi Prof. Richard Ebstein ile konuşmanın devamını sonuyorum.

ML: Bugün dünyada olan her şeyi ve konuştuklarımızı göz önüne aldığımızda, tüm bu durum insanın iyileştirilmesi doğrultusunda bizde umut uyandırabilir mi? Topluma yarar sağlamak amacıyla daha fedakâr hale dönebilir miyiz? Belki de bu dış etkileri fedakâr genler oluşması ve daha etkin bir hale dönebilmek için kullanabiliriz. Bu mümkün mü?

RE: Gerçeği söylemek gerekirse, benim kişisel görüşüm, bir genetikçi olmama rağmen genetiğin bu alanda yardımcı olamayacağı. Kişinin davranışlarını değiştirmek için en etkili yolun eğitim ve toplumdan geçtiğini düşünüyorum.

ML: Kabala insanlığın karşı karşıya olduğu genel işleyişin çözümlenmesi gerektiğine inanır: İnsan egosu nesilden nesile giderek artmakta ve şimdi insanlık için gerçek bir tehlike içeren boyutlara ulaşıyor. Tıpkı son zamanlarda çevre üzerindeki korkunç etkilerimizi algıladığımız gibi.

Eğer bu süreç bizim için anlaşılır olursa, toplum medya aracılığı ile etkilenerek, kişisel olarak her birimiz bu mesaji almaya başlar. Çünkü, doğal olarak, toplum tarafından standart olarak kabul edilen, aynı zamanda birey tarafından da kabul edilir. Yalnızca nedeni ve amacı açıklamamız gerekmektedir. Çünkü, Doğa, olan ve olanların nelere yol açacağını içeren bir düzen oturtmuştur.

Kabala'nın Sesi

Michael Laitman

**Kabbalah Today gazetesi muhabiri,
Oren Levi soruyor.**

OL: Eğer genler kişinin davranışını belirliyorlarsa, o zaman hâlâ özgür iradenin yeri ne?

RE: Bir keresinde BBC'de bir radyo röportajında sormuşlardı, eğer "gen mazereti" hukuki mahkemede kabul görseydi. Bu sorunun cevabı hayır. Kabul etmezlerdi. Ama bana kişisel görüşümü sorarsanız, "kötü genler" ile doğmuş bir kişiyi örnek verelim, alkolik bir baba, aile içi şiddet öyküsü ve daha sonra bu kişi 25 yaşındayken bir barda birini bıçaklayarak öldürüyor. Bu kişi suçlu olur mu?

Bir açıdan, genetik, sosyoloji ve antropolojiden anladığım kadarıyla, bu adamın çok da bir alternatifi ya da seçimi olmadığını söylemem gerek. Belki, son anda o bıçağı çıkarmamış ve kurbanını öldürmemiş olmayı seçebilirdi. Ancak onun tüm dünyasını düşünün! Tüm dünyası yanlış yönde ilerliyordu. Tüm kartlar ona karşı oynanmıştı. Cinayet işlemesi çok genç yaşta tasarlanmıştı. Öte yandan, toplum bunu affedemez.

OL: Daha önce kişinin genleri tarafından %50 oranında önceden belirlenmiş olduğundan bahsetmiştiniz. Peki ya diğer %50?

RE: Geriye kalan kısım toplumdan geliyor, kişinin ebeveyinlerinden ve okuldan aldığı eğitimden kaynaklanıyor.

OL: Yani bu %100'lük toplamın %50'sini genler, %50'sini de toplum oluşturuyor. Öyleyse bu yüzdenin içinde "ben" neredeyim? O zaman kişi ile ilgili geriye ne kalıyor?

RE: Soru bu.

OL: Peki, Kabala'nın bakış açısından, bu konu ile ilgili Dr. Laitman ne diyor?

ML: Bu konu hakkında ne söyleyebilirim: Özgür irade yoktur. Özgür irade noktası burada bulunamıyor. Kabala bilgeliği bizim dünyamızda özgür seçimin olmadığını açıklıyor. Bizler bu dünyada özgür değiliz. Birey olarak doğum anında aldığımız şeyi seçme hakkımız yok; çevremizi, ailemizi, okulumuzu ya da hayatımıza dâhil olan başka şeyleri. Ve büyüyüp 20'li yaşlara geldiğimizde, gerçekten kendimize ait hiçbir şeyimizin olmadığını görürüz. Her şey öyle ya da böyle bize empoze edildi. Bu yüzden "bu yetişkin", gerçekte "ben" değil, uygun şekilde konuşursak, henüz bir "ben" olduğundan dahi bahsedemeyiz.

Ne zaman hayatımızı medya ve toplumun etkisine göre yönlendirmeye başlarsak, hiçbir zaman kendi "benimizi" ifade etmeye ulaşamayız. Hatta ve hatta biz bu tür bir potansiyele ulaşabileceğimizin dahi farkına varamayız.

Kabala, kişinin "beni" hissetmesinin içsel bir ihtiyaç yoluyla ortaya çıktığını anlatır, O'nun Kutsallığını ortaya çıkartmanın aciliyeti, insan doğasını aşma arzusu ve manevi dünyayı ve Üst Gücü keşfetmekten. Özgür seçimi bulacağımız yer orasıdır. Ama bizim dünyamızda kesinlikle, hiçbir özgür seçim yoktur.

BİR KABALİST, BİR GENETİKÇİ VE YAŞAMIN MANASI

ÜÇÜNCÜ BÖLÜM

Son zamanlarda yapılan araştırmalar gösteriyor ki, insanoğlunun genetik gelişim derecesi, önceki milyonlarca yıla göre son binli yıllarda çok daha yüksek olmuştur. Ancak, gerçekten çok daha iyi bir durumda mıyız? Burada ortaya çıkan soru şu ki, bu gelişim aynı zamanda bizlere daha büyük bir ruhsal ilerleme getirdi mi?

Son zamanlarda ABD, Utah Üniversitesi'nde, bilim insanları tarafından genetik varyasyonların belirlenmesi amacı ile yürütülen büyük ölçekli bir çalışmada, insanın evriminin hızlandığını ortaya çıkarttı.

Antropolog Henry Harpening, bu yeni araştırmanın ortak yazarlarından, en önemli değişikliklerin, son 1000 ila 2000 yıl içinde meydana gelmiş olduğunu söylüyor. Önemli genetik değişiklikler, küresel nüfus patlaması ile ilişkilendirilmektedir.

Ancak nesilden nesile, doğanın genel yasasına karşı gelerek gelişmekteyiz: İhsan etme ve sevgi yasası. Ve bu muhalefetin bir sonucu olarak, daha çok acı çekiyoruz, hayatta en iyi şeylerle çevrelenmiş gibi gözükmemize rağmen. Bu yüzden anlamamız gereken, sadece dünyevi düzlem üzerinde yükselerek ve ruhsal gelişmeyi elde ederek özlemini çektiğimiz mutluluğa ulaşabiliriz.

Baal HaSulam (Yehuda Aşlag) "Dinin Özü ve Amacı" adlı makalesinde bunu şu şekilde açıklıyor:

"Ve diğerinden daha gelişmiş olan birisi, bencilliğini gerçekten iğrenç olarak hisseder, ta ki kendi içinde buna daha faza tahammül edemeyeceği noktaya gelene kadar ve tamamen reddeder, algıladığı ölçüye göre, ta ki o diğerleri için ne bir şey yapmak ister ne de yaptıklarından zevk alır. Ve sonrasında, diğerlerine doğru sevgi kıvılcımları ortaya çıkmaya başlar, buna fedakârlık denir, bu iyinin genel bir niteliğidir."

Bununla beraber, buna ulaşmak için, Baal HaSulam'ın aynı makalede bizlere ilettiği, Yaradan'ın iyiliğini hissetmeye hazırlanmak için dereceli bir süreçten geçmemiz gerektiğidir ve bunu aşağıdaki gibi ifade eder:

"...Yaradan mutlak iyiliktir, bir tutam bile kötülük içermeden, bizleri tam yardımseverlikle, kendi denetiminde izler. Bu demektir ki, O'nun kılavuzluğu bizi sebep ve sonuç ilişkisi içerisinde bir dizi aşamadan geçmeye zorlar... Ta ki istenen iyiliği alabilecek kapasiteye ulaşana kadar."

Genetikçi Richard P. Ebstein ile konuşmam boyunca, materyalist anlamda her geçen gün daha çok ilerleme kaydeden ve ayrıca her geçen gün daha egoist bir dünyada, insanlığın karşı karşıya kaldığı zorlukları analiz ettik. Aşağıda, konuşmamızın sonuçlarını sunuyorum.

Kabbalah Today gazetesi muhabiri Oren Levi soruyor.

OL: O zaman Kabala, henüz modern insanoğlunun evrimsel gelişiminde en son noktaya ulaşmadığını mı söylüyor?

ML: Sanırım Prof. Ebstein de ben de hâlâ daha çok evrim geçirmemiz gerektiği konusunda hemfikiriz. İnsan seviyesi hâlâ zirvede değil. Hâlâ ondan gelecek tüm iyiliği göremiyoruz.

Kabala'ya göre, kişi Üst Gücün seviyesine ulaşmak zorundadır ve kendi içinde Doğa'nın tüm Üst Güçlerini içermelidir. Bu, insanın bütün gerçekliği kavramaya ulaşmak ve anlamak gerektiği anlamına gelmektedir. Biz insanın gerçek gelişiminden bahsediyoruz, sadece entelektüel anlayış, düşünme, araştırma, vb. düzeyinde değil ayrıca kendi kendini nasıl geliştireceğinden.

Umuyorum ki bilim insanlarının bağımsız olarak bu konuyu anlayacakları zamanı göreceğiz, herhangi bir iç değişim olmadan madde ile ilgili çalışma ve araştırmalarında, maddenin arkasında işleyen güce ve onları etkileyen birçok yasada daha derine nüfuz edemezler. Bunları bir şekilde tanımlamaları gerekir ve bunu başarmak, bizim egoist zihinlerimizi ve maddeyi kullanarak yapmak imkânsızdır. Doğa'ya karşı olmak yerine, onun özellikleri ile eşleşmemiz gerekmektedir. Son olarak bilincinde olmamız gereken Doğa'nın fedakâr olduğu ve hayatı bu şekilde yarattığıdır.

Bunu kendi hücrelerimizin vücudumuzda nasıl hareket ettiklerini inceleyerek fark edebiliriz. Eğer onlar mükemmel bir uyum içinde çalışmazlar ise, vücut varolamaz. Onların her biri vücudun geri kalanını korur ve onun sağlıklı olmasından sorumludurlar. Ve tüm Doğa da aynı şekilde işlemektedir. Sadece bizler Doğa'nın bu uyumunu bozan parçalarıyız ve bunun bilincine varıp kendimizi düzeltmek durumundayız. Kabala'nın tam olarak öğrettiği işte tam da budur.

Michael Laitman

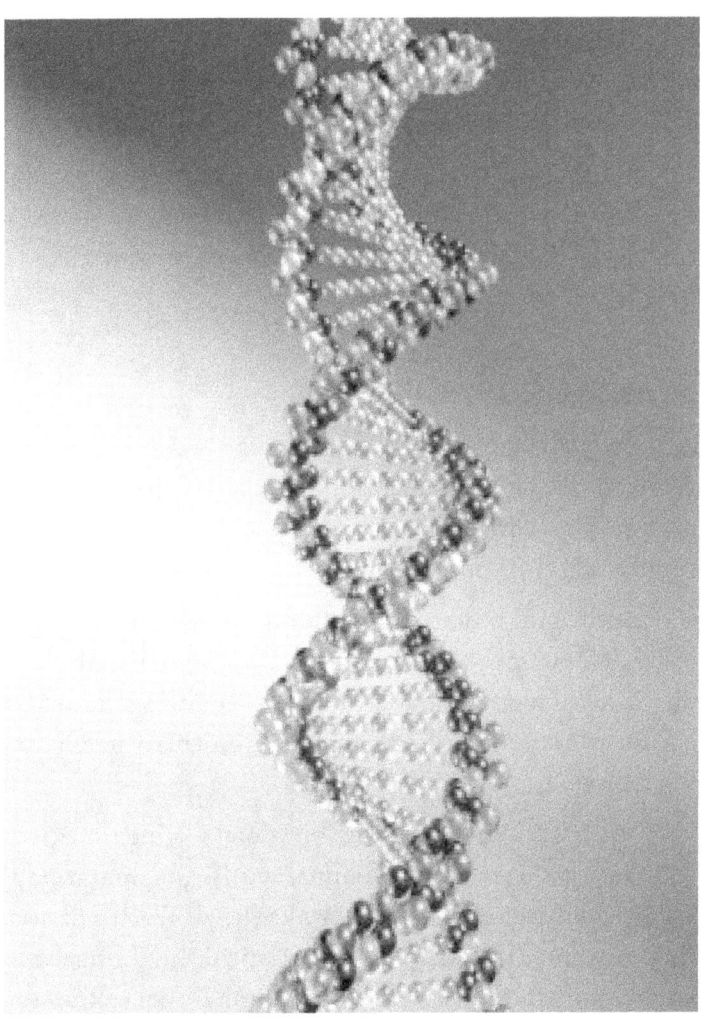

Umalım ki bilim aracılığı ile bu gerçekten ortaya çıkar, Doğa'nın gerçek yasalarına ulaşabilmek için hiçbir olasılığımız yoktur ta ki kendimizi değiştirene kadar.

RE: Sizinle aynı fikirdeyim. Ancak, bilimin bu yönde gittiğini hiç zannetmiyorum. Sanırım bilim insanları arasında da bir tür kendini beğenme durumu söz konusu, bir kısmı kendi zihinleri ve araçları ile evreni en iyi şekilde anlayabileceklerini zannediyorlar.

ML: Umalım ki modern dünyanın içine girdiği bu türbülanstan çıkış yolunu bulabiliriz ve genetik taraf gibi Kabala da bir gün tek bir İlahi İlim altında birleşebilirler.

ÖZGÜR İRADE

Dr. Michael Laitman'ın Grupo Radyo Centro, Mexico, Ocak 2007'de Emilio Betech, Dinorah Isaak ve Enrique Shmelnik ile yaptığı "El Aleph" isimli programdaki Röportaj'dan alıntı.

EB: Kendi hayatımız hakkında ve bazen bize karşı mücadele veren tüm bu durumlardan bahsederken, siz çok sıklıkla acıdan, birey ve toplum olarak bu acının işlevinden bahsettiniz. Dr. Laitman neden acı hissediyoruz?

ML: Çünkü Doğa ile bir denge içinde değiliz. Cansız, bitkisel ve hayvansal varlık aşamalarında, doğa içgüdüsel olarak hayatı aktifleştirir. Bu yüzden, doğa insanoğlunu özgür bırakır, ancak biz bunu nasıl yapacağımızı bilmiyoruz sonuç olarak da acı çekiyoruz. Doğa ile dengeye ulaşabileceğimiz ölçüde, onun emirlerini alarak ve kabul ederek, bunları uygulayarak ve doğru bir şekilde yaparak kendimizi daha iyi hissederiz.

DI: Bu demek oluyor ki, eğer manevi bir yol yok ise özgür seçim işlemesi gerektiği gibi işlemez mi?

ML: Hiç bir şekilde işlemez. Bizim dünyamızda hiç birimizin özgür seçimi bulunmamakta. Hiç birimiz özgür değiliz.

EB: Özgür değil miyiz?

ML: Hayır. Nasıl ya da ne zaman doğacağını sen mi seçtin? Nerede ve hangi ailede? Hangi özelliklerle?

RB: Nerede doğduğum benim seçimim değildi ancak kalkıp hangi kıyafeti giyineceğimi, kahvaltıda ne yiyeceğimi kendim seçiyorum. Mesela bugün buraya gelmeye karar verdim...

ML: Bir dakika, bir dakika. Ebeveyinlerini sen seçmedin, ne sana verdikleri eğitimi ne de doğduğun zaman sende olan özelliklerini ve şimdi büyüdün; hiç bir seçimin yoktu, ancak sana verilen her şeyin bir ürünüsün. Ve şu an, hareketlerin, yaptıklarının, geçmişte aldığın şeylere göre belirlendi. Öyleyse, özgür seçimin burada nerede?

Ve ayrıca, biyolojik araştırmalar bile yaptığımız her şeyde bizi etkileyenin genlerimiz olduğunu söylüyor. Bizi çalmaya yönelten bir genimiz var, bizi içkiye yönelten başka bir genimiz ve bizi iyi ve kötü yapan diğer bir gen, vb. Her şey genetikten, genlerden geliyor. Öyleyse biz neredeyiz? Özgürlüğümüz nerede? Eğer kişiyi tamamı ile inceleme ve araştırma şansımız olsaydı, hiç bir şekilde özgür olmadığını bulurduk. Özgürlük sadece Üst Dünya'nın bilgi seviyesine yükselmek şartıyla ve oradaki etkin olan güçlere bağlanmak koşulu ile var.

ES: Bu yüzden, Yahudilikte bir deyiş vardır. Şöyle der: "Her şey cennetin ellerinde, yalnızca cennet korkusu dışında", bu şu demek, özgür seçim sadece iyi ya da kötü şekilde hareket edecek durumda söz konusu, çünkü eğer başka bir şekilde olsaydı birisini öldüren bir kişi, bu zaten benim kaderimde yazılıydı; seçim anımda özgür değildim diyebilir.

ML: Çok doğru.

EB: Peki öyleyse, cinayet işleyen bir kişinin hiç bir sorumluluğu yok mu?

"Özgürlüğü, yaşamın tüm formlarına doğru uzanmış, doğal bir yasa gibi algılamak gerekir, tıpkı özgürlükleri ellerinden alınmış hayvanların ölmesini izlemek gibi. Bu Genel Denetlemenin hiçbir canlıda köleliği kabul etmeyeceğinin bir kanıtıdır..."

Yehuda Aşlag "Özgürlük"

ML: Ancak bizler, bu dünyanın resmini tüm olarak görmüyoruz ve bu yüzden insanlara oldukları gibi davranıyoruz. Ama gerçekte, tüm bunlar her tür güç tarafından kullanılıyor. Enrique çok doğru söyledi: "Her şey cennetin ellerinde, sadece cennet korkusu dışında" ancak Yaradan'a duyulan korku bu dünyaya yükselmek ve oradan kaderini değiştirmek için arzundan kaynaklanmaktadır. Bu, önümüzdeki yıllarda ortaya çıkacaktır, aslında, her tür bilim dalı da aslında özgür olmadığımız gerçeğini keşfediyor.

EB: Ama özgürlük yanılsamasına güvenmek ve inanmak durumundayız o zaman?

ML: Evet, kesinlikle.

DI: Bu güçler için de iyi ve kötüden bahsederler diyebilir miyiz yoksa bu evrensel bir güç ve ayrılamaz mı?

ML: Bizim dünyamız tamamiyle kötü çünkü hiç iyi bir şey yapmıyoruz. Yaptığımız her şeyi, sadece kendimiz için, kendi iyiliğimiz için yapıyoruz.

DI: Oradan, yani egoist noktadan mı?

ML: Evet.

DI: Kişinin daha farklı biri olmak için verdiği mücadele, egoizmi kaldırmak için değişiklikler yapması mı?

"Ancak, özgürlüğü istemeden önce, özgür seçim ile özgürce hareket etme kapasitesine sahip olduğumuzdan emin olmalıyız."

Yehuda Aşlag "Özgürlük"

ML: Kişi daha başka biri olamaz; çünkü kendini kandırıyor olurdu. Sana bir iyilik yaptığımda, bunu yapma nedenim sadece senden faydalanmak. Üzgünüm, ancak durum bu. Peki, ne zaman gerçek anlamda iyi bireyler olacağız? Manevi dünyayı görmeye başladığımız ve ne kadar canlı bir bedenin hücreleri gibi birbirimizle bağlantıda olduğumuzu keşfettiğimiz zaman. Öyleyse, eğer sana herhangi bir kötülük ediyorsam, aslına bakarsan kendime kötülük ediyorum. Sadece bu durum altında kötü olmayı bırakır ve iyiye yönelirim. Yani iyiye gelebilmek tüm resmi görmeden imkânsızdır, yani manevi bölgeye geçmeden. Ve bu gerçekleşmeden önce hepimiz kötüyüz.

DI: Evet, ama bilinçli olarak başkalarına iyilik yapan birçok insan var... Var değil mi?

ML: Çünkü kalpleri ağrıyor ve diğerlerine iyilik yapmak istediklerinden değil, bu yolla kendilerini sakinleştiriyorlar.

EB: Suçluluk duygusu?

ML: Evet. Çünkü hepimiz benciliz, doğamız tamamiyle egoist. Ayrıca ebeveynler bile çocuklarına kendi çıkarları doğrultusunda hareket ederler. Hayvanlar da...

Ben bilimsel bir bakış açısından, araştırmalarla konuşuyorum. Kişisel, duygusal bakış açısından bakıldığında bu hiç de hoş gözükmeyebilir ancak böyleyiz.

Ancak, tam da bunun için bize Kabala verilmiştir; doğuştan gelen karakterimizin üzerine yükselmek, Üst Güç ile birleşerek, sonuçlar ile deneyimler edinip, sevinç, huzur ve güvenlik dolu bir hayata ulaşmak için.

İNSAN OLMANIN EVRENDEKİ YEGÂNELİĞİ

"...Gelişim Yasası...tüm gerçekliğin üzerine dökülmüştür... Üst Yönetimin gücü altında tüm işlevlerini yerine getirir, yani, dünyanın sakinlerine, insanlara sormadan. Ve aynı anda, Yaradan insanlara akıl ve otorite yerleştirdi, Bu Gelişim Yasasını kendi etkisi altında üstlenmesi için izin vererek... ve bunu hızlandırmak sizlerin elinde... kendi iradesi ile gelişme süreci, özgürce ve zamanın zincirlerden tamamen bağımsız."

Yehuda Aşlag, "Dünyada Barış"

Binlerce bilim insanının, en son Hükümetler Arası İklim Değişikliği Paneli raporlarının değerlendirilmesi ile, Doğa'ya karşı olan düşmanlığımızı durdurmamız gerektiği sonucuna vardılar, son yüzyıllarda yaptığımız gibi ve onunla uyum içinde çalışmaya başlayarak. Onlar Doğa'nın ne zaman ve nasıl hareket etmesi gerektiğini bildiğini açıklıyorlar. Sadece aradan çekilirsek her şey yoluna girecek. Nasıl ki vücudumuzun bağışıklık sistemi var, aynı şekilde Doğa'nın da dengesini korumak için mekanizmaları bulunmakta.

Benzer şekilde, Kabalistlerin ifade ettiği gibi organizmamızdaki tüm hücreler, vücudu bir bütün olarak ayakta tutabilmek için birbirleriyle birlik içindedir, vücuttaki her bir hücre bakımı için ihtiyaç duyduğu her şeyi alır ve geri kalan tüm enerjisini vücudun bütünlüğü için harcar. Doğa'nın her bir düzeyinde, birey ait olduğu grubun yararı için çalışır ve burada her seferinde, bütünlüğünü bulur. Vücut fedakârlık yapmadan mevcut olamaz. Aslında, yaşam bile kendi kendini devam ettiremez.

Bu durum, birbiriyle ilişkili olan düzenleme mekanizmaları tarafından kontrol edilen dinamik bir dengedir, ki bunlar onu oluşturan elemanlar için değil, tüm sistem için düşünülmüştür. Bir düşünsenize eğer her bir organ tüm vücudun sağlığı yerine sadece kendisi için endişe etseydi kendimizi nasıl bir kaosun içinde bulurduk.

Bu durumda, bir organ diğerinden kan damarlarını çalardı, komşu organların beslenmesini ve oksijen kaynağını önlerdi. Antikor üretenler saldırıya geçerlerdi çünkü onları dış organlar olarak algılarlardı ve böylelikle, savunması daha güçlü olanlar daha zayıf olanları yok ederdi. Çok kısa sürede de tıpkı o egoist organlara olacağı gibi vücut da helak olurdu. Bu işlem gerçekleştiğinde ise bu duruma "kanser" adı verilir.

Birleşmiş Milletler danışmanı Evrimci biyolog Elizabeth Sahtouris, Her molekülün, her hücrenin, her organın kendi egoist istekleri olduğu düşüncesini savunuyor. "Vücudun her düzeyinde bu niyet ortaya çıktığında, tüm diğer seviyeler ile arasındaki pazarlık gücünü zorlar. Bu doğanın sırrıdır. İçimizde her an bulunan bu pazarlıklar, sistemlerin uyum içinde idare edilmesini sağlar."

Kabala kadar bilim de bu dünyadaki en büyük, tek ve gerçek sorunun bizler olduğunda hemfikir:

"Düşünüyorum da bilgisayar virüsleri canlı olarak sayılmalı. Sanırım insan doğası hakkında bir şey söylüyorlar, şimdiye dek yarattığımız tek canlı formunun tamamen yıkıcı olduğunu. Kendi görüntümüzle bir yaşam yarattık."

Stephen Hawking, İngiliz fizikçi ve evren bilimci

Michael Laitman

Açıkça söylemek gerekirse, herkesin doğasında kendi dışındaki her varlığın yaşamını kendi yararına kullanma vardır. Kişinin komşusuna verdiği şey aslında mecburen, zorunluluktan verilmiştir. Ama bu durumda bile arkadaşından daha avantajlı çıkar. Bir başka kişinin de ona istediğini vermesi için basitçe kurnazlığa başvurur.

Yehuda Aşlag, "Dünyada Barış"

Doğa'nın var olması ve her an kendini yok etmemesi, onun egoistçe çalışmadığının reddedilemez bir kanıtıdır, genelin refahını kendininkinden önde tutarak bir sistem olarak organize olur. Kabala'da, topluluğun ihtiyaçlarının bireyin ihtiyaçlarından önde tutulması "fedakârlık" olarak adlandırılır. Bu özelliklere sahip bir sistemde, bir organizma ya da bir insan toplumu olsun, belirli öğeler sürekli olarak sisteme katkıda bulunurlar.

İnsanlar, neredeyse her bakımdan, hayvan türü gibidir. Ancak, Doğa'da bizleri farklı kılan bir nokta var. Kendi ilgimizi toplumun önüne koyarız. Bu, egoizmin özüdür. Hayvanlara, bitkilere ya da kayalara nasıl davranmaları gerektiğini öğretmemize gerek yok. Onlar her zaman Doğa'ya göre hareket ederler, fedakâr olarak, genel çıkarları kişisel çıkarlarının önüne koyarak. Bu nedenle yırtıcı hayvanlar sadece geçimleri için avlanırlar, yaşam alanlarınıdaki o narin dengeyi iyi koruyarak.

Ancak insanlar yemek için avlanmazlar, onun yerine zengin olmak ve çevrelerini genişletmek için yaparlar. İnsan ırkı ile ilgili olan tek sorun, hayvanların aksine, fedakâr olmak yerine, egoist bir "işletim sistemi" içinde işlerler. Bunun sonucu olarak da ekolojik talihsizlikler yoluyla da, hepimizi etkilemesi diğer talihsizliklerden sayılabilir. Doğa'nın dengesinin sağlanmasında gidişatı değiştirmek ve dengesizliği durdurmak için, söz konusu "işletim sisteminde", güncel olarak kullandığımız ancak hatalı olanının yerine, fedakârlık yüklememiz gerekir.

Ve doğru programı bulmak için "programın dağıtıcısına" gitmemiz gerekir, Yaradan'a. Kabala'da "Yaradan" ve "Doğa" kelimeleri eş anlamlıdır. Bu nedenle ikisinin de sayısal değeri: 86'dır. Kabalistler, bu sabit diski bencillik yerine fedakârlık ile yükleyecek yöntemi öğreten ve güncelleyen yöntemi keşfettiler ve bugün, birçoğu kalbin derinliklerinden gelen, köklü bir değişikliğin gerekli olduğunu kabul ettikleri zaman, Kabala, Doğa ile denge içinde, kalıcı mutluluk ve tatmine ulaşmak için insanlık için alternatif olarak bulunur.

Gelecek Nesiller İçin Eğitim
UYUŞTURMAK VEYA İZAH ETMEK

Eğer çocuğunuzun dikkati çok çabuk dağılıyorsa, yaramaz, huzursuz ayrıca şiddete eğilimi varsa, bu belirtileri tedavi etmek için kimyasal bileşenleri denemeden önce, buna neden olan soruna yanıt getirmeye çalışın. – Hayatın amacı nedir? Sonuçlar seni şaşkına çevirecek.

Bu bölümü hazırlamak için, birçok profesörle, çocuk psikologları ve ebeveynler ile konuştum. Görünüşe bakılırsa dikkat eksikliği ve hiperaktivite bozukluğu sıklıkla görülüyor.

Profesörlerden biri sınıfındaki her dört öğrenciden birinin düzenli olarak Ritalin aldığını söyledi. Bugünün gençliğinin ne durumda olduğunu anlamak için yapılan bir araştırmanın sonuçlarında bu durumun kısa süreli dikkat probleminin aslında çok daha derin bir sorunu doğuracağını söylüyor. Bu, tüm eğitim sistemi için geçerlidir, bu durum yıllardır daha kötüye gidiyor.

ZEVK AVI

Arzular her zaman insanlığı tahrik eden itici güç olmuştur. Yıllar boyunca isteklerimizi tatmin etmek için çalıştılar, ne kadar çok yediysek o kadar çok kendimizi aç hissettik ve gittikçe arzularımızın yoğunlaştığını görüyoruz.

Ancak, bizim neslimizde bu sanki kopmuş gizli bir halat gibidir. Modern yaşamın her alanında meteor hızı ile değişmekte ve çevremizde benzeri görülmemiş fırsatlar sunmakta.

Buna rağmen, kendimizi, kovaladıkça kaçan hayali hedefleri takip ettiğimiz bir kariyerin ortasında buluyoruz.

O zaman, gençliğin gerçekten aradığı şey ne? Bugün, yüzyıllar süren yanlış girişimler sonunda, gençlik daha derin şeyler arıyor, bu dünyanın sunduklarından çok daha gerçek olan bir şey, kendi iç uçurumlarındaki boşluğu doldurabilecek bir şey.

Zamanımızın büyük Kabalisti, Yehuda Aşlag (Baal HaSulam), bu fenomenle ilgili, yazılarında uyarıda bulunuyor. Bu durumun daha da artacağını, bu boşluğu daha iyi bir yaşama sahip olmaktan ziyade sadece "yaşam ne için?" sorusuna cevap vermek için olacağını anlatıyor.

YENİ NESLİN BİLGELİĞİ

Kabala'ya göre, her nesil kendi arzuları, başarıları ve önceki neslin hayal kırıklıkları ile doğar. Sonuç olarak, her nesil bir anlamda bir önceki neslin gelişmiş halidir. Baal HaSulam "Barış" makalesinde şöyle yazıyor, "ruhlar açısından baktığımızda, Yaratılışın başından bu yana tüm nesiller... Ömrü sanki binlerce yıldır uzatılmış nesiller gibidirler."

Bu nedenden dolayı, bizim gençliğimizin, çok daha yoğun bir itilişi ve çok daha fazla arzuları bulunmaktadır. Geçmiş bilgilerin asimilasyonu, onların bizden daha ustaca cep telefonları ve bilgisayarlara hâkim olmaları anlamına gelmiyor. Bu çok daha önemli bir sorunla ilgili: Onların ne için yaşadıklarını keşfetmek gibi doğal bir istekleri var. Ve bu soruya cevap veremedikleri zaman, sinirli, çabuk sıkılan ve depresif bir hal alıyorlar ve sonra onlara sanki bir rahatsızlıkları varmış gibi "teşhis koyuyoruz" ve ilaç reçetelerine bağımlı yapıyoruz.

Şu anda, giderek büyüyen bir oranda bu gençlerin varlıklarının amacını bulması giderek daha da zorlaşıyor. Bu gençler hayal kırıklığına uğramış ve bazıları bu hayal kırıklığını alkol ve uyuşturucudan çıkarıyor. Ancak bunu yalnızca içlerindeki boşluğa neden olan ağrıyı önlemek için yapıyorlar.

ÇÖZÜM

Şu ana kadar, sorunu kökünden tedavi etmek yerine, bize vermek istedikleri mesajı okumaya çalışmak yerine, "haberciyle" mücadele ederek, çocuklarımızı yüzeysel araçlarla sakinleştirme, bu belirtileri bastırma yolunu aradık. Eğitim sistemimizde ve bunu teşvik eden değerlerde hatırı sayılır değişiklikler yapmamız gerekiyor. Çocuklarımız ne için yaşadıklarını bilmek istiyorlar ve bu soruya cevap vermek bize bağlı.

Bu süreçte bizlere rehberlik edecek olan anahtar kavram: "gençliğe kendi tarzlarında hitap ederek öğretmek". Çocuklarımızı olgun insanlar yapmak için; kelimenin tam anlamıyla insan olmaları için en iyi yolu bulmak adına, çocuğu ya da genci kendi yarattığımız modelde ya da büyüdüğümüz model içinde uyuma zorlamaktansa, çocuklarımızın değişen ihtiyaçları doğrultusunda eğitim yöntemleri ve programları geliştirmeye çalışmalıyız.

Bir çocuğun aldığı bilginin miktarından ziyade önemli olan o bilginin kalitesidir. Eğitim sistemini bıraktığı zaman, tüm gençlerin sorduğu, hayatın özü ile ilgili olan temel soruya cevap verebilecek yetide olması zorunludur. Bunun gerçekleşmesi için, insan doğasını açıklayan içeriği, duygu ve deneyimlerimizin kaynağı, birey ve toplum olarak rolümüz ve her şeyden önemlisi, bunu elde etmek için hayatın bizi yönlendirmesinin amacı ile yavaş yavaş birleşmek gerekir.

YAŞAM KAYNAĞINA YENİDEN BAĞLANMAK

Kabala Bilgeliği, gerçekliğin tam resmini keşfetmenin sadece doğanın gizli yasalarını bilerek kurulacağını söyler. Bu eylemlerin arkasında çalışan gücü keşfeden, hayatın ne yöne gittiğini anlar ve almak ya da önlemek için karar verdiği her eylemin sonuçlarını görür. Kabala, dünyamızın dar ve itici bir yere benzediğini açıklar, çünkü içimizde olgunlaşan manevi kısım, ruhumuz, yaşamın kaynağından ayrı kalmaya devam eder. Yeniden birleşmek ve bu ayrılığı ortadan kaldırmak tüm acıları iyileştirmeyi barındırır.

Büyüyen yönelim bozukluğu, yabancılaşma ve gençliğin ayrılması bir tesadüf değil. Buradalar çünkü gerçekte olumlu bir değişikliği teşvik edecekler. Gerçekten kaçmaya çalışırken, bu çözüm teklifi ile mevcut gerçekliğimizi birleştirirsek, çocuklarımızın umutsuzca aradığı parçayı keşfederiz. Böylece, herhangi bir ilaca ihtiyaçları kalmaz ve aile ve öğretenlerinin onların hayatta başarılı olmak için ihtiyaçları olan araçları sağladıklarını hissederler.

BİZİM OKULLARIMIZDA OLMAYAN EĞİTİM

"... Bu böyle, çünkü nesil artık hazır. Bu en son ve tam kurtuluşun kapılarında yer alan nesildir."

Yehuda Aşlag, "Mesih'in Sofarı"

Günümüzdeki eğitim, tıpkı gençlerdeki gibi, tam anlamıyla gerçek bir kriz yaşamaktadır. Şiddet olayları, kaybolmuş değerler, kafa karışıklığı ve net bir yön eksikliği bugünün gençlerinin yaşadığı hayal kırıklığının kısmi bir ifadesidir. Ayrıca, negatif indeks zincirleri, birçok çocuğun akademik performansları üzerinde yapılan çeşitli değerlendirmelerde- aynı şekilde birkaç hafta önce yayınlanan resmi bir rapora yansıyan-, çok kötü bir şaka gibi gözüküyor. Dahası, birçok ülkede öğretmenlerin düzenlediği grevler yayılmakta.

Mevcut eğitim sistemi kontrolü kaybetmenin eşiğindedir. Buna ek olarak, sınırsız Ritalin dağıtımı son yıllarda tehlikeli bir eğilim kazanmıştır. Bu ilacın amacı çocuklarımızı sessiz ve sakin tutmaktır ancak bu, gerçekten hiçbir soruna çözüm getirmez.

Sadece varsayımsal bir durumdan söz ediyor olsaydık, yukarıda bahsettiklerimiz eğlenceli olabilirdi; ancak biz eğitimden bahsediyoruz, tacın elmasından, kalpten bahsediyoruz. Sizlerin ve bizlerin çocuklarımızın eğitimi hakkında konuşuyoruz.

Öyleyse, "dipteki gürültüyü", eğitim sorunu etrafında dönen çıkar ve çıkarcıları bir tarafa bırakıp ebeveynler olarak bizler bir an için bu konu hakkında konuşalım.

Bizler bu hikâyede sistem içindeki "müşterileriz" ve müşteri her ne kadar her zaman haklı olmasa da en azından ne istediğini çok iyi biliyor.

Michael Laitman

TAMAMLANMIŞ BİR NESİL YANIT TALEP EDİYOR

Yeni nesil önemli ölçüde öncekinden farklıdır. Bu gerçekliği kanıtlamak için çocuklarımıza hızlı bir şekilde göz atmak yeterlidir. Onların birçoğu artık bir önceki nesil için çok önemli olan şeyleri barındırmıyorlar. Kariyer, para, saygı, kontrol ya da bilgi, bizlerin doğal olarak arzuladığımız şeylere birer örnektir. Ancak, yeni nesil bu hedefleri hayatlarını adamak için yeteri kadar çekici bulmuyor. Bugünün çocukları, gerçeği anlamak için pratik araçlara ihtiyaç duymaktadır. Onlar bir manevi tatmin talep ediyorlar.

Bu nedenle eğitim sorunu hakkında tartıştığımız zaman, öncelikli olarak anlamamız gereken bugünün gençliğinin bizlerden çok daha gelişmiş olduğu ve bizim onlara sunduğumuzdan çok daha yüksek bir şey talep ettikleridir.

Küçük yaşlardan itibaren, bir çocuk bizim anlayamadığımız şeyleri algılamaya başlar ve bu zamana kadar yapılan araştırmalar gösteriyor ki çocuklar bizim sandığımızdan çok daha fazla anlarlar, ancak hâlâ küçük olmasının bir sonucu olarak içinde ortaya çıkan bu duyumları açıkça ifade etmekte başarılı olamazlar.

Doğal olarak, her nesil bir öncekinden daha gelişmiştir, bu her zaman böyle olmuştur. Ancak, son nesillerde bir yerde bir karmaşıklık oldu gibi gözüküyor. Kuşaklar arası boşluğu kapatmak, özellikle duygusal ve ruhsal olgunluk açısından, neredeyse imkânsız. Manevi bakış açısından, bir geçiş aşamasındayız ve gelecek yıllarda biz bu ihtiyacın (manevi dolum) modern hayat üzerindeki etkilerini görebileceğiz.

EĞİTİM KAYBETTİ

50 yıl önce Albert Einstein şöyle söylemişti: "Eğitim, insanların okulda öğrendiklerini hepsini unuttuktan sonra geriye kalandır." Ve haklıydı.

Okullar çocukları yararlı bir mesleğe hazırlamaya zorlar, yetenekli bir teknokrat olmak için, ama çok uzun zamandır eğitim bahanesinden vazgeçtiler. Okul kendini, öğrencilerin antrenörü rolünü üstlenmiş olarak görmekte ki öğrenciler, hayatlarına devam edebilmek için gerekli olan öğeleri edinebilsinler. Tıpkı high-tech (yüksek teknoloji) adamı, avukat, muhasebeci ya da başarılı bir gazeteci olarak. Ancak, eğitimi orada bulamazsınız.

Eğitimin özü, çocuğa gerçek bir adam olması, sadece bir "yetişkin" değil, kelimenin tam anlamıyla "insan" olması için eğitim vermekte. Yani, gerçek değerlere sahip birisi.

Eğitim sistemi, gelecekteki eylemleri gerçekleştirmek için geçmişe dayalı programlara karşılık gelen öğelerle ilerlemeye çalışır. Bizler, geçmişte bizim için iyi olanı şu an çocuklarımıza empoze etmeye çalışıyoruz ancak bu çocuklar yeni bir nesle ait ve bu nedenle bu temeller kesinlikle onlar için uygun değildir.

Kabala'nın Sesi — Michael Laitman

Bu nedenle, genç nesil için uygun, ne için yaşadığımızı sorgulamaya imkân sağlayan, kendi varlıklarının amacını anlayacakları ve içsel olarak güçlenmelerini sağlayacak yeni bir yöntem geliştirmeliyiz. Genci bütün bir insan ve cevap arayan bir adam olarak düşünen bir sistem.

KÜKREYEN TOPLUM VE EGO

"Herkesin kendinden sorumlu olması, doğrudan her bir devletin eğitim konusu hakkındaki düşüncesinden gelir. İnsanlar kendileri için kaygı duyarlar, diğerleri için ya da bu konuyla ilgili gerçek değerler için endişe etmeden", bu birkaç hafta önce ortaokul son sınıfın temsilcilerinin, Başbakan ve Eğitim Bakanına hitaben yazdığı açık bir mektup. Bu tepki, tam olarak, sorunun nerede olduğunu ortaya çıkarıyor.

Tarih boyunca sürekli olarak gelişim sürecinden geçen insan egosu, artık en son ve en yüksek aşamasına ulaşmıştır. Önceki yüzyıllarda, ego yavaş yavaş gelişmekteydi, ancak son yüzyılda çok daha önemli bir artışa geçti. Bu niteliksel sıçrama, bilimsel ve teknolojik gelişme için bir itişte bulundu, ancak diğer taraftan, hayatın anlamını kavramak için acil bir ihtiyaç duyma aruzusu duyan egoist bir nesil yarattı. Kim bu neslin üyelerinin bu durumu anlamak için hazır olmadığını düşünüyorsa yanılıyor.

Geçmişte çok az kişinin mirası olan ve adamda nispeten daha olgun bir dönemi başlatan bu sorular, bugün sahnenin merkezinde patlayarak ve kurularak cevap talep ediyor.

Bu yeni ihtiyacı karşılamak için kalınan yetersizlik, pek çok durumda bilinçsiz ve belirsiz olarak, genellikle şiddet ve hiperaktivite ile birlikte gelen bir hayal kırıklığı yaratır. Çocuk, ta ki bu durum patlak verene kadar hayal kırıklıklarını biriktirir...

Cevaplar karşısındaki imkânsızlıktan ötürü gerçekten kaçınmak için gençliğin bulduğu başka bir yol da uyuşturucular ya da birkaç kuruş değerinde olan "anlık mutluluğu" (anlık olsa bile) getirecek olan herhangi başka bir zevktir.

İLETİŞİME DUYULAN SUSUZLUK

Bu umutsuz özlem, gençlerin sıkça açılan ve değişen çevrimiçi sosyal ağlara katılmasına yol açar. Gençler, orada daha büyük, sıcak, güvenli ve istikrarlı bir yapının parçası olabilmeyi ararlar.

Yayınlanan son anketler, günümüz dünyasındaki çocukların neredeyse yarısından çoğunun geçici ve kararsız aile ortamında büyüdüğüne dikkat çekiyor. Eskiden sıcak, sevgi dolu ve koruyucu olan aile birimi yerini "geçici bir yapıya" bıraktı, ebeveyn olarak rollerini kısmen ve sınırlı bir süre içinde yerine getiren değişken eşler.

Sık sık, "yeni kardeşler" ile çocuğun hayatına giriyorlar, farkında olmasalar da ve dönemine göre, öbür ailesine karşı yok oluyorlar. Bu nedenle, bu savunmasız çocuk gelişiminin en zor aşamalarından, sürekli istikrarsız bir duyguya gömülü olarak, terk edilme korkusu ile ve ebeveynlerinden birini ya da her ikisini birden kaybetme korkusu ile geçer.

Psikolojik anlamı herkes için açık olan bu süreçler, doğrudan çocuğun kişiliğinin oluşumunu etkilerler. Eğer daha önce hakkında konuştuğumuz konulara bir iç ihtiyaç eklersek, bir yetişkin - çocuk elde ederiz. Bir sınıfa yüzlerce öğretmen atamak bile onu eğitmek için hiçbir şeye yardımcı olamayacaktır.

Mevcut durum bizleri temelden ve derinden bir değişim yapmanın ihtiyacı doğrultusunda farklı bir şekilde düşünmeye zorlar.

DEĞİŞİM AŞAĞIDAN GELİR

Ve bizler? İkiden biri: Gerçekte önemli olan şeylere zaman ayırmak ve uğraşmak yerine diğer konularla o kadar meşgulüz ki ya da durumun vahametinin ne olduğunu anlamıyoruz.

Hiç şüphe yok ki, yapabileceğimiz en kolay şey her şeyi olduğu gibi bırakmak. Günlük rutinimize geri dönebilmek ve daha önemli şeylerle uğraşabilmek için, hazine ile mücadele etmeyi öğretmenlere bırakmak ve bu hikâyenin en kısa zamanda sona ermesini istemek. Ancak, kabul etmek acı olsa bile, bu sadece böyle bitmeyecek ve hızlı bir şekilde ise hiç değil. Eğer net kararlar almaz, gerçek ve kalıcı bir çözüm için değişimi talep etmez isek bu durum daha da kötüye gidecek.

Böyle bir değişiklik yalnızca aşağıdan gelebilir: Bizlerden, yeni neslin ailelerinden. Toplumumuzda temel bir değişiklik oluşturmak bizim zorunluluğumuz. Gündemin merkezinden, eğitime eklenmesi için (ve ne "eğitim sistemine" ne de "öğretmenlere" ki mevcut durumun sorumluları onlar değildirler), öncelik sırasına göre mutlak bir değişiklik yaratmak için baskı yapmamız gerekir.

Bizim gibi, toplum ve insanoğlu gibi anlayabilmek için derin, açık ve otantik bir kamu diyaloğu başlatmamız gerekir ki bu durumun çözümlenmesine çare olalım.

"Büyük sorulardan" korkmak için hiçbir sebep yoktur. Çocuklar bu sorular karşısında yetişkinlerden çok daha açıktırlar ve bizim için bir sürpriz olacak ama bizlerden çok daha iyi anlıyorlar.

Bu yükü üstümüzden kaldırmak isteyebiliriz, ancak bu işi burada bizlerden başka yapacak kimse yoktur. Ki bunu yeni nesle, oğullarımıza ve kızlarımıza borçluyuz.

RUHUN YAŞI YOK

Bu dönem, antik Kabala bilgeliğinin okullarda çalışılmasının dikkate alınması için doğru zaman olduğu, olgun, yetişkin ve güvenli yetişkinler yetiştirmek için yetersiz oldukları için eğitim sistemi içinde gündeme gelmektedir.

Eğitim sistemindeki gerçek ve kalıcı bir dönüşüm, gençlere hayatın anlamını anlatmaya başlayarak, sonraki iki neslin planlarını yüz yüze getirmeyi gerektirir.

Son otuz yıl boyunca Kabala çalışmış ve öğretmiş bir bilim adamı ve Kabalist olarak, eğitim sisteminin karşı karşıya olduğu zorlukların etkili bir şekilde çözülebileceğine inanıyorum. Alternatif gözlerimizin önünde.

EĞİTİMİN GÜCÜ

Eğitimin amacı çocukların kafasını öğreti ve bilgilerle doldurmak değildir. Bu öğreti "hayat" adı verilen özel bir süreç ile bağlantıda olmalıdır. Neden yaşıyoruz? Nasıl ve neden bir şeyler olur? Özgür irade

var mı yok mu? Gençlik bu soruların cevaplarını bu öğrenim süreci içerisinde bulmalıdır.

Günlük yaşamla yüzleşirken kullanabilmeleri için çocuklarımızın kullanımına sunmak üzere pratik araçlar bulmalıyız, bu da doğayı yöneten yasalar ile onları aydınlatmak anlamına gelir.

Hiç bir şey belli bir amacı olmadan yaratılmamıştır. Her şeyin bir nedeni vardır. Sizce yaratılışın zirvesinde olan insanoğlunun hiçbir amacı olmadan oluşturulduğunu düşünmek mantıklı mı? Tatbiki de değil. Tek sorun bunu bilmiyor olmamız.

"Eğer neslim benim sesimi duymuş olsaydı, dokuz yaşına geldiklerinde Zohar Kitabı'nı çalışmaya başlarlardı".

Isaac de Kamama, Notzer Jesed

Eğer bizler Yaratılışın Amacını gençlerimize açıklarsak, hayata yönelik tavırlar değişir. Doğanın kanunlarına aykırı oldukları zaman acı çekeceklerini anlarlar. Örneğin, Kabala zaten bildiğimiz doğa kanunlarının yanı sıra - elini ateşe koyarsan sonucunda ne olacağını bilmek gibi- daha farkına varmadığımız başka yasalar da vardır, ancak bizleri etkilemelerine rağmen bizim onları keşfedecek kapasitemizin farkında değiliz. O zaman, daha iyi bir gelecek garanti etmenin yollarını çocuklara öğretmek daha akıllıca olmaz mı?

UYUŞTURUCU VE ALKOLE KARŞI PANZEHİR

Kabala, her neslin bir öncekinden daha gelişmiş olduğunu açıklar, başka istekleri, rüyaları, daha yüksek beklentileri, ebeveynlerinden daha yüksek bir ego seviyeleri var. Geçmişte ilgilenilen konular, artık gençlerin mevcut ihtiyaçlarını karşılamak bir yana, onlara anlamsız ve boş gözüküyor. Bu yüzden, geleneksel eğitimi reddediyorlar ve hayata ilgisiz yaklaşıyorlar.

Bu süreci bilmemiz ve nasıl kullanacağımızı öğrenmemiz gerekir. Sadece eğitim sistemini çocuklarımızın evrim seviyesine (egoizm) adapte etmek gerekir ve böylece çağdaş gençliğin bozulmasını dönüştürebilme imkânına sahip olabiliriz.

ÇOCUKLAR İÇİN KABALA

Kabala Bilgeliği'nin mesajının her nesle oyunlar ve hikâyeler yoluyla adapte edilmesi gerekmektedir. Eğer çocuklara yüzeyin altında birçok şeyin nasıl işlediğini anlatırsak, hayatta yeni kanallar ve alternatiflerin var olmaya başladığını hissederler. Mesajı doğal ve kolay bir şekilde yakalayarak, çok daha derin bir seviyeden görmeye başlarlar.

Duyularımızda gizlenen bir şeyler olduğunu açıklamak zor değildir, dünyamızda dikkate almamız gereken, ustaca düzenlenmiş güçler; doğa ile bağlantısı bulunan ancak artık dikkat etmediğimiz her şey.

Michael Laitman

Küçükler günlük yaşamlarına devam ederler, hayatı tasarlamak için onlara daha yüksek bir bilinç zenginliği verecek olan sistematik bir düzenin varlığından haberdar olanlar hariç. Artık bir daha hayal kırıklığına uğramış ya da yönünü şaşmış hissetmezler, pop yıldızlarını kendilerine model almaya ihtiyaçları kalmaz, bunun yerine tatmin arayışında kendi yollarını bularak büyürler.

KİŞİSEL BİR DENEYİM

Kabalistler çağlar boyunca çocuklara -ki onlar bizlerden çok daha kolay anlarlar- Kabala öğretmemiz için bizlere talimat vermişlerdir. Kişisel bir deneyimim: 1979 yılında öğretmenim Baruh Aşlag (Rabaş) ile eğitime başladığım zaman, yedi yaşındaki oğluma öğrendiklerimi anlatmaya çalışıyordum. Anlattıklarımı zahmetsizce öğrendiğini gördükçe çok şaşırıyordum. Benim daha farkına varamadığım birçok şeyle ilgili sorular soruyordu. Şimdi, kendi ailesi olan yetişkin biri olarak o zamandan beri yaşamını bu şekilde muhafaza ederek devam ettiriyor.

İki kızımda da aynı şekilde oldu. Aslında, çocuklar hayatın bizim mevcut fiziksel varlığımızda başlayıp bitmediğini doğal olarak hissedebilirler. Onlar bunun ötesinde bir şeyler olduğunu hissedebiliyorlar.

Ruhun yaşı yoktur, onu düzeltmenin tek yolu: Otantik Kabala kitaplarının öğreti yolunu izlemektir. Metinlerde gizli olan manevi güçler ruhumuza mükemmelliğe doğru rehberlik ederler. Bazen kitaplar bazı yetişkinlerin anlaması için zor gibi gözüküyor olsa da, çocukların cesareti kırılmaz; içeriğindeki bilgeliği doğal ve direkt bir şekilde alırlar.

Bu bilgelikte sonsuz bir güç vardır. Ve kişi bu bilgeliği çalışmaya başladığı andan itibaren, bu güç varlığımızı dönüştürmek ve geliştirmek için mevcudiyet gösterir.

Çocuklarımıza "yaşam için bilet" vermemiz gerekir ve Kabala bize yardımcı olabilir. Onlar bu süreci deneyimleyerek anlamaya başladıkları zaman, hayatlarındaki birçok şeyi iyi yönde değiştirdiler. Yeni

bir dünyayı, fiziksel kısmın üstünde, varlıklarının yeni bir boyutunu keşfederler ve güven ve sevgi dolu bir ortamda büyürler. İnanıyorum ki bunu başardığımız zaman çocuklarımızı mutlu etme amacımıza ulaşmış oluruz.

AŞKIN DEŞİFRESİ

Hepimiz, kökenimiz ne olursa olsun, derin aşk hissini hayatımızda en az bir kez olsun hissetmişizdir. Aşk kördür. Âşık olduğumuz zaman, sevdiğimiz kişide hata bulamayız, yaptığı her şeyin haklı ve en iyisi olduğunu düşünürüz.

Ancak, çoğumuzun da bildiği gibi, bu "sevgi balonunun" patlaması kaçınılmazdır ve geriye baktığımızda kendimize şu soruları sorarız: "Hissettiğim sevgi yalnızca bir yanılsama mıydı? Ya da, neden şimdi eskiden âşık hissettiğim zamanki kadar iyi hissetmiyorum?"

AŞK- GERÇEKTE NEDİR?

Kabala Bilgeliği, aşk ikilemi için yenilikçi bir açıklama sunuyor. Bizlere iyi hissetmemizin nedenini açıklıyor, "adına aşk denilen bu şeyi" deneyimlediğimiz zaman, Doğa'nın bizlere sunduğu, doğuştan gelen bir özellikle tutarlı olarak hissediyoruz.

Âşık olmayı hissetmek, bizleri kuvvetlendirir ve gerçeğin tüm parçaları ile birleştiren pozitif özelliklerle temas kurduğumuzun bir göstergesidir. Kabala buna "aşk" ya da "ihsan etme" adını verir ve gerçeğin tüm unsurları arasında birleştirici faktör olduğunu açıklar:

mineraller, bitkiler ve hayvanlar, tıpkı insanın iç dünyasındaki deneyimleri gibi.

Ancak, doğada geriye kalan tüm parçalar, cansız, bitkisel ve canlı seviyeleri, bu evrensel sevgiyi doğal olarak paylaşırlarken; insan otomatik olarak bu özelliği uygulamayan tek canlıdır. Bizler istisnayız, serbetçe hareket etmek için yaratıldık: Sevmek ve nefret etmek, vermek ve almak vb.

SEVGİYE ZIT OLARAK HAREKET ETTİĞİMİZ ZAMAN

İnsanoğlu, Doğa'nın genel niteliklerine karşı hareket etmek eğilimindedir ve bu tüm olumsuz duygularımızın köküdür. Nedense, kişisel çıkarımız için bir şeyler yaptığımızda iyi hissedeceğimizi düşünürüz, hatta başkalarının pahasına olsa bile. Hep "ben, ben, bene odaklanırız." "nasıl daha iyi hissedebilirim?" ve "daha fazla para, ün, güç kazanmak için ne yapabilirim? Ancak, çok iyi biliyoruz ki "mutluluğa" giden yola rekabet, kıskançlık, yalnızlık ve acı ile taş döşüyoruz.

Açıkçası, âşık olduğumuz zaman bunu tam tersini düşünürüz, o zaman tüm düşüncelerimiz diğerine yönelik olur ve bizim için önemli olan tek şey o kişidir. Âşık olduğumuz zaman tek düşündüğümüz yalızca, "onun için ne yapabilirim?" olur.

Bir an için günlük gerçekliğimizi analiz edersek ve daha geniş bir perspektiften bakarsak, sevgi niteliği ile uyum içinde olduğumuz zaman çok daha iyi hissettiğimizi görürüz, çünkü "iç frekansımızı" tüm Doğa ile aynı frekansa, tüm evrenin akışına ayarlarız.

Hatta bilim insanlarına sorarsanız, onlar da tüm canlı organizmaların, "sevgi yasasına" uyduklarını kabul edeceklerdir. Bunun temel nedeni tüm hücre ve canlı organizmaların "ihsan etme" ilkesine göre etkileşimde olmasındandır. Tüm vücudun sağlıklı yaşam ve canlılığı ve vücudun temel işlevlerini korumak amacı ile sürekli olarak birbirine veren bir sistem olmasındandır.

Vücut fonksiyonları hayvan seviyesindedir, hatta insan vücutları da aynı şekilde Doğa yasalarına bağlı olarak çalışır. Bizim etkileşimlerimiz yalnızca düşünce ve hislerimizde insan düzeyindedir bu yüzden başka bir yöne doğru gitmeye başlarız.

Bizdeki insan seviyesi "beni hissettiğimiz yerdir, kimliğimiz ve sürekli olarak kendimiz için olan endişelerimizdir. Bizdeki bu kısım kâr ve kişisel çıkarlar odaklı olduğundan, genellikle dünyanın bir bütün, bütünleşmiş, birbirine bağlı ve birbirine bağımlı olduğunu fark etmeyiz.

Diğer bir deyişle, başkalarının zevk ve acılarının bizim içselliğimizle bağlantılı olduğunu gözden kaçırırız ve bizim refahta olabilmemiz, başkalarının da refahta olmasına bağlıdır. Kabala bizlere odaklanmamıza ve detayları görmemize yardımcı olur, tıpkı nesneleri "büyüteç altında" incelemek gibi. Daha sonra, insan düzeyinde gerçekleştirilmesi çok uzak olan, evrensel mutlak sevgi, içgüdüsel, doğal, dikkatli ve özenli olan Doğa'nın kanununu fark ederiz.

DOĞA İLE UYUMA GELDİĞİMİZ ZAMAN SONSUZ SEVGİYİ DENEYİMLERİZ

Eğer bu eğilimi değiştirip, ihsan etme yasasına uygun olarak başkalarını düşünmeye başlarsak, bu çok özel olan "sevgi" duygusunu hissetmeye başlarız ve yalnızca kısa süreler için değil; tıpkı vücudun hücreleri gibi bütünsel olarak Doğa'nın akışına katılmış oluruz. Sadece Doğa'nın geri kalanı ile ve bizi saran her şeyle saf sevgi ile bütünleşiriz.

İnsan seviyesindeki bu ahenk bizlere sevgi, sevinç ve sonsuz huzur duygusunu getirecektir. Algılanan bu duyguya gelindiğinde, "sonsuz" olarak kabul edilir, aramızdaki sınırlar sadece kaybolur ve diğerlerini tam anlamıyla bizim bir parçamız gibi hissederiz.

Bu nedenle, sevgi ve ihsan etmeye yönelik ilişkimiz sadece yaptıklarımızda ya da algıladıklarımızda yaptığımız bir değişiklik değil, köklerimizi geliştirecek ve yaşam kalitemizi iyileştirecek kalıcı bir değişikliktir.

Algımızı kendimiz için almaktan ihsan etmeye odakladığımızda deneyimleyebileceğimiz sonsuz sevgiyi hatırladığımız zaman insan ilişkilerimiz uyumlu olacak. Böylece, sadece kişisel yaşamlarımızdaki dengemizi değil geriye kalan diğer tüm yeryüzü sakinleri için de bir denge yaratmış oluruz.

Michael Laitman

KADININ ROLÜ ve "CİNSİYETLER ARASI SAVAŞ"

MODERN DÜNYADA KADIN VE MANEVİYAT

Dünya Kadınlar Günü kutlamalarında kadının ailedeki, toplumdaki, bir ülkenin üretim hayatındaki aldığı rolle ilgili her yıl yeni sözler duyarız. Ancak, herhangi biri, kadının insanlık için manevi yolda üstlendiği rolü sordu mu?

Sıklıkla, uluslararası kapsamda, erkek ve kadın eşitliğine gelinebilmesi için yapılan çalışmaların güçlendirilmesi gerektiğinden, adalet, barış ve kalkınmanın gerçekleştirilmesi için gereken koşullardan bahsedilir. Ancak, sonuçlar bu hedeflere ulaşmak için olan yaklaşımların yanlış olduğunu göstermektedir.

Günümüzde, ilerlemenin bir ürünü olarak kadınların, erkeklerden daha fazla acı çektiklerini görüyoruz. Erkekler her defasında evle ilgili daha az sorumlu oluyorlar ve aynı zamanda onlara; güç, para, onur, eğlence aramak için daha çok kaynak verilmiştir.

Diğer taraftan, kadınlar, bir temel taş olan evlerini kaybediyorlar, çocukları erken yaşta evden ayrılıyor, boşanmalar günün düzenini oluşturuyor ve bu durumun ortasında, kendi iç taleplerini karşılayamadan derin bir dönüm noktasında sıkışmış kalmış olarak bulunuyorlar.

Bu yüzden, depresyon yaşayan kadınların sayısının erkeklerin iki katı olması şaşırtıcı değildir, tıpkı ABD Ulusal Ruh Sağlığı Enstitüsü'nün son yaptığı çalışmalarda bunu kanıtlaması gibi. (NIMH).

KÖKLERE GERİ DÖNÜŞ

Cinsiyet konusunda kökten gelen bir takdir, bize daha çok gelecek vaat eden bir durum getirebilir. Kadın haklarını manevi açıdan değil, sadece dünyevi açıdan analiz ettiğimizde, kadının bu modern dünyada ve genel olarak insanlık tarihi açısından oynadığı önemli rolü tanımakta eksik kalırız.

Kabala, kadınlara, dünyada önde gelen bir rol verir, çünkü süreklilikten, nesilden nesle insanlığın sürdürülmesinden sorumlu olan odur.

Onlar bir sonraki neslin temelini oluşturur - eğiterek ve destek vererek- genel anlamda ilerleme, yaşamın kendisi, kadın olmadan imkânsız olurdu.

Bu bilim manevi köklerimizden gelmektedir, çünkü Yaratılışın kendisi kadındır. Kabala'ya göre, dünya kadının etrafında var olur. Malhut – genel anlamda yaratılanı temsil eder- ki o dünyanın dişi bir bileşenidir, diğer taraftan Zer Anpin - Yaradan'ın gücünü temsil eden erkek kısım- sadece isteklerinizi karşılamaya yardım etmek için vardır veya Kabala'daki deyişle, Işıkla doldurmak için.

ALMAYI ÖĞRENMEK

Kabala'ya "almanın bilimi" denir, çünkü bize nasıl alacağımızı, sonsuz mutluluğa nasıl ulaşacağımızı, sakinlik, huzur, barış ve sınırsız sevgiye nasıl ulaşacağımızı öğretir. Yani, hayatımızı er ya da geç, çekiciliklerini kaybeden, geçici hedeflerin peşinde koşarak yorulmak yerine, sonsuza dek nasıl zevk alacağımızı öğrenebiliriz.

Tüm nesillerdeki Kabalistler, bu yöntemi koruyarak ve geliştirerek ve bizim kullanımımıza uygun hale getirmek için çalışmışlardır, tam olarak Zohar Kitabı'nda yazıldığı gibi, egoizm en üst seviyesine ulaştığında, düzeltme zamanı geldiğinde kullanılmak üzere.

İki cins arasındaki bu uyumlu işbirliği, bu hedefe ulaşmakta önemlidir. Çarpışmak yerine birinin diğerini tamamlaması, sadece bizlerin yapabileceğimize inanarak gercekleşecek, her biri kendine özgü nitelikleri ile sonunda mutluluğa doğru bizleri götürecektir.

Ancak, bu birdenbire ve kendiliğinden oluşmaz, bu bilinç ve kişisel arzu ile başlayan aşamalı bir süreçtir.

DÜNYA, HEPİMİZİN EVİ

Bizim dünyamızda hiç bir şey tesadüfi olarak gerçekleşmez. Bir seviyeden diğerine aktarılan her şey Yukarıdan inen güçlerin etkisidir. Ve eğer bir şey aniden, beklenmedik bir anda, tesadüfi olmuş gibi gözüküyorsa, bu sadece bizim algımızın sınırlı olduğundandır. Eğer toplam etkileşimi, dünyanın sistemini bir bütün olarak görebilseydik, her şeyin bir sebep ve bir etkisi olduğunu fark ederiz.

Bunun anlamı, tüm dünyada ve kişisel ilişkilerimizde gerçek bir değişimi etkileyebilmek için bu değişikliklerin ortaya çıktığı seviyeye çıkmak zorunludur.

Ancak, görüyoruz ki, hayatın sırlarına erişme hakkı kazanamayanlar sadece insanlar değildirler, toplumun gelişimi için kurulmuş belirli bir amacı olan çerçeveler de dâhil olmak üzere ki bunlar; aile, çoğalma ve diğerleri, her geçen gün artan ego nedeni ile değer kaybediyor.

Bunun yerine yapay bir evren yarattık, kendimizi tatmin etmek için, çiftleri derin bir kriz haline doğru iterek, ebeveyn ve çocuklar arası ilişkiler ve her düzey için.

Hiç şüphe yok ki, içinde bulunduğumuz bu krizin bir amacı vardır; anlamalıyız ki sadece mutlu bir hayata ulaşabilmek için değil, ayrıca, tolere edilebilir bir yaşam için, şu anda bizden gizlenmiş olarak bulunan doğanın bu parçasıyla, dünyaya egemen olan bu güç ile bilinçli bir ilişki kurmamız gerekmektedir. Eğer bunu, O'nun kanunlarını kabul ederek başarabilirsek yani, kadınlar ve erkekler- yan yana - mükemmel bir uyum içinde, doğa ile kendimizi dengeleyerek bu mutlak mutluluğu elde edebiliriz.

Michael Laitman

CİNSİYETLER ARASI SAVAŞ NE ZAMANA KADAR?

BİRİNCİ BÖLÜM

Erkekler, sadece kadınların düşünme biçimini anlamıyorlar, kadınlar da sadece kendi önceliklerini anlamıyorlar. Gerçek oldukça basit: Cinsiyetlerin manevi kökleri gerçekten çok farklıdır. Gerçek sır bu yolu birlikte nasıl kuracağımızdır.

Eminim ki What Women Want, Türkiye'de "Kadınlar Ne İster "olarak tanınan, filmi görme ya da en azından işitme şansınız olmuştur. Yine de, bu filmin neyden bahsettiğini bilmeyenler için kısa bir özet sunuyorum:

Kadınlara kötü davranan şovenist bir erkeğe, kaza sonucu evindeyken elektrik çarpar ve bunun sonucunda hayatı anında tamamen değişir.

Birdenbire, o andan itibaren, çevresinde bulunan tüm kadınların en derin düşüncelerini duyabilme yetisi geliştirir ve bu nedenle kadın cinsine karsı bir yakınlık hissetmeye başlar.

Kabalist Akiva şöyle söyledi: "Erkek ve kadın, eğer başarabilirlerse, kutsallık onların arasında olur; eğer başaramazlarsa, ateş tarafından tüketilmiş olur."

Doğal biçimde istedikleri her şeyi bilmeye başlar, bunun sonucu olarak da hayatındaki kadınlara karşı bir duyarlılık geliştirmeye başlar ve bu yüzden de önemli ölçüde popülaritesi artar.

Onlar sanki "kendi düşüncelerini okuyan," şaşırtıcı olarak ihtiyaçlarını nasıl karşılayacağını bilen bu çok hassas, akıllı, tatlı ve özverili adamdan mutluluk duyar ve etkilenirler.

Hassas konulara dokunan bu film, dünya çapında çok büyük bir başarı elde etti. Seyircinin büyük çoğunluğu, kadınlar ve erkekler hep birlikte, bu filmden çok büyük bir memnuniyetle çıktılar; erkekler, benzer bir elektrik çarpmasını umut ederek ve kadınlar da "inşallah bu benim eşimin başına da gelir..." diye düşünerek.

HER ŞEY BAKIŞ AÇISINA BAĞLIDIR

Bu filmin başarısı, her birimizde mevcut olan bir ihtiyacı yansıtır. Aramızdan kim, kadın ve erkeğin karşılıklı olarak birbirlerini anladığı bir dünyayı hayal etmez ki? Bu hayal sadece karşıt dalgaları kullanarak iletim yapan, kadın ve erkek açısından daha gerekli hale gelmektedir ki bu büyük bir başarı elde eden bir kitapla kanıtlanmıştır "Erkekler Mars'tan, Kadınlar Venüs'ten".

Günlük olarak yapılan çok sayıda anket ve çıkan çok sayıda kitap, çok net olarak erkeklerin kadınları anlamadığının bir göstergesidir. Onların eşlerinden ne istediklerine dair hiçbir fikirleri yok. Genel olarak ne tür bir adam arıyorlar, neye özlem duyuyorlar ve gerçekten ne istiyorlar.

Bu açıklamayı dengelemek için, kadınların da eşlerinin ne istedikleri ile ilgili net bir fikirleri olmadığını söyleriz. Onları tutkuyla besleyen, duygusal yapılarını, sosyal önceliklerini ve yaptıkları oyunları ve alışkanlıklarını anlamıyorlar.

Michael Laitman

Ama gerçekte kimin bu anketlere ihtiyacı var ki? Her birimiz bir aile ya da çift hayatı yaşıyoruz, mümkün olabilecek en iyi ilişki olmasına rağmen, bizim düşünce tarzımız ya da tutumumuzdan dolayı, aramızda var olan bu büyük farklılık tekrar ve tekrar hayret verir.

Yayınlanan bu araştırma ve anketler ile birlikte, aile hayatındaki bozulma oranının dünya çapında sürekli olarak büyüme göstermesi inanılmaz bir şeydir.

BİR ÇÖZÜM VAR

En garip olanı da tüm bu temel farklılıkların tek bir kromozomdan geliyor olması. Bu büyük farklılık sadece ondan mı kaynaklanıyor? Neden böyle? Acaba tüm bunun başka bir kökü olabilir mi? Ve hepsinden de ilginç olan soru: Eşler arasındaki mükemmel ilişkiyi elde etmenin formülü nedir?

Kabala'ya göre, bunu başarmak için böyle bir formül bulunmaktadır. Bu bir fantezi ya da sihir değil, sadece kadın ve erkeğin manevi köklerini bilmemiz gerekmektedir. Bunu yaptıktan sonra, ilişkilerimizi yeni bir seviyeye taşıyabilir, aramızda manevi bir bağ geliştirebilir ve barış ve huzura ulaşabiliriz.

KÖKLERE GİDEN YOL

İlk olarak farkına varmamız gereken şey tüm gerçeklikte sadece "Yaradan" olarak adlandırılan tek bir gücün var olduğu ki O'nun terk arzusu yarar sağlamak ve memnun etmektir. O'nun ihsan etmek istediği tüm bolluk ve zevki alabilmesi için, bir varlık, yaratılan, genel ruhu yarattı.

Kabala'ya göre, Yaradan, İhsan Eden, gerçekte erkeğin manevi kökünden oluşmaktadır ve bu genel ruhun arzusu, tüm bolluğu almak isteği, gerçekte kadının manevi kökünden oluşmaktadır.

MANTIK

Yaradan, ruha O'nun gibi vermeyi ve sevmeyi öğrenme yeteneği ve ayrıca bağımsız olarak, kendi seçimi ile bu yüksek seviyeye ulaşmak için fırsat verir. Yaradan, bizlere bu görevde yardımcı olmak ve tam anlamıyla zevk almaya ulaşabilmek için, özel bir eğitim planı tasarlamıştır: Ruhun Yaradan ile bağlantısının olmadığı ve O'nunla yeniden bağlantıya geçebileceği bedensel dünyamıza indirerek.

Michael Laitman

CİNSİYETLER ARASI SAVAŞ NE ZAMANA KADAR?

İKİNCİ BÖLÜM

Erkek: "Ne kadar güzelsin, sevdiceğim! Ne kadar güzelsin! Gözlerin iki güvercin!"

Kadın: "Ne kadar yakışıklısın, sevdiceğim! Sen çok tatlısn!"

(Ezgiler Ezgisi 1, 15-16)

Erkek: "Dikenlerin arasındaki bir zambak gibi, benim sevdiğim de kızların arasında böyledir."

Kadın: "Ormandaki ağaçların arasındaki elma ağacı gibi, benim sevdiğim de erkekler arasında böyledir".

(Ezgiler Ezgisi 2, 2-3)

Ruha vermek ile almak, Yaradan ile yaratılan arasındaki bağlantıyı öğretmek için, O ruhu iki ayrı ve farklı parçaya böldü: Kadın ve erkek.

Sonrasında, her bir nesilde, bu iki parçayı bizim dünyamızda kadın ve erkek olarak giydirilmiş milyarlarca parçaya böldü. Genel ruhun erkek yarısı erkeğin bireysel ruhunun kökü ve dişi kısmı da kadınların ruhunun köküdür.

FARKLI MANEVİ KÖKLER

Bizim farklı manevi köklerimiz, içinde yaşadığımız dünyada kadın ve erkek arasındaki farkı belirler ki bu da vücudumuzun yapısı, duygusal sistemimiz, hayata karşı tutumumuz ve diğerleri ile ifade edilir.

Diğer bir deyişle, iki ayrı manevi siteme aitiz, bu yüzden, aramızdaki anlayış eksikliğinin giderilmesine odaklanmak ve aramızdaki boşluğu sadece bu dünya açısından kapatırsak başarılı olamayız. Bununla sadece birkaç bin yıldır bizleri ayıran duvara çarpmaya devam ederiz. Peki ya çözüm?

BAĞLANMAYI ÖĞRENMEK

Kabala, erkeğe olduğu kadar kadına da mükemmel bir ilişki yolunda, ortak bir iletişim noktası, karşılıklı olarak çalışmayı sağlayan bir temel ve birbirleri ile karşılıklı gerçek bir bağlantı sağlar. Uyumlu bir birlikteliğe gelebilmenin tek yolunun genel ruh ve Yaradan arasındaki ilişkiye dayalı olan, birbirimiz arasında bir iletişim oluşturarak başarılacağını açıklar.

Tam da bu noktada, aramızdaki farklılıklar bizlere - almak ve vermek arasındaki arzularımız- hedefe ulaşmamız için yardımcı olur. Bu şöyle izah edilir: Maneviyatta, ruhsal gelişim sürecindeki en önemli unsur, arzudur.

Ruhun, bir kez bahsedilen bu bolluk ile dolmaya ihtiyacı olsun, sanki aniden görünmez bir musluğu açması gibi, her yerde sınırsız doluluğun akmasını sağlar. Bu sürecin tek hedefi, ruhun erkek parçası, ihsan eden, onu eyleme geçmesi için iten birine ihtiyaç duymasıdır.

KARŞILIKLI BAĞLILIK MESELESİ

Bunun için, ruhun dişi parçası bulunmaktadır. Kadının rolü, Yaradan'a doğru hareket etmek ve O'nun ihsan etmek istediği hazla dolmak için istekte bulunması adına, erkek kısmın arzusunu uyandırmaktır. Bu her iki tarafın bir tek manevi yapıda birleşmesi için gereken tek yoldur, birinin diğerini tamamlaması ve Işık ile dolabilmeleri için. Bu güzel resimde bizleri nerede düşünüyoruz?

Bizim dünyamızda şu sonuç ortaya çıkar: Adam kadın olmadan ilerleme kaydedemez ve kadın erkek olmadan Yaradan'ın Işığı ile dolamaz. Bunda her ikisi de benzerdir, kesinlikle birbirine bağımlı ve birbirini tamamlayıcı.

BİRLİKTE MANEVİ HEDEFE DOĞRU

Kabala, maneviyata ulaşmak için birlikte çalışan bir çiftin, aralarında farklı seviyede bir ilişki, manevi bir ilişki kurduğunu açıklar. Her ikisi de, vücut düzeyinde aralarında bulunan herhangi bir çatışma üzerinde yükselirler, çünkü hayatlarına anlam katan daha yüksek bir amaçları vardır. Daha yüksek bir hedefe ulaşmak için bir araya gelen bir çift, gerçeklikte var olmaya yeni bir manevi kap oluşturur.

Bu sürecin sonucu olarak oluşan bu yeni kap ne erkek ne de dişidir, ancak, yeni bir "tür", içinde

Üst Bolluğu alması mümkün, olan ve ayrı ayrı elde edilemeyecek sonsuz bir yaşamdır.

O halde nasıl kadının erkeği ve erkeğin de kadını anlamasını sağlayabiliriz? Gerçekten dikkatli olmayı ve gerçek anlamda sevmeyi nasıl öğreniriz? Kabala'ya göre, ruhsal gelişim için birlikte hareket ettiğimiz zaman bu mümkün olur.

Ruhsal gelişimin bilincinde olmak, bir çiftte, birinin diğerine verebileceği en güzel hediyedir ve sürekli olarak buna ulaşmak için eylemde bulunmak dünyanın en büyük mutluluğudur. Aralarındaki bu bağlantı, gerçek anlam tabanlı ve içerikli, mutluluk yoluna doğru birlikte ilerlemek aracılığı ile mümkündür.

Seçilmiş Konular
HAZİNEYİ KEŞFETMEK

"Şimon Bar Yohai, 'Ah ifşa oldu! Ve Eğer yapamazsam!' diyerek ağlamaya başladı... Ah eğer ifşa olmazsa, Tora'nın ortaya çıkardıklarını kaybederler ve eğer ifşa olursa, belki Tora'yı hak etmeyen biri sırlarını öğrenir." (Tora; dünyevi kelime anlamı Hz Musa'nın yazdığı Tevrat'tır, ancak manevi çalışmada Tora Işık anlamına gelen "Or" kelimesinden gelir ve Yaradan'ın ıslah eden Işığı olarak adlandırılır. Rehberlik Eden Işık)

İdra Raba'ya Giriş, Zohar Kitabı, Paraşat Naşo

Kabalistler her zaman insanların mükemmelliğe ulaşmaları için gerekli olan yöntemin ifşasının yollarını aradılar. Ancak bu hiç de basit bir iş değildi, her tür

kısıtlamayı başarmaları için Kabalistlerden büyük bir çaba talep ediliyordu.

Şimon Bar Yohai'nin, Zohar Kitabı'nın bu makalesinde bulunan, çok büyük bir iç çatışmaya tanıklık ediyoruz. Kalaba'nın bilgeliğini dünyayla paylaşmak istediği kadar, onun doğru anlaşılamamasına duyduğu bir korku söz konusudur.

Bu çatışmayı ve neden bu kadar zor olduğunu anlamak için, öncelikle en büyük sırlardan biri ile ilgili bilgi sahibi olmamız gerekmektedir: "Tora" (İbranicede Kutsal Kitap) kelimesinin gerçek anlamını.

TIPKI BİR ŞİFA GİBİ TORA

"Şimon şöyle söyledi: 'Ah, Tora'nın basit hikâyeler anlatmak için geldiğini söyleyenlerin vay haline! Çünkü Tora'da söylenen her şey, çok yüksek ve üst sırlardır.'" (Zohar Kitabı)

Zohar, Tora'nın bizim inandırılmaya alıştığımız gibi tarihsel bir bilgi ya da dünyevi etik yasaların bir birikimi olmadığını açıklar. Ayrıca, Zohar'ın birçok yerinde şu şekilde vurgulanmaktadır: "Kötü eğilime inan, Tora'ya bir şifaymışçasına inan, Tora'nın Işığı eğilimin reformudur."

Kabalistler Tora'nın özel bir güç, bir şifa olduğunu açıklarlar, amacı Yaratılışın Hedefini geçekleştirmeye yardımcı olmaktır. Bizleri egomuz - kötü eğilim- üzerine çıkartmak, gerçekliği yöneten Üst Güç ile sevgi ve ihsan etme gücü ile eşitlemek ister. Tora'nın insanlara verilmesinin esas amacı sadece budur.

Tora'nın çok özel bir niteliği vardır; amacına uygun kullanılırsa, yani Üst Güç ile form eşitliğine gelmek niyeti ile bizi tamamıyla farklı bir hayata yükseltir. Ancak, onunla başka nedenlerle meşgul olursak, bize zararı dokunur; tıpkı yazılı olduğu gibi: "Başarı (doğru manada kullanılırsa), Yaşam İksirine dönüşür. Başarısızlık (dünyevi hikâyeler olarak kabul edilirse), Ölüm İksiri olur."

Ölüm iksiri tabirinin anlamı, Tora'daki çalışma bencilliği arttırır. Yani, bedensel egonun dışında, bireye manevi bir egoizm eklenir. Egodaki bu artış, adamda, hem bu dünyada hem de bir sonrakinde, kendini erdemli, adil, Yaradan'ın ve diğer insanların verdiklerini almaya hak kazanmış gibi hissetmesine neden olur ve cennette "ayırtılmış" yeri bulunmaktadır. Şimon Bar Yohai'nin "Ah!" diye bağırıyor olmasının nedeni budur.

Şimon, Kabala Bilgeliğini, gerçek ihtiyacı sadece kendilerini düzeltmek ve Yaradan'a benzemek olanların bilgeliğine sunmak istiyordu. Ama Tora ile yapılanları bildiği için bu bilgelikte yapılabileceklerden yani bunun para, onur ve kontrol elde etmek için bir araç olarak kullanılmasından korkuyordu. Ayrıca, edebi anlamıyla yorumlayacağından korkuyordu. Bu nedenle, kutsal kitabı Zohar'ı özel bir kodlar sistemi ile yazdı, bunun nesil hazır oluncaya kadar binlerce yıl gizli kalacağını bilerek.

MANEVİ MERDİVENİ TIRMANMAK

"Şimon ellerini havaya kaldırdı ve ağladı, özür dileyerek Vay, o zamanda var olanlara! Ve kim o zamanda olan tüm o şeyleri bulmayı başarırsa en erdemlilerden olur. Ve yorumu: Vay, o zamanda var olanlara! Çünkü Yaradan, hizmetçisini görmeye geldiğinde, her birinin tüm yaptıklarını inceleyecektir... Kim o zamanda olan tüm şeyleri bulmayı başarırsa en erdemlilerden olur, çünkü Kral'ın Mutluluk Işığını elde eder." ("Mesih'in Gelişi", Zohar Kitabı, Paraşat Şemot)

Şimon Bar Yohai; Zohar, geleceğe bakarak ve sürgün ile bitiş zamanlı olan, yaratılış amacını gerçekleştirmek için Kabala Bilgeliğinin ifşasının gerekli olacağı zamanlara ağlayarak, renkli bir dilde açıklamıştır. Şimon bazı insanların onu yanlış uygulamalara alet edeceğinin farkındadır ve bundan üzüntü duymaktadır.

Şimon, Tora'yı yanlış kullanmaya alışkın olan insanlar tarafından anlaşılması, ortaya çıkan varoluşsal soruların bastırılması, Kabala'ya yanlış bir şekilde yaklaşılmasına neden olur. Bunlar "Ah!" diyerek haykırmasının nedenidir.

Ancak, hemen ardından ekliyor, onun ardından büyük Işığa ulaşacak olanlar da olacaktır. "Ne mutlu ki neden yaşıyoruz" sorusu uyanan o insanlara ki bu Kabala kitaplarında kaplanmış olan "Saran Işık" ile bağlantılıdır. Öyleyse, "Yaradan hizmetçisini görmeye geldiğinde", yani Üst Işık ruhları doldurmaya geldiği zaman, insanlar "Kral'ın mutluluğu"nun zevkiyle dolabilirler.

Bizim neslimiz Zohar Kitabı'nın Sulam Yorumu'nun (Merdiven Yorumu) gelmiş olmasından ötürü şanslıdır. Bu yorum, ilk ve tek olarak insanoğlunun doğru bir şekilde Kabala çalışmasına yönlenmesine ve Şimon'un Zohar Kitabı'nda gizlediği hazineyi keşfetmesine imkân sağlar.

Bu yorumun uygun bir adı vardır: Merdiven (İbranice Sulam'ın anlamı), çünkü tamlığa doğrudan ulaşmak için bir merdiven gibi hizmet etmektedir. Zohar Kitabı'nın Sulam Yorumu'nun doğuşunun bizim neslimize tekabül etmesi tesadüfi değildir; bu bizlerin "Kral'ın mutluluk Işığına" gerçekten yaklaşıyor olduğumuzun su götürmez kanıtıdır.

BİR SORUNUN OLDUĞUNDA DUA ETMEK, GERÇEK BİR DUA

Tikun nedir? Kimin ona ihtiyacı vardır?

Düzeltmemiz gereken nedir?

Kabala'da, Tikun (düzeltme) terimi en önemli kavramdır. Bu Yaradan'ın Düşüncesinden, O'nun yarattığı (bizler)'e doğru hedefe ulaşılan yoldur.

Tikun bireysel niteliklerin egoist niteliklerden özgecil niteliklere dönüşümüdür. Basitçe, bir kişi kendi refahını düşünmeyi bırakır ve diğer herkesin yararı için almaya başlar ise bu kişi düzeltilmiş olarak kabul edilir.

Kabala, Yaradan'ın mükemmel olduğunu ve O'nun yarattıklarına iyilik yapmak istediğini açıklar. Ayrıca, O'nun var olan mutlak iyilik olduğunu, bizlerin de onun gibi olmamızı istediğine açıklık getirir. Doğum anında, bizlere söyledikleri, Yaradan'a en ufak bir benzerliğimizin olmaması, herbirimizin özelliklerinin O'nunkine tamamen zıt oluşu. Bu nedenle, Tikun, kişisel özelliklerimizin değişimidir, İnsandan (bencil), ilahi (özgecil ve fedakâr) olana.

Peki, eğer O iyi olan ise ve bize ihsan etmek istiyorsa, fedakâr olarak ve başkalarını düşünerek bize nasıl bir fayda sağlayabilir? Fayda, egoizmden fedakârlığa olan değişimden kendini göstermez, ancak sağlanılan gelişmiş algıda kendini gösterir. O'nun niteliklerini kazandığımız zaman, O'nun bakış açısını da kazanmış oluruz. Bu nedenle, Kabalistler ilk kez manevi dünyaya giren bir kişinin dünyayı bir ucundan diğer ucuna gözlemleyen bir "çocuk" gibi olduğunu açıklarlar. Ve maneviyatla ne kadar çok ilgilenirsek, algılarımız da o kadar keskinleşir ve derinleşir. Sonuç olarak, tüm niteliklerimiz O'nunla form eşitliğine ulaştığında, aynı anda, her şeyi bilebilen, tamamıyla güçlü, her şeyi alan ve veren olacağız.

DUA

Bizi Tikun'a getirebilecek tek yol duadır. Hatta Kabala'ya göre Yaradan'ın duyduğu tek bir dua vardır ki o da Tikun'a ulaşmak için yapılan duadır. Aslında, etrafımızdaki dünyaya bakarsak ve insanlığın hızla gerileyen durumunu düşünürsek, çok açıkça anlarız ki, ya dua etmiyoruz ya da dualarımız cevapsız kalıyor demektir.

Bir dua, Kabala'da açıklandığı gibi, düzeltilmek için bir istektir. Yaradan gibi, hayırsever, ihsan eden ve iyi olmak için ne kadar çok çaba sarf edersem kendimi o kadar tamamen başarısız hissederim, dolayısıyla Yaradan'a dönerim ve O'ndan kalpten bir istekte bulunurum: "Beni Senin gibi yap, çünkü ben bunu kendim için yapamıyorum".

Buna dayanarak, 20. yüzyılın büyük Kabalisti olan Yehuda Aşlag bir öğrencisine yazdığı bir mektupta:

"Hayatta kişinin kendi gücünden dolayı tamamıyla umutsuzluğa kapıldığı zaman kadar mutluluk veren bir durum olamaz, yani, zaten denemiş ve yapabileceği her şeyi yapmış ve hiçbir çare bulamamıştır. Bu böyledir çünkü kişi, işi kendisi tek başına yapamayacağını kesin olarak bildiği için, O'nun yardımını içtenlikle istemek değerlidir."

Yehuda Aşlag, 57. Mektup-1935

Yazıldı gibi "Adamın kalbi ilk gençlik yıllarından itibaren kötüdür." Bu nedenle, düzeltmeyi başarmak için, kötü (egoist) olmayan tek güç tarafından değiştirilmemiz gerekir: Yaradan.

Yani, belki biraz ironik gözükse de, dolgunluk, memnuniyet ve sınırsız zevk elde edebilmemizin tek yolu kendi refahımız için endişe etmeyi bırakmak ve kendi dışımızdaki herkesin refahı için endişe etmekle başarılır.

Bu mesaj, Kalaba'nın iki bin yıldır içinde gizli tuttuğu büyük "sırdır", Zohar Kitabı'nın yazıldığı andan itibaren (ve sonrasındaki gizlilikle). Günümüzde, 21. yüzyılın başında, Kabalistler artık bu mesajı gizlemiyorlar. Bunun yerine, insanlığın birlik içinde bu mesajı almak için hazır olduklarından emin olmamızı sağlıyorlar.

Bütün kitapları, sadece bu dönüşüme işaret ediyor ve eğer büyük Kabalist Yehuda Aşlag'ın yazılarını okursak, bunun böyle olduğunu görürüz, tıpkı onun her bir Kabalisttik metni açıklaması gibi, Zohar Kitabı'ndan (Raşbi'nin), Hayat Ağacına (Ari'nin).

Eğer Kabala kitaplarını aklınızda tek bir hedef ile okursanız, kelimenin tam anlamıyla düzeltilmiş olmak hedefi ile, bizim için gizemli olmaktan çıkarlar. Sahip oldukları güç bizleri etkiler ve dünyayı tamamen farklı bir şekilde görmeye ve hissetmeye başlarız.

HARFLERİN SIRRI

Kabalisttik yazılara başından beri eşlik eden İbrani alfabesi hayranlık verici ve ilgi çekicidir. Bu harflerin içinde gömülü olan sır nedir?

"Adımı değiştirdim! Bugünden itibaren adım Lucia değil, Işık. Eminim ki bu değişiklik hayattaki iyi şeyler için bana yol açacak ve beni çok daha fazla mutlu yapacak."

Bu tür ifadeler binlerce kez duyulmuştur, birçokları doğmuş oldukları ismi değiştirmekle, kaderlerini iyi şekilde değiştireceklerini sanırlar. Onlar İbrani alfabesindeki harflerin mistik ve manevi gücüne inanırlar, onlarla meditasyon yaparak, Tarot kartlarını ve tılsım gibi şeyleri kullanarak. Öyleyse sorum şu, gerçek nerede yatıyor?

Otantik Kabala Bilgeliği, bireyin adını değiştirmesi psikolojik olarak ona yardımcı olsa bile – özellikle doğmuş olduğu ismin ona kötü şans getirdiğine inanmışsa- bu basit değişiklik ona hayatta gerçek bir değişiklik getirmez.

DÜNYA BET HARFİ İLE YARATILDI

Dünyayı yaratmak istediği zaman, O'nu görmeye geldiler [Yaradan'ı], tüm harfler en sondan ilkine, sıralarına göre ve en son olan –Taf harfi - ilk olarak girdi. Yaradan'a dedi ki: "Evrenin Ustası, dünyayı benimle beraber yaratmak, senin için iyidir... Çünkü ben Gerçek (İbranice Emet) kelimesinin sonuyum. Yud Gerçek Senin adındır. Bir Kral için Gerçeğin harfi ile başlamak ve dünyayı yaratmak için beni kullanmak çok uygundur."

Yaradan cevap verdi: Güzel ve dürüstsün, ancak dünyanın oluşturulması için uygun değilsin..."

(Harflerin Makalesi, Zohar'a Giriş Önsöz)

Şimon Bar Yohai, İbranice harflerin gizeminin açıklandığı Zohar Kitabı'nda "Harflerin Makalesine" bu şekilde başlıyor. Onun renkli anlatımı ile her bir harfin dünyanın yaratılışı için kullanılabilir olmayı isteyerek, Yaradan'ın huzuruna nasıl çıktığını anlatıyor.

Tüm harfler en sondan ilkine sıralarına göre huzuruna çıktılar: alfabenin son harfi -Taf- ilk sırada ve ilk harf -Alef- son sırada. Yaradan her bir harfin isteğini sırası ile "dinledi", onların başvurularını ileri sürmeleri için izin verdi ve en sonunda dünyayı Bet harfi ile yaratmaya karar verdi.

"Bet harfi dedi ki: "Evrenin Ustası, dünyayı benimle beraber yaratmak, Senin için iyidir, çünkü benimle birlikte seni Yukarıdan Aşağıya kutsarlar (Bu İbranice Kutsallık: Bracha kelimesinin ilk harfidir). Yaradan cevap verdi: gerçekten dünyayı seninle yaratacağım..."

(Harflerin Makalesi, Zohar'a Giriş Önsöz)

Neden dünya Bet harfi ile yaratıldı? Ve bu ilgi çekici Kabalistik hikâyenin bizimle ne alakası var?

2 Bet - İbrani Alfabesinin ikinci harfi.

Michael Laitman

AŞAĞIDAN YUKARIYA – TAF'DAN ALEF'E

Kabala'ya göre, 22 İbranice harfin her biri içsel bir süreci, içsel olarak oluşan özel manevi bir durumu temsil eder. Kişi Yaradan'a doğru ne kadar çok yol katederse, manevi gerçekliğe ait o kadar çok gerçeği keşfeder. Bu ilerlemenin her aşaması ayrı bir "harfin" keşfedilişi olarak kabul edilir.

Bireyler manevi merdivende alfabetik sıraya göre yükselir, Yaradan'ın harfleri yaratırken kullandığı aynı güzergâh üzerinden, yalnızca birey bunu aşağıdan yukarıya doğru yapar, son harften ilk harfe. Taf harfi ile başlar, Bet harfine gelene kadar her bir harfi elde ederek ki bu Yaradan'ın yarattığına karşı mükemmellikte davrandığını temsil eder. Bu gelişme, bugün bulunduğumuz durumdan başlar, herhangi bir manevi algıdan habersiz ve tam manevi konumun ifşası ile sona erer.

HARFLERİN ARDINDA BULUNAN NE?

Bet harfi aslından Bina'nın Sefirası'ndan geliyor. Bu, Yaradan'ın insanoğluna doğru olan sevgi ve verme tutumunu temsil ediyor. Adam bu düşünceyi keşfettikten sonra, üretmeye başlar, Yaradan gibi sevmeye ve ihsan etmeye, bu süreçte manevi dünyayı algılama yeteneği elde ederek, ta ki Yaradan'la aynı seviyeye ulaşana kadar.

Bu kapsamlı manevi süreç Tora'da şifreli bir dilde ayrıntılı olarak bulunmaktadır. Manevi düzeyde yükselmiş olan bir Kabalist harf ve kelimelerle yazıların ardına gizlenmiş manevi anlamları keşfetme yetisine sahiptir.

RUHUN KÖKÜ - GERÇEK AD

Harflerin birbirleri ile oluşturdukları kombinasyonlar Yaradan'ın bize ifşasının çeşitli olasılıkları olduğunu gösterir. Yazıldıkları sıra ve aralarındaki bağlantılar, adamda duyguların sürekli değişimini yaratır.

Harflerin sırrını çözen biri için, bu edebi Kabalistik yazı gerçek bir deneyime dönüşür, manevi dünyayi hangi yolla algıladığını ve adını oluşturan harflerin eşsiz kombinasyonunu hisseder. Adama adını veren ulaştığı manevi derecedir.

Bir sonraki manevi seviyeye yükseldiğinde, Üst Güç ile olan ilişkisi değişir ve kendisi ile birlikte harflerin değişikliğini getirir, kazandığı yeni derecesi ile tutarlı olan yeni bir ad ile sonuçlanır.

Sadece merdivenin son basamağına ulaştığında, ruhunun bireysel köküne geldiğinde, insanoğlu son adını alır, gerçek olanı. Eminim ki her birimizin ruhunun farklı bir kökü, her birinin de farklı adları vardır.

Bu nedenle, adımızda yapacağımız yapay bir değişiklik bizlere daha iyi bir yaşam elde etmemizde yardımcı olmayacaktır. Bununla birlikte, gerçek adımızın ne olduğunu bilmek istiyorsanız, yani, ruhumuzun kökünün ne olduğunu, bu süreçte hayatımızı gerçekten geliştirerek, manevi dünyaya yükselmemiz ve bulmamız gerekmektedir.

Michael Laitman

KABALA KUTSAL KİTAPLARI AÇIKLAR

Zamanların en popüler kitabını oluşturmak için neye ihtiyaç var? Görünüşe göre hiçbir kelimenin olmadığı bir dünya keşfetmek gerekmektedir...

Tora'nın temelerini yazmak için ilham kaynağı olan Musa, papirüsten yapılmış bir sepet içinde, eski Mısır Hükümdarı Firavun'un kızı tarafından Nil'in kıyısında bulunmuştu. Firavun'un evinde bir prens olarak büyüdü, istediği her şeye erişebilmeye yetkisi vardı. Ta ki bir gün, bir yolculuğa çıkmaya karar verdi ve bu yol onu Üst Dünyayı keşfetmeye götürdü.

Buranın fiziksel bir dünya olmadığını, aksine, geleneksel beş duyu ile ulaşılamayan, tamamiyle yeni ve harika duyguların iç dünyası olduğunu keşfetti.

Biz "bir dünya" dediğimiz zaman, aklımıza gelen ilk görüntü, nesneler, bitkiler, hayvanlar ve insanlarla dolu büyük bir fiziksel mekândır. Ancak, Üst Dünya, kişinin beş duyusu ile, "bizim dünyamız" olarak adlandırılan gerçeğin güçleriyle bağlantıya geçtiği yerde insanoğlunun iç dünyası yoluyla algılanmaktadır. Ve Üst Dünya'nın en yüksek noktasında, kişi tüm bu güçlerin "Üst Işık" olarak adlandırılan benzersiz ve kapsamlı Üst Gücün birbiriyle bağlantıda olduğunu keşfeder.

Michael Laitman

MANEVİ DÜNYAYI TANIMLAYAN KELİMELER

Binlerce yıl önce tasarlanmış olmasına rağmen Tora, günümüzde hâlâ bugüne kadar benzeri yazılmamış en ünlü tek kitaptır. Onun gerçek içeriği ve amacı Tora'da yatmaktadır. (İbranice: Or- Işık ve Teura- öğretim) ki anlamı, bu kitabın bizlere Musa'nın keşfettiği, Üst Dünya'da bulunan Üst Işığı hissetmek için bir kılavuz olduğudur.

Ancak orada kelimeler bulunmadığından, Tora bunu açıklamak için dünyevi terimleri kullanmaktadır. Bizim sıradan kelimelerimiz nasıl olur da Üst Dünya'yı tanımlamamıza yarayabilir? Kabala bu dünyayı yöneten manevi güçlerin, bizim dünyamızı yöneten ve yönlendiren güçler olduğunu açıklar. Yani Üst Dünya'daki her güç bizim dünyamızda kendini göstermektedir. Bu güçlere "Kökler" denmektedir ve onların bizim dünyamızdaki belirtilerine de "Dallar" denilmektedir. Bu yüzden, Tora'da kullanılan dile "Dalların Dili" denilir.

Yani, Musa Üst Dünyaların bir fenomenini tanımlamak istediğinde, onu kendini gösterdiği dalından bizim dünyamıza çağırdı. Örneğin, manevi olarak tanımlamak için "taş" kelimesini kullanarak bizim dünyamızdaki bir taş olarak gösterdi. Böyle ki "taş" kelimesi aslında bizim gördüğümüz ve hissettiğimiz anlamında değil de manevi köklerine atıfta bulunmaktaydı.

Aynı şekilde, Tora her kelimesiyle Üst Dünyadaki olayları açıklar. Ve bu düşünce ile okunduğu zaman, kitaba yazarın amaçladığı kullanımı veririz: tıpkı manevi keşif yoluna çıkan biri için bir kılavuz olarak.

KELİMELER ANLAMINI KAYBETTİĞİ ZAMAN

Zaman geçtikce, Tora gerçek Kabalistik anlamını yitirmiş ve unutulmaya yüz tutmuştur. Üst Dünyaya nüfuz etmek ve Üst Işığı hissetmek için okunmuş olması yerine birçok kişi kitabın bizim dünyamızdan bahsettiğine: insanlar arasındaki ilişkiler, ahlaki öğretiler ve dünyevi işleri düzene koyup çözmek için ipuçları verdiğine; ya da sadece bunun tarihsel bir anlatı olduğuna inanmaya başladı. Her iki açıklama da yazıların yanlış anlaşılmasına neden olmuştur, çünkü kendisi Dalların Dili ile yazılmış olup ve sadece Üst Dünyadan bahsetmektedir.

Ancak, Tora'da anlatılan tarihi olayların aslında bizim dünyamızda gerçekleştiğine dair arkeolojik bir kanıt yoktur. Acaba Kabalistlerin iddiası bu olayların hiçbirinin gerçekleşmemiş olduğu mu? Hayır, tam tersi: Onlar, tüm bu olayların neden bizim dünyamızda da gerçekleşmesi gerektiğini anlamamıza yardımcı oluyorlar.

Belirttiğimiz gibi, bu dünyada olan her nesne ve her olayın çıkışı, manevi kökleri tarafından yönetilmektedir. Bu yüzden, her manevi nesne bizim dünyamızda ortaya çıkmalıdır. Yani, Tora'nın sadece Üst Dünyaları açıklamasına rağmen, buna karşılık gelen olayların bizim düzlemimizde de gerçekleşmesi gerekmektedir.

TORA'YI DOĞRU ŞEKİLDE OKUMAK

Buradaki temel fark, Kabalistlerin manevi nesneler ve olayların -kökleri-, bunların maddi sonuçlarından çok daha önemli olduğunu dikkate almaları. Musa'nınki gibi olağanüstü manevi edinimi olan bir Kabalistin, amacı sadece tarih ve etik hakkında konuşmak olan bir tek kelime bile yazmasının mümkün olmadığını açıklıyorlar. Onun hayattaki tek amacı, insanlığa Üst Dünyaların varlığını göstermek, varlığımızın en yüksek hedefine ulaşmak için, tıpkı onu yaptığı gibi algılamamıza yardımcı olmak.

Bundan dolayı, Tora'yı okumak için en doğru yolun, her kelimenin Üst Dünyadaki manevi bir güç anlamına geldiğini anlamaktır. O zaman, tıpkı Musa'nın yaptığı gibi, kişi aşamalı olarak bu güçlerle bağlantı kurmaya ve onları algılamaya başlar. Tora'yı, tarihi olaylar ve ahlaki öğretiler olarak görüntülemeden okuyan ve Üst Dünyayı algılama yeteneğini geliştirmiş olan kişi "Kabalist" olarak adlandırılır. Bizleri yöneten ve hepimizi saran manevi güçleri ve nasıl her şeyin sonsuzlukta birleştiğini ve mükemmel Üst Işığı çok net bir şekilde algılarlar.

İKİ AĞAÇ – TEK BİR KÖK

Tora'daki cennetle ilgili hikâyede Hayat Ağacı ve Bilgi Ağacı ile ilgili bir açıklama bulunmaktadır. Her iki ağaç da Yaratıcı ve yaratılan arasındaki doğru ilişkiyi kurmak için talimatlarla bürünmüş durumda. Adam HaRişon'un ruhunun yapısı nedir? Bilgi Ağacı günahının ardında Kabalistik anlamda gizlenen nedir? Ve bir Kabalist bu günahı nasıl düzeltebilir?

"Bahçedeki tüm ağaçlardan yiyeceksin, ama Bilgi Ağacı'ndan yemeyeceksin, çünkü bunu yaptığın zaman, ölürsün."

(Yaratılış 2, 16-17)

Zevk, yasak, yaşam, ölüm, günah, ceza, Bilgi Ağacı, Hayat Ağacı. Cennetin gizemli hikâyesi, klasik bir dramanın tüm unsurlarını barındırır. Orada ortaya çıkıp çıkmadığını anlatan birçok efsane yazılmıştır. Kabala Bilgeliği, bizlere gerçek anlamının sadık bir açıklamasını sağlayarak bizleri kurtarmaya gelir.

Kabala'ya göre, cennet hikâyesi gerçek, bizlerde varolan parçalanmış ruhun restarasyonu için, işletme kılavuzu olan bir koleksiyonudur.

Tıpkı Rabaş'ın makalesinde (no. 10/1984) yazdığı gibi (Baruh Şalom Aşlag), Yaradan tek bir ruh yarattı, Adam HaRişon (İlk İnsan, İbranice):

"... tüm ruhlar, Adam HaRişon'un ruhundan gelir, çünkü Bilgi Ağacı'nın günahından sonra, bu ruh altı yüz bin parçaya bölündü. Bu demek oluyor ki Adam HaRişon'un Cennet Bahçesi'nde sahip olduğu tıpkı tek bir ışıktı, Zohar'da da bahsedilen "Zihara Ilaa (Üst Işık), daha sonra çoklu parçalar içinde dağıtıldı."

"Ortaya çıkan şu ki her biri Adam HaRişon'un ruhunun tek bir parçası ile doğar ve bu parçayı düzelttiğinde bir daha reenkarne olmasına gerek kalmaz."

(Rabaş, Makale no. 12,1984)

Kişi yaratıldığı zaman bu ruh Cennet Bahçesi denilen durumda bulunur. Kabala'ya göre, 613 arzudan oluşan iki çeşide ayrılır:

1. Hayat Ağacı- 248 saf arzu, rafine, bunların aracılığı ile Yaradan'a yaklaşabiliriz, bunların kullanımına izin verilmiştir, gerçekleştirilebilirler.

2. Bilgi Ağacı – 365 saf olmayan (egoist) arzular, bizi Yaradan'dan uzaklaştıran arzular, bu nedenle öncelikle bunları kullanmak yasaktır.

Kabala'da "yasak" sözcüğünün anlamı "imkânsız" ve "izin verilmiş" sözcüğünün anlamı da "mümkün"dür. Hayat Ağacından yemeye izin veren kararın hedefi buradan gelmektedir. Ki bu 248 dileği yerine getirmek için kullanmak anlamına gelir, bu yaratılana Yaradan'a yaklaşabilmesi için hangi arzuları kullanabileceğini açıklamaktır. Buna karşılık, Bilgi Ağacından yemenin yasaklanışı -kullanmak, 365 arzuyu gerçekleştirmek- yaratılana Yaradan'dan ayrılmamak için hangi arzulara karşı dikkatli olması gerektiğini söyler.

ÖNCEDEN TASARLANMIŞ GÜNAH

"...Bilgi Ağacı'ndan ihsan etme niyeti ile yiyemezdi, yedi ancak bu alma arzusu niyetiyleydi. Buna "kalbin görünümü" denir. Yani bu, kalp sadece kendine kazanç getirecek şeyleri ister anlamına gelir. Ve bu Bilgi Ağacı'nın günahı oldu." (Rabaş, Makale no. 12, 1984).

Ve gerçekten de, yasak olmasına rağmen, Bilgi Ağacı'ndan yedikten sonra, Adam HaRişon Yaradan ile olan ilişkisini sürdürmenin ne kadar zor olduğunu

keşfetti. Bu 365 büyük arzu Bilgi Ağacı'nı sembolize eder, ortaya çıkarlar ve Adam HaRişon kontrolünü kaybeder. Ancak, bu günahın kaza eseri olmadığını, önceden tasarlanmış olduğunu anlamak gerek. Bu günahın amacı, yaratılanı, tüm bunlardan sonra, bütün bu 613 arzunun tam ve sınırsız şekilde kullanabileceği duruma getirmek.

Bununla birlikte, bu günahın bir sonucu olarak, tüm arzular bir parçalanma sürecinden geçtiler, tıpkı bir yap-boz gibi tüm parçaları birbirinden ayrıldı ve birbiri arasında karıştı, ta ki her bir parçanın nereden geldiğini bilmek mümkün olmayana kadar. Böylece Adam HaRişon daha önce kullanabildiği 248 arzuyu kullanabilme yeteneğini de kaybetti.

Bu parçalanma sürecinde, Adam HaRişon'un ruhu bireysel çiftli ruhlara bölündü ve onlar Yaradan'dan en uzak olan bu dünyaya düştüler. Her birimizde Adam HaRişon'un genel ruhunun bir parçası bulunmaktadır. Ve biz hissetmiyor olsak da, bizim gizli ruhlarımızın her birinin içinde, birbiri içine karışmış iki tür arzu bulunmaktadır: İzin verilenler ve yasak olanlar.

Kabala'nın Sesi — Michael Laitman

Uyanış ve ruhumuzun yeniden yapılanması Islah eden Işık tarafından gerekleştirilir ve bu ışığı otantik Kabala kaynaklarını çalışarak çekebiliriz. Öncelike, kaba arzuları arındırılmış olanlardan ayırmamız gerekmektedir, yani, Bilgi Ağacı ve Hayat Ağacı arasındakileri ve daha sonra her iki ağaçta birliktelik içinde doğru bir şekilde kullanma ve gerçekleştirme yeteneğini kazanırız, yani, ruhun tüm bu 613 arzusu, tam ve güvenli bir varlıkla deneyimlenmiştir, ki Yaratılışın Amacı en başından beri bu olmuştur.

BEŞİNCİ EMİR

Zohar Kitabı bizlere "babanı ve anneni onurlandır" emrinin manevi anlamını aşağıdaki şekliyle açıklamaktadır: Daha yüksek bir dereceye yükselmek isteyen herkesin, üst basamak olarak adlandırılan, Aba ve İma'yı (baba ve anne, İbranice) onurlandırması gerekir. Yani, önemini araştırması ve tanımlaması gerekir.

Eğer dünya çapında bir anket yapıp bir tek şu soruyu sorsaydık "On emir nedir?", çok büyük bir ihtimalle yanıtlar şöyle olacaktır, "Sina Dağı'nın eteklerinde İsrail halkına verilmiş olan on ahlak yasasıdır, ya da bunun benzeri." Eğer bu soruyu Kabalistlere soracak olursak, bu soruya verecekleri cevabın bunun tam tersi olması şansı çok yüksektir.

On Emir, Kabala'ya göre, insanoğluna Yaratılış'ın Hedefine doğru, manevi yolda rehberlik eden on ruhsal yasadır.

Beşinci Emir örneğine bir bakalım: "Babanı ve Anneni onurlandır." İlk bakışta, amacı adama aile hayatında nasıl davranması gerektiğini göstermek olan bir yasa gibi gözükse de bu bedensel plan içinde geçerlidir. Ancak Kabalistler bunun doğal ruhsal bir yasa olduğunu açıklarlar, amacı bizleri mevcut seviyemizden daha üst basamaklara yükselmede rehberlik etmektir, bizim bedensel doğamızdan manevi seviyeye, Kabala'da "Aba ve İma"(baba ve anne, İbranice) olarak isimlendirilen üst seviyeye.

ÜST DÜNYALAR

Manevi merdivende yükselen Kabalist, bu dünyada hissettiğinin dışında etrafında diğer bir dünyanın daha var olduğunu keşfeder. Ona etki eden kuvvetler olduğunu öğrenir ve bu diğer alandan onun tüm eylem ve duygularının kullanıldığını öğrenir.

Dünya kelimesi, (Olam, İbranice) Gizlemek kelimesinden türemiştir (HaAlama, İbranice), bu demektir ki dünya, Üst Işığın -zevk- miktarını gizleyerek ve azaltarak bir filtre işlevi göstererek insanoğluna iletir.

Üst Dünya birbiri üzerine yerleştirilmiş beş başamaktan oluşmaktadır: Keter, Hohma, Bina, Tiferet ve Malhut bu dünyaların isimleridir.

Keter, Yaradan'ı temsil eder, Hohma, Aba (baba) ve Bina, İma (anne) olarak isimlendirilir. Tiferet ve Malhut, Banim (oğullar) olarak adlandırılır ve yaratılanı, insanoğlunu temsil eder.

ABA VE İMA (BABA VE ANNE)

Kabalistler merdivenin bir basamağından diğerine yükselişin nasıl olduğunu açıklarlar. Bu Keter'de başlar yani Yaradan'da.

İbranice'de Yaradan için kullanılan kelime Bore'dir, bu kelime İbranice iki kelimenin birleşiminden meydana gelir. Bo (gel) ve Ree (gör). Bunların anlamı,

adamın daha yüksek bir manevi kademeye yükselmesi ve daha geniş bir manevi gerçeklik keşfetmesi amacı ile Yaradan'ın Aba ve İma yolu ile insanoğluna gönderdigi özel bir çağrıdır.

Aba ve İma insanoğluna bu yükselişte yardımcı olan iki güçtür. Yeni manevi boyutlara yükseltirler ve yeni ufuklar açarlar.

İma (anne) insanoğlunu düzelten ve bir üst basamağa yükselmesi için hazırlayan güce verilen isimdir. Bu güç adama Or Hasadim (Merhamet Işığı, İbranice) denen özel bir Işık kazandırır. Bu sayede mevcut yerinden bir sonraki manevi basamağa yükselir.

Kişi, yukarıya doğru yeni bir adım attığı andan itibaren Aba (baba) adlı ikinci güç, bereket veren ve Or Hohma (bilgelik Işığı, İbranice) denen özel bir ışık ile doldurur. Böylece, Aba ve İma kuvvetleri tarafından kişi kendi manevi yolculuğunda ilerleme sağlar.

Bu süreç tekrar ve tekrar yinelenir. Birey her bir yeni evreye ulaştığında, Aba ve İma'yı daha yüksek olarak keşfeder ve manevi merdiveni çıkış yolunda devam etmek için yeniden ondan destek alır.

KİMLER ONURLANDIRILMAYI HAK EDER?

Zohar Kitabı'nda (Paraşa, Tetzave), Şimon Bar Yohai şöyle yazıyor: "... ve bu, şu düzeltme nedeniyle, Hohma ve Bina'nın adını Aba ve İma ile değiştirmesi; Tiferet ve Malhut, Banim (oğullar) olarak çağrılması..."

Zohar Kitabı, bizlere bu emrin manevi anlamı ile birlikte "baba ve anneni onurlandır" şunu ortaya koyar: Daha yüksek bir dereceye hareket etmek isteyen, onurlandırmalıdır -yani, önemini araştırmalı ve tanımalıdır- Aba ve İma (baba ve anne) adı verilen en üst basamağın.

Böylece, insanoğlu Kabala Bilgeliği yolu ile, manevi merdiveni çıkmak için, ta ki Gimar Tikun (düzeltmenin sonu, İbranice) olarak adlandırılan, en yüksek derece olan mutlak sevgi ve mutluluk derecesine ulaşana kadar, üst seviyelerden aldığı bu iki güçten nasıl yardım alacağını öğrenir.

IŞIK DÖRT DİLDE AKAR

Kutsal kitaplar dört kodlama dilinde yazılmışlardır: Tora, Halaha, Haggadah ve Kabala. Bunların hiçbiri ahlaki kurallar ya da hikâyelerden bahsetmez, onun yerine bize manevi dünyayı öğretmek için dört farklı yoldan bahsederler. Yani, tüm bu kitaplar - Gimara, Tora, Midraş ve dahası- da Kabala kitaplarıdır.

BİZİM DÜNYAMIZIN KELİMELERİ

Öncelikle, anlamamız gerekir ki yazılı tüm kutsal kitaplar Kabalistler tarafından geliştirilmişlerdir ki onlar tüm gerçeklikte, tam bağlılık ve sevgi olan tek bir gücün varlığını keşfeden kişilerdir. Bu amaç bizleri onların bulundukları duruma getirmektir, O'nun doğasında olduğu şekliyle sevgiye dayalı bir birlik için. Kabalistler bu bilgeliği bizlere sunabilmek için, bizim dünyamızdan olan, anlayabileceğimiz kelimeleri kullanarak, manevi yolu tarif etmişlerdir. Kabala Bilgeliğini dört farklı kodlama dilinde geliştirdiler ki bunlar tek bir şeyi açıklamaktadır: Manevi dünyayı.

TORA'NIN DİLİ

Kabala'ya göre, Yaradan iki güçten oluşan bir gerçeklik yarattı, ihsan etme arzusu ve alma arzusu (Ego), bunlar Gök ve Toprak tarafından temsil edildi. Bu Tora'daki Yaratılış hakkındaki bilinen şu cümlede şöyle ifade edilir: "Başlangıçta Yaradan göğü ve yeri yarattı." Yani, yaratılan, Yaradan'a ait olan gelişimin en üst derecesine her iki gücü de kullanarak ulaşmalıdır.

Yani, eğer sadece ihsan etme arzumuz olsaydı - Gök-, tıpkı Melekler gibi olurduk, otomatik olarak veren, seçim özgürlüğü olmayan. Ve eğer sadece alma arzumuz olsaydı -Toprak- tıpkı yeni doğmuş bir bebek gibi sadece almak isterdik.

Kabalistler, Tora'nın anlattığı konunun sadece bu olduğunu açıklarlar.

HALAHA'NIN DİLİ

Bu iki gücü doğru bir şekilde birleştirmenin yolu Gimara'da ifade edilir: "İkisi bir Talit'e (dualar örtüsü) tutunur. Biri 'bunun hepsi benim' der ve diğeri 'yarısı benim' der... Bu üç parçasını tutar ve bu dördüncüsünü." Ne demek istiyorlar? Neden bir Talit için kavga ediyorlar? Ve eğer biri onun dörtte üçünü alırsa, ikincisi Talit'ten geri kalan çeyrek ile ne yapar? Burada da, kelimelerin bir içsel anlamı vardır.

Ayrıca Gimara'yı yazan Kabalistler de, bahsi geçen bu iki gücün nasıl doğru bir şekilde kullanılacağını geniş bir şekilde açıklamışlardır: alma arzusu ve ihsan etme arzusunun. Halaha dilinde, yaratılana "Talit" denilir. Birey manevi yolculuğuna başladığında, bu iki güç onu "tutar" yani, ona hâkim olurlar.

Bir an dostlarıma katılma ve ihsan etmek ister ve aniden, alma arzusunun hâkimiyetine girer, dostundan zevk almak ve ondan yararlanmak ister. Ancak maneviyatta ilerlediğimiz zaman, bu iki gücü kontrol etmeyi öğrenebilir ve her durumda her ikisinin doğru ve hassas birleşimini belirleyebilirim ki bu ister üç parça, ister çeyrek ya da isterse yarım olsun.

HAGADAH'IN DİLİ

Midraş Rabbah kitabından alınan bir kesitte şöyle der: "... Ne zaman Rebeka çalışma seminerinin yanında durdu (Beit Hamidraş), Yakup çıkmaya hazırlanıyordu... Ve puttan heykellerin yapıldığı bir evden geçerken, Esav koşuyor ve çıkmak istiyordu."

Kabalistler diğer dillerle tanımlamanın zor olmasından dolayı, manevi durumları açıklamak için bu sembolik dili seçtiler.

Bu durumda Yakup, yaratılanın Yaradan'ın seviyesine yükselebilmesi ve O'nun gibi sevebilen biri olması için yardımcı olan pozitif güçtür. Diğer taraftan, Esav bu düşüncenin olmasını engellemeye çalışan gücü temsil eder.

Bu demektir ki, Midrasim'lerde (Tora'nın Yorumları), her bir kelimenin bir iç anlamı vardır.

Bu özel hikâyede, güçler arasındaki ilişkinin nasıl belirleneceğini açıklar, yani, hangisi bizlere hâkim olacaktır. Bu örneğin de bize öğrettiği gibi her şey içinde yaşamayı tercih ettiğimiz topluma bağlıdır. Bizlerin manevi ilerlemesine destek olan ortamlar olduğu gibi maneviyattan uzaklaştıran ortamlar da vardır.

KABALA'NIN DİLİ

Bizim neslimiz için en uygun olan dil Kabala dilidir. Bu dilde karşılaşacağınız kitaplara örnek şunlardır: Rabaş'ın "Merdivenin Basamakları", Baruh Şalom Aşlag, Baal HaSulam'ın büyük oğlu, bizim zamanımızın en büyük Kabalisti. Kabala çalışırken Tora'nın Üst Dünyalardan bahsettiğini görüyor, ruhlar arasındaki sevgi ve birliktelik hakkında olduğunu ve bizim dünyamızdaki ahlaki kurallarla ya da tarihle alakalı olabileceğini düşüncelerine karıştırmadan. Ancak Rabaş'ın kitaplarının en büyük değeri, kişi bahsedileni kendisiyle ilişkilendirebilir; bizim ile ilgili olduğunu keşfetmiş oluruz.

Örneğin, Yaradan'ın seviyesine ulaşmak için yaratılana yardım eden iki güç olduğunu söyledik ve şunu soruyoruz: Dostumuzun sırtından zevk almak nasıl olur da ruhsal gelişmemize yardımcı olur? Rabaş, insanın başkalarından yararlanma arzusu ne zaman uyanırsa, bu arzu ona, veren ve seven, yani Yaradan gibi olmaktan ne kadar uzak olduğunu gösterir.

Aslında, bu duygu kendinin "mutlak doğru" olduğunu düşünmemesi için, kendine yalan söylememesine yardımcı olur. Ve bu arzuyu aşabilmemiz yalnızca Yaradan'a yönelip ondan istemekle mümkün olur. Bu, tüm Kabalistlerin dört dilde yazdıklarının özüdür.

Şimon Bar Yohai şöyle söylüyor: "Vay Tora'nın basit hikâyeler anlatmak için geldiğini söyleyenlerin haline... Buna karşın Tora'da yazılı olan tüm konuların hepsi yüksek ve çok gizli şeylerdir!"

SONSUZLUĞA UZANAN 125 BASAMAK VE DOLGUNLUK

"Görün ki, bütün oluşacaklar oluşmadan ve yaratılanlar yaratılmadan önce Üst Işık tüm var oluşu doldurmuştu."

Kutsal Ari, "Hayat Ağacı"

Yaradan'dan uzaklaşan 125 basamaktan indik. Şimdi tekrar bu basamakları çıkmak ve O'nunla olan ilişkimizi yeniden kurmak zamanı geldi.

"Üst Işık" (Yaradan)'ın, sonsuz ve tam bolluk vermek arzusu vardı. İhsan etme arzusunu gerçekleştirmek için, O'nun tam olarak vermek istediğini alma kapasitesi olan bir varlık yarattı.

GÜÇLENDİREN AYRILIK

Yaradan ile ilişki, var olabilecek en büyük zevktir, herhangi bir bağımsızlık olmadan, yaratılan bunu deneyimledikçe tamamen içine batıyor. Bu varlığın bağımsız bir arzuda bulunabilmesi için, zevk etkisinden bağımsız, Yaradan ile gerçek bir ilişki kurmamız gerekir, ilk olarak O'nunla bağlantımızın tamamen kopmuş olduğu yere gelmemiz gerekir, memnuniyetinin kaynağına.

Ancak o zaman, yaratılan Yaradan'a özgürce ve bağımsız olarak yaklaşabilir, tıpkı bir babanın bebeğinin kendinden bağımsız olarak yürümeye başlaması için ondan uzaklaşması gibi. Bu nedenle, Yaradan, yaratılandan aşamalı olarak uzaklaşır, kendi imkânlarıyla O'nun gibi olmaları için fırsat vererek.

Yaradan ile olan ilişkimizdeki çatlama aniden değil, 125 basamaktan "kademeli düşüş" yolu ile ta ki "bu dünya" derecesine inene kadar olur. Her bir düşüş, Yaradan'dan daha fazla uzaklaşmamız anlamına gelir, toplam kopukluk noktasının büyümeye devam etmesi. Yaradan'a olan bu mesafe, kişi O'na bağımsız olarak dönmek için karar verdiğinde aşılabilir, merdivenin 125 basamağından çıkarak ve O'nunla olan bağlantısını güçlendirerek. Bu sürecin sonunda, bağımsızlığı edinir ve Yaradan ile tamamen birleşir.

YUKARIDAN AŞAĞIYA VE AŞAĞIDAN YUKARIYA

Bu uzaklaşma süreci yaratılanın "ruhlar" adı verilen birçok parçaya bölünmesi ile son bulur. Bu sürecin bitmesiyle, bu parçalar, Yaradan'dan en uzakta ve dışta olan bu dünyaya düşerler.

Yaradan'ın gerçeğinin ruhlardan tamamen gizli olduğu bu yere "fiziki dünya" adı verilir; bu durumun amacı, insanoğluna yaşadığı süre içerisinde Yaradan'a geri dönme tercihi için ve özgür seçim olanağı tanır.

Michael Laitman

İnsanoğlu, uzun bir süreçten (bilinçsizce) geçmiş ve Yaradan ile ilişkisinin kaybolmaya yüz tuttuğu yere düşmüştür, şimdi tam olarak O'ndan ayrılmıştır. Ancak bugün, bizler Yaradan'a doğru, kademeli olarak çıkarak köklerimize geri dönmeye bilinçli olarak tercih ederek başlamakla karşı karşıya bulunmaktayız. Kabala Bilgeliği'nin bugün ifşaa ettiği, belirlenmiş olan bu yöntemle bizleri manevi yolda, bu 125 basamağı tekrar çıkarak Yaradan'a, tüm gerçeklik algısına gelene kadar ilerletmektir.

Yehuda Aşlag, "Kabala Bilgeliği'nin Özü" adlı makalesinde şöyle yazıyor:

"Bu ilim, iki paralel ve birbiriyle aynı işleyişe ayrılmıştır, tıpkı bir havuzdaki iki damla gibi. Aralarındaki tek fark şudur; ilk işleyiş Yukarıdan aşağıya doğru, bu dünyaya uzanır. İkinci işleyiş ise Yukarıdan aşağıya doğru ortaya çıktıklarında kökte meydana gelen aynı yol ve oluşumlarla tam olarak aynı şekilde, aşağıdan Yukarıya doğru çıkmaktır."

KAPSAMLI GERÇEĞE GERİ DÖNERKEN

Yaradan'ın yaratılan ile ilişkisi iç ve dış ilişkiye dayanır, Yaradan iç ve yaratılan O'nun dışı. Benzer şekilde, ruhlar da Yaradan ile arasındaki ilişki ve yakınlığa göre iç ve dış olarak ayrılırlar. İç kısım "İsrail halkı" (Kalbini Yaradan'a yönlendirmiş olanlar) ve dış kısım da "dünya ülkeleri" olarak isimlendirilir.

İç parçası olarak, İsrail halkı ruhları, bütünüyle Yaradan'a geri dönüş sürecinde yönlendirmek zorundadır. Baal HaSulam şöyle açıklar:

"Dünyalar genellikle iç ve dış olarak kabul edilmektedir... İçten uzanan kök İsrail halkıdır ki onlar genel amacın düzeltilmesi için işçiler olarak seçildiler, gerekli hazırlıkları alarak, bu evrensel amacın en üst düzeyine gelene kadar gelişerek ve büyüyerek. Ve aynı zamanda buna ulaşmak için ulusları motive ederek."

Bu süreci harekete geçirmek için, İsrail halkı Kabala yöntemini aldı, ancak yıllar içinde, bu metot ile olan ilişkilerini kaybettiler, yalnızca kabalistler olarak adlandırılan sadece birkaç kişi, zamanı geldiğinde kullanabilmek üzere bu sırrın bakımını üstlendiler. Günümüzde, Kabala kendi seçimi ile Yaradan'ın tam ve sonsuz birliğine gelebilecekler için ifşa olma zamanı geldi.

Bu nedenle, İsrail'in rolü, dışsallık, şekilcilik ve geçiciliğin üstünde, içsellik, maneviyat ve sonsuzluğa öncelik vermek ve önemini yükseltmektir. Bu unsurlar arasındaki doğru ilişkiyi kendi içlerinde kurmak ve bunu başarmak için dünyanın geri kalanı ile paylaşmak, Tüm insanlığa Üst Gücün bolluğunu çeker, bunun aracılığı ile dolu, sonsuz ve mutluluk dolu bir hayata ulaşmayı başarırız.

EN SON REENKARNASYON

"Çünkü ruhun amacı, cisimlenirken, bir vücut ile giydirilmiş olduğu sürece, köklerine geri dönmek ve O'na bağlı olmaktır, tıpkı yazıldığı gibi: "Yaradan'ı

Kabala'nın Sesi — Michael Laitman

sevmek, ve O'nun yolunu takip etmek ve O'nun sevaplarını gözlemlemek ve O'na bağlı olmak", bu yüzden bu süreçte, "O'na Bağlı Olmanın" yani, ruhun bedene bürünmeden önceki koşulla sonuçlanacağı açıktır."

Baal HaSulam, "Gerçeğin Yolunu İzlemek"

Kabala'ya göre, Yaradan dünyayı ve tüm canlıları, O'nun Işığı ve Bolluğu ile zevk alması için yarattı. Bununla birlikte, bu Bolluk, tüm insanlığa söz verilmiş olmasına rağmen, sadece O'nunla eşitliğe gelinerek elde edilebilinir.

Kabalistler, Yaradan'ın Işığı'nın zevkini deneyimlememizi sağlayan bu eşitlik durumuna ulaşmak için yapılması gerekeni şöyle açıklarlar: Bizi aşamalı olarak ona götüren ve her an daha çok O'na benzemememize yardımcı olan süreç olan Kabala çalışmakla ilgilenmemiz gerekmektedir.

Bu nedenle, bu benzerliğe ulaşana kadar bu dünyaya geri dönmeye devam etmemiz gerekmektedir, Baal HaSulam'ın açıkladığı gibi:

"İşte tüm yazarlar ve kitaplar tarafından bildirilen, Kabala Bilgeliği'nin çalışılması tüm insanlar için kesinlikle gereklidir... Ve tüm Tora öğrenilmemiş olsa dahi, hafızadan Mişna ve Halaha, - erdemli bir adam olmuştur, kendi çağdaşlarından daha fazla sayıda iyi işler yapıyordu-, ancak Kabala Bilgeliği'ni çalışmamıştı, Tora'nın ve Gerçeğin bilgeliğinin sırlarını çalışmak için bu dünyada tekrar reenkarne olması zorunludur; ki bu bizim bilgelerimizin birçok Midraşim'inde belirtilmiştir."

Baal HaSulam, "Piri Haham kitabına Giriş"

YARATILIŞIN YAPISI

"Ama O'nun yolunu takip edebilmek için çok fazla hazırlık yapmak gerekmektedir ve Yaradan'ın yollarını kim tanıyor? Peki, bu '613 yolunun birleşimi olan Işığın' anlamı, onu izleyenler, arınmayı başardılar, ta ki vücutları onlar ve Yaradan arasında demirden bir duvar oluşturmayı bırakana kadar..." (Baal HaSulam, "Gerçeğin Yolunu İzlemek")

Yaradan'ın Işığı bize Eyn Sof dünyasından gelir (Sonsuzluk, İbranice). Bu Işık 613 farklı Işığa ayrılır ki bunlar bizdeki almak için ilgilendiğimiz ve almaya uygun olan 613 arzuyu oluştururlar, ki bunlara alma kapları adı verilir.

Bu 613 arzudan her biri, başlangıçta bencildirler. Ancak, Kabala çalışmak, bu Işıkları nasıl alabileceğimizi öğretir, Yaradan'ın vermek istediği tüm ışığı Yaradan kadar bizler de zevk alarak.

YARADAN İLE EŞİTLENMEK

Yaradan'ın niteliği vermektir ve onun bulunduğu duruma "Mükemmel durum" adı verilir. Yaradan, bizlerin O'na benzemesini ister, bu O'nun ihsan etme niteliklerini alarak elde edilir, bizler de O'nun gibi, O'nun bulunduğu mükemmellik durumuna erişebilelim diye. O'nun gibi olmak isteyelim ve O'nun "deneyimlediği" şekilde zevk alalım diye bizlerde zevk alma arzusunu yarattı.

ALICIDAN İHSAN EDİCİYE DÖNÜŞMEK

Egoist bir arzu nasıl fedakâr bir arzuya dönüştürülebilir? Tıpkı insanoğlunda olduğu gibi kendi için alma arzusundan, Yaradan gibi ihsan etmeyi istemek için? Bu değişime Tikun (Islah - Düzeltme, İbranice) ya da "bir Mitzva'nın (Sevap - Kural, İbranice) yerine getirilmesi" adı verilir. Bu düzeltme özel bir kuvvet ile mümkün olur, Kabala'da, Tora adı verilen bir Işıkla.

Tora'nın 613 Işığı sayesinde, "ruh" adı verilen ve manevi kaplarımızı oluşuran 613 Manevi Organı (arzular) düzeltiriz. Bu süreç bizi Yaradan'ın seviyesine ve Işık ile dolmaya götürür. Böylece, Kabala'nın demek istediği şeye geliriz: "Yaradan'a Erişim", yani, Yaradan'ı hissetmeye ve tamamen anlamaya.

IŞIK ARACILIĞI İLE BAĞLANMAK

İhsan Etme niteliğinin edinimi, adamın diğer ruhlar ile bağ kurmasını sağlar. Kişi yalnızca kendi Işığını (bireysel Işık) almakla kalmaz ayrıca bütün ruhlara yönelmiş olan tüm Sonsuz Işığı da alır. Kişi Yaradan'ın seviyesine ulaştığında, yaratılış amacını gerçekleştirir ve tam bilgi, sonsuzluk, huzur ve başarı elde eder.

TEKRAR REENKARNE OLMAK

Bu mükemmel durumun elde edilmesi ve düzeltilmesi Yaratılış Amacının özüdür. Bu duruma

ulaşmadığımız sürece, bu dünyada doğmaya devam ederiz. Bu böyle, çünkü yalnızca burada, bu dünyada, Yaradan'ın niteliğini elde edebiliriz, yani ihsan etme özelliğini.

NEDEN ÖZELLİKLE KABALA?

Kabala bizlere, kendimizi nasıl düzelteceğimizi ve nasıl alacağımızı öğretir, bunun sonucu olarak, Yaradan'ın paylaşmak istediği ışık ve tüm bolluk, tıpkı Baal HaSulam'ın Zohar Kitabı'na Giriş'te bahsettiği gibi: "ve bilgelerimiz bizlere belirtmişlerdi, Yaradan dünyayı yarattıklarına haz vermekten başka bir şey için yaratmadı."

MUSA - SADIK ÇOBAN

Musa, manevi gücü ve Firavun da egoizmin gücünü sembolize eder. Mısır'dan çıkış hikâyesi aslında hikâyenin daha ötesindedir; o Işığın karanlığa karşı mücadelesinin öyküsüdür.

Mısır'da gecedir. İbranilerin evlerinde tam bir sessizlik vardır.

Firavun, Mısır Kralı, tüm İbrani erkeklerinin Nil'de boğulması emrini verir. Elçileri evlerin arasında dolaşıyorlar ve şüpheli bir ses yakalamaya çalışıyorlar. Musa'yı saklayalı üç ay olmuş ve sessizliğini sağlamak imkânsız hale geliyor. Yarın, Meryem Nil'e gidecek ve papirüsten yapılma bir sepetin içinde, onu nehrin kenarına bırakacaktır. İyi bir son bekleyerek, sazlıkların arasında olanları gözlemleyecektir.

Michael Laitman

Böylece, karanlık ve belirsizliğin içinden, İsrail tarihinin en büyük ışık noktası ortaya çıkar. Musa şüphesiz ki Yahudi halkının tüm zamanlarının en önemli lideridir: İsrail oğullarını Mısır'dan kurtardı ve onlara İsrail Toprakları'nın kapılarına kadar yol gösterdi. Tüm nesillerin en büyük liderleri onun herkesten daha büyük olduğunda ve onun hikâyesi ve yaptıklarına, hatta 3000 yıl sonra dahi bugünle ilgili oluşunda hem fikirdirler.

Kabala Bilgeliğine göre, Musa'nın hikâyesinin çok büyük içsel ve büyüleyici bir anlamı vardır.

Musa her birimizdeki manevi gücü sembolize eder ve Firavun da adama hâkim olan egonun gücünü ve maneviyat için arzusunu baskı altında tutmayı sembolize eder. Kabala adamın içinde şiddetle savaşan bu iki gücün, yavaş yavaş ortaya çıkacak olan maneviyat için duyduğu anı arzu ile sürekli manevi arzuyu bastıran acımasız, yırtıcı ego arasındaki mücadeleyi açıklar.

Firavun hâkim olduğu sürece, adam Mısır'da bulunur, ancak ne zaman ki Musa güç kazanır, adam özgürlüğünü kazanmayı başarır. Mısır'dan göç, egonun hâkimiyetinden özgürlüğe doğru olan yolu sembolize eder. Bu bizlerdeki "İsrail noktası" için mücadele vermektir, ki bu hayatımızın amacını belirleyecektir: bu dünyadaki fiziksel ve geçici hedefleri takip etmek ya da gelişmek ve manevi dünyayı keşfetmek.

EGOYA KARŞI SAVAŞTA BİRİNCİ AŞAMA

Musa, bir Mısır prensi olarak Firavun'un sarayında yaşadı. O, kralların oğulları için ayrılmış olan onurları aldı, ta ki iyi bir gün onda maneviyat için hayatını tamamen değiştiren bir arzu uyanana kadar.

Bu açıklanamaz dürtü, Musa'yı sarayı terk etmeye ve kardeşleri ile bağ kurmaya itti, sonuç olarak Kabalistlere göre, insanoğlunda manevi nokta uyandığı zaman kişi bu egonun hâkimiyet sürdüğü yerde mesken tutmaya devam edemez.

GÜÇLER MÜCADELESİNİN YÜKSELİŞİ

"Yaradan Musa'ya şöyle söyledi: 'Kollarını gökyüzüne kaldır, böylece tüm Mısır karanlıkla kaplansın, öyle yoğun bir karanlıkla ki hissedilebilsin!'

Musa kollarını gökyüzüne kaldırdı, ve üç gün boyunca Mısır yoğun karanlıklarla sarılı kaldı." (Mısır'dan Çıkış 10:21-22)

Bundan itibaren, Musa ve Harun tekrar Firavun ile karşı karşıya gelirler, son kez halkını özgür bırakması için ona karşı geldiler. Firavun, öfkeyle eğer saraya geri dönerse Musa'yı öldürmekle tehdit eder.

Ertesi gün, Musa en son ve en acı darbeyi karşılamak için yanında Yaradan ile birlikte Yahudi ve Mısır halkını toplar: İlk doğan çocukların vebası. Firavun yenilmiştir ve İsrail oğulları özgürlük içinde çıkarlar.

Ancak Musa hisseden tek arzu ve yolu tanıyan tek kişidir, çünkü Yaradan ile kişisel bir ilişkisi bulunmaktadır. Ve diğer arzular da (İsrail Oğullarınınkiler) Firavun'dan kaçmaya hazırdırlar -yalnızca bir an için- ego hâlâ onlara tutunmaktadır ta ki sonunda kendi etkilerinden ayrılana, sevinç ve mutluluk dolu Üst Dünya yoluna doğru sevk edilene kadar.

MANEVİYATA GİRİŞ

Kabalistlere göre maneviyata açılan kapı dostunu sevmekten geçer. Materyalist ve rakabetçi bir dünyada yaşıyoruz, adamın diğer adamın kurdu olduğu bir dünyada ve tam olarak da bu zamanda insanlar arasındaki birliğe büyük bir ihtiyaç olduğu vurgulanmaktadır.

Önemli Kabalistler, binlerce yıldır bu zirve anını beklediler, Kabala bilgeliğini gizlilik altında geliştirerek bizim neslimiz için hazırladırlar. Günümüzde Kabala, dünya çapında bir birlik yöntemi olarak ifşa oluyor, bize tek bir şey kalıyor: Bizdeki maneviyat arzusunu geliştirmek ve bu metodu egoyu düzeltmek için kullanmak. Tam ve sonsuz manevi gerçeklik bizlere her zamankinden daha yakın.

YÜZ YİRMİYE KADAR

Kabala'ya göre, ruhsal gelişim süreci "40 yıl" çevresinde gelişiyor, Gimatria'da (İbranice harflerin sayısal değeri) bu "mem" harfine eş değerdir, yani Bina'nın Sefirotu. Bunlar bedensel yıllar değildir; birey tarafından elde edinilen ruhsal basamakları temsil eder.

Musa Firavun'un evinde "40 yıl" yaşadı, ta ki maneviyat arzusu onda uyanana dek. Midyan'da "40 yıl", bu arzuyu geliştirmek için geçirdi, Firavun'la (ego) yüzleşebilmek için ve "40 yıl" daha İsrail oğullarına çölden İsrail Topraklarına gelene kadar liderlik etti.

Musa 120 manevi basamağı tamamladı, yüce kutsallığın kökeni: "120'ye kadar".

GÜNÜMÜZDE MUSA KİMDİR?

Musa olarak adlandırılan arzu her birimizde mevcuttur ve günümüzde, buna dikkat etmek ve bizleri "İsrail Topraklarına" götürmesine izin vermek için fırsatımız vardır. Yani, bizleri manevi dünyaya götürmek için, ışığa doğru. Bunu başardığımız an, manevi, tam ve sonsuz bir gerçekliği keşfederiz ve kalıcı mutluluğa ve tatmine ulaşırız.

ÜST DÜNYALARIN MELODİLERİ

Kutsal Ari (İzak Luria) şarkıyı yazdı, Baal HaSulam (Yehuda Aşlag) melodiyi oluşturdu ve bu iki büyük Kabalist, manevi dünyalara yükselmemiz için yüce ve melodik bir şekilde, bir şarkı aracılığı ile bir miras bıraktılar.

Kabalistler her zaman Yaradan ile olan derin birlikteliklerinden ilham alarak şarkı sözleri yazdılar ve bestelediler. Bu şarkılar kalplerinden tıpkı sınırsız bir sevinç seli şeklinde gelir. Ve gerçekten de, tüm gerçeğe hayat verenden daha mükemmel bir müzikal ilham kaynağı olabilir mi?

Ancak, Kabala Bilgeliğine, bir şarkının Yaradan'a yakınlığı basit izlenimlerle ifade etmesi gibi bir şey yoktur, bunun, onun temel bir parçası olmasına rağmen. Kabalistler şarkıları çok özel bir yolla yazarlar, dinleyenlerde çok bireysel duyguları uyandıran bir şekilde. Şarkılar aracılığı ile Kabalistiler maneviyatı deneyimlememize yardımcı olmayı beklerler. Bu yüzden, tıpkı düzeltme için bir yakarış olarak oluştururlar, hayatın Kaynağı ile direk ve anında bir bağ sağlayarak.

SEVGİ BAĞI

Bir Kabalist Üst Dünya'da bir deneyim edindiği zaman, o başka bir boyuta giriş yapar. Geçmiş, şu an ve gelecek yaşamın akışı içinde bir tek olurlar ve Kabalist, tüm hayatı işleten ve yöneten Tek Gücün sonsuz sevgisinde, birlikte olan tüm ruhların hislerini deneyimler. Ancak, her şeyden öte, Kabalist manevi gerçeğe ulaşmanın sadece Kabalist ve diğer ruhlar arasındaki sevgi bağı aracılığı ile olduğunu keşfeder. Kabalistlerin deneyimlerini paylaşmak için bu kadar ısrarcı olmalarının sebebi bu sevgi yüzündendir. Gerçeği Yaradan'dan alarak bize ne tür bir hayatın sağlanacağını bizlerin de keşfedebilmemiz ve hissedebilmemiz tek arzusudur. Melodilerinde, buna "Üst Işık ile dolu olmak" adını verirler.

Kutsal Ari, Üst Dünyanın sırlarını keşfetti ve onu kitaplarında detaylı olarak bedenlendirdi, dünyaları açıklayarak, Sefirotlar, ruhlar, pozitif ve negatif

güçler. Ancak, manevi dünya ile herhangi bir ilişkisi olmayanlar, bu kelimelerin anlamlarını bulamazlar. Sıradan insanlar bu metinlere duygusal olarak bağlanamazlar.

Bu nedenle, anlamadığımız şeyleri algılayabilmemizin tek yolu kalp aracılığı iledir ve kalbe uzanan yolu açmak için bir şarkıdan daha iyi bir yöntem olabilir mi? Yani, Kabalistler, şarkı sözleri ve melodileri ile manevi gerçekliğin dolgunluk ve sonsuzluk deneyimi için başka bir giriş çizmiş oldular. İşte bu yüzden, yazdıkları karmaşık kitaplarla birlikte, her ikisi de, ARİ kadar Baal HaSulam da bizleri şarkıları ve müzikleri ile kutsamış oldular.

MELODİDEN KALBE

Baal HaSulam, tüm zamanların en büyük Kabalisti, bizlere çok özel bir hediye bıraktı. Engin edebi eserinin yanı sıra - Sulam (Merdiven), Zohar Kitabı üstüne yorum, On Sefirot Çalışması ve diğer olağanüstü eserler, Ari'nin her bir şiirine eşlik edecek müzikler besteledi. Baal HaSulam, Ari'nin manevi seviyesine ulaşmasından ötürü, Ari'nin ifadesi ile mükemmel bir uyum içinde olan melodiler oluşturma kapasitesine sahip oldu, birinin yazdığı sözlerin, diğerinin bestelediği müzik kadar öne çıkmasını da sağlayarak. Onun çalışmaları sayesinde, Ari'nin ilhamı kalplerimize nüfuz ediyor ve nazikçe ruhlarımızı iyileştiriyor. Bu şarkıları her dinlediğimizde, sözler ve melodiler ruhumuzun dizelerine dokunurlar, mükemmellik hedefine ulaşmak için ayar yaparak.

Henüz ruhumuzun düzeltilmesine ulaşmamış olmamıza rağmen, her zaman şarkıların ifade ettiği derin duyguları hissedebiliriz. Eğer bizim arzumuz, bu şarkıları oluşturan Kabalistin, onları oluştururken yaşadığı hislerin aynını yaşayabilmek ise, bunu en azından bir dereceye kadar başarırız, müzikte tarif edilen yüce durum olarak. Böylece, bu en üst düzeydeki durum bizim üstümüzde "parlayacak", ki Kabalistler bunu "Saran Işık" olarak adlandırırlar, bize reform eden özel bir güç ve bizim Üst Dünya ile bağlanmamıza yardımcı olur. Aşamalı olarak, Saran Işık bu mükemmel duruma, ruhumuzun bu dünyaya geldiği yerdeki köklere girmemizi sağlar.

Bir kez bu seviyeye tam olarak ulaşalım, söz ve müzik bizleri tıpkı Saran Işık gibi çevrelemeye başlar ve hayatımızın Hedefine ulaşırız: Üst Kuvvete Bağlılık, Yaradan'a. Ve bunun başarılması için yapmamız gereken tek şey açık kalp ile dinlemektir.

Zohar (İhtişamın Kitabı)
ZOHAR KİTABI'NA GİRİŞ
BİRİNCİ BÖLÜM

"Raşbi üzgün hissediyordu. Bir taraftan, Tora'nın sırlarını ifşa etmezse, gerçek bilgeler bundan mahrum kalacaklardı, Yaradan'ın hayranları; diğer taraftan, bu sırları ifşa ederse, hazır olmayan insanlar yoldan çıkarlardı, çünkü hiçbir şeyi köklerinden anlamazlardı ve sonunda filizleri sindirerek bitirirlerdi: Bu yüzdendir ki Raşbi yazması için, onun yorumlama çalışmalarındaki bilgeliğinden dolayı Aba'yı seçti. Onun yazdıklarını anlamaya layık olan herkes için yeterince açık ve tarif edilebilir ve aynı zamanda, layık olmayanlar için de kapalı ve anlaşılmaz olması için her şeyi çok özenli bir şekilde yazdılar..."

Yehuda Aşlag
"Kapsamlı Hayat Ağacı Kitabı Önsöz" Madde 1

Michael Laitman

YER: MERO DAĞI - ZAMAN: MİLAT SONRASI II. YÜZYIL

Kargaşa ile geçen yıllar; kanlı savaşlar dünyanın her yerinde patlak veriyor. İnsan yaşamı tüm değerini kaybediyor ve güç, şöhret ve mal-mülk hâkimiyeti sürüyor.

O dönemde, İsrail'in kuzeyinde karanlık ve dar bir mağarada, on Kabalist toplanmış ve sonsuzluk ve evrensel sevgi hakkında bir kitap yazıyorlardı.

Şimon Bar Yohai başkanlığında. Öğrencilerine Üst Dünya'nın sırlarını ifşa ederken yüzü aydınlıktı. Onları çok sakin, içtenlik ve sevgi ile yönlendiriyordu.

Aba onun yanında oturuyordu. Söylenenleri dikkatle ve titreyerek dinlerken alnından aşağıya doğru boncuk boncuk ter damlıyordu, en ince ayrıntısına kadar not alıyor ve bir kelime dahi kaçırmamak için çaba sarf ediyordu.

Diğer öğrencileri onun etrafında gözleri kapalı ve tam BİR sessizlik içindeydiler, büyük bir hasret ile "Aydınlatıcının" kelimelerini içlerine işliyorlardı, deneyimledikleri içsel yücelmeye değer veriyorlardı.

Böylece, gecenin karanlığında, harf üzerine harf, kelime üzerine kelime eklenerek Kalaba'nın en derin ve gizli kitabı şeklini alıyordu: Zohar Kitabı (İhtişamın Kitabı).

Zohar Kitabı'nın hikâyesi Pekiin'de küçük ve karanlık bir mağarada başlar, Batı Galil'de, yaklaşık 2000 yıl öncesinde, Şimon Bar Yohai ve oğlu Eleazar'ın Roma imparatorluğu altında barındıkları yerde.

On üç yıl orada kalarak, tarihin yüzünü değiştirmek için gereken mukadder işin bileşimini hazırlıyorlar. Gece ve gündüz Üst Dünyanın sırlarının içine dalıyorlar. En yüksek manevi seviyelere yükseliyorlar, daha sonra açığa çıkması için Zohar Kitabı'nda belgeliyorlardı. Akılları ve kalplerinde tek bir amaç vardı: Yaratılışın sırlarının dünyaya açıklanmasının zamanının geldiği.

Yıllar hızla geçer ve hazırlıklarını tamamlamalarıyla beraber Şimon ve oğlu mağaradan dışarı çıkarlar. Raşbi Zohar Kitabı'nı yazabilmek için etrafında birkaç öğrenci toplaması gerektiğini bildiğinden, Üst Işığı dünyaya çekebilme yeteneğine sahip kişileri yanına topluyordu, çünkü kendisi, en yüksek ruhsal düzeye ulaşmış olmasından dolayı, bulduklarını ortak bir dilde açıklama yeteneğini kaybetmişti.

Böylelikle birkaç öğrenciyi toplayarak, o zamanda var olan en büyük Kabalistler ile Galil şehrindeki Sfad'a bakan küçük bir mağarada çalışma yerini sabitliyor.

Birlikteliğe katılarak, ortak bir manevi yapı oluşturma yoluyla Şimon Üst Işığı dünyaya indirmeyi başlardı. Dokuz öğrenci ve Raşbi toplam on: On Sefirot'a denk gelen on Kabalist. Ancak, sözleri o kadar yüksek, o kadar yüce ve gizlenmişti ki; diğer insanlara iletilmesi nasıl sağlanacak?

GİZLİ OLANIN İFŞASI

"Ve sizlere bu şekilde emredeceğim, Aba yazacak ve Eleazar, oğlum, ona sözle ifade edeceğim ve arkadaşların geri kalanına kalplerinin içinden konuşacağım..." (Sulam Yorumu ile Zohar Kitabı, Paraşat Hazinu)

Şimon Bar Yohai'nin öğrencilerinin arasında, olağanüstü yetenekli bir Kabalist vardı. Adı Aba idi. Eğiticisinin sözlerinin, aynı anda hem ifşa olması hem de gizli kalması için nasıl not alması gerektiğini bilen tek kişiydi. Öyle bir şekilde yazdı ki yeteri kadar olgun olan, her şeyi tamamıyla anlayabilecek ve henüz hazır olmayan, sadece dış kabuğu ile hayal edebilecek.

Zohar Kitabı bu yeteneği "Gizli Olanın İfşası" olarak ifade eder. Bin sekiz yüz yıl sonra, Baal HaSulam bu konuda yazdı: "Aba anlamaya layık olanlar için yazılanları sadece yeteri kadar ortaya çıkacak şekilde, ancak anlamaya layık olmayanlar için de kapalı ve mühürlü olacak şekilde nasıl düzenleyeceğini biliyordu". (Kapsamlı Hayat Ağacı Kitabı Önsöz Madde 1)

Zohar Kitabı, Kabala'da Kitapların Kitabı, o zamandan itibaren, ilk defa, dünyaya ifşa oldu ve hemen akabinde yazarları tarafından gizlendi. Bunun nedeni: Nesil henüz bu bilgeliğin kitleler arasında ifşa olmasına hazır değildi, çünkü insanlar maddesel şeylerin arayışı peşine düşmüşlerdi.

"Bu kitap", Şimon öğrencilerine sesleniyordu, "sadece, egoist materyalist gelişimden umutsuzluğa kapılacak olan kişilerin neslinde ifşa olacak, bu zamandan sonra arzu edecekleri de, hayatın gerçek anlamını keşfetmek olacak. Onun rolü [Kitabın] karanlık maneviyat çağını, sürgün çağını sona erdirmek olacaktır."

ZOHAR KİTABI'NA GİRİŞ

İKİNCİ BÖLÜM

Zohar Kitabı'nın sırlarına nüfus etmemizi sağlayacak olan anahtar hangisidir? Şimon Bar Yohai ve öğrencilerinin içine gizlemiş oldukları hazineyi nasıl keşfedebiliriz?

SEN KİMSİN, ZOHAR KİTABI?

Zohar Kitabı'ndan önce ve sonra birçok kitap yazılmıştır, ancak hiçbiri ondaki gizli manevi güce eşit olamamıştır. O, zaman ve yer sınırlarının da ötesinde tam ve sonsuz olan manevi gerçekliği açıklar. Ancak, "İnsan dili, bu kitaptaki en ufak bir detayı yorumlamak için, yeterli ve güvenilir bir şekilde ifade etmek için bile çok fakirdir", diye yazıyor Baal HaSulam (Yehuda Aşlag)

Bu nedenle, Zohar Kitabı'nın sırlarına nüfuzetmemizi sağlayacak olan anahtar hangisidir? Şimon Bar Yohai ve öğrencilerinin, özellikle bizler için, onun içine gizlemiş oldukları hazineyi nasıl keşfedebiliriz?

Baal HaSulam bu yöntemi bize açıklar: "Kutsal Zohar Kitabı'nda yazılan kelimeleri anlayabilmek için, kişi kendini bireysel sevgiden arındırmış olmalıdır. Bu ölçüde Zohar'ın ifade etmek istediği bu gerçeği anlamak mümkün olacaktır. Aksi takdirde, Zohar'ın kelimelerinde bulunan, gerçeği gizleyen ve kapatan Klipotlar (kabuklar, İbranice) olacaktır", (Şamati, "Kutsal Zohar'ın kelimelerini anlamak için")

Michael Laitman

Kabalistler Üst Gücün sevgi ve ihsanına ulaşmış insanlardır. Kitaplarında, Manevi Dünya'da keşfettiklerini anlatırlar. Ancak, sadece bu gücü hissetmeyi başaran bir kişi onların yazdıklarını anlayabilir; Zohar Kitabı sadece onların önünde kilitlerini açabilir, Işığı ifşa ederek.

Bu duyguya varan kimse, sevgi ve ihsan etmeye, 125 basamaklı bir merdivende şu anı, geçmişi ve geleceği keşfederek yükselir. Öyleyse anlıyoruz ki Zohar Kitabı kalpleri bencillik ve gurur dolu olan kimselerin önünde kapalı bulunur.

Ancak, kalbi başkalarına açık olan kişi için, Manevi Dünyadaki yolculuk boyunca kişiye, sonsuzluk ve bütünlüğe doğru yol gösteren bir harita olarak işlevi vardır.

YER: VALLADOLİD
ZAMAN: ZOHAR KİTABI'NIN YAZIMINDAN YAKLAŞIK BİN YIL SONRA

Musa de Leon uyumayalı iki gece olmuştu. Yazı masasındaki tesadüfen onun eline geçmiş olan eski bir elyazmasının üzerine eğilmiş, kelimelerden gelen büyük manevi güce hayretler içinde bakıyordu. "Bu yazılar büyük ruhun yazarları tarafından ele alınmıştır", aynı böyle söylüyor, "onun sözleri çok yüce ve anlaşılmaz... Eğer yayınlanırlarsa yanlış yorumlanacaklar, insanlar da ne demek istediğini anlamayacak... Hiç şüphe yok ki insanlık bunun ifşasına hazır değil..."

Ölümünden birkaç yıl sonra, 14. yüzyılın başlarında, kitap hepimize ifşa olur. İspanya'nın en

kötü kışlarından birinde, Musa de Leon'un dul eşi, kendi ve küçük kızına yemek bulabilmek için, değerinin farkında bile olmadan, el yazmalarını satmak zorunda kalmıştır. Bundan bin yıl kadar sonra da Şimon Bar Yohai ve öğrencileri tarafından saklanan gizemli kitap yeniden dünyaya ifşa ve halka erişilebilir olur.

Ancak, ortaya çıkışı büyük bir ilgi uyandırmadı. Kitleler karşısında mühürlü ve kiliti kalmaya devam ediyor. Çok az kişi onu çalışıyor, anlıyor ya da bir değer biçiyor.

Bu kitap şehirden şehre, Kabalistten Kabaliste taşınır. O zamanlarda, sadece en büyük Kabalistler ondan çalışırlardı. Onlar gece yarısı kalkar, bir mum yakar ve seslerinin duyulmaması için pencerelerini kapatırlardı.

Çok büyük bir saygı ile kitaplarını açarlardı, duyularımızdan gizli olan gerçeği anlamaya çalışarak. Bunu kapalı kapılar ardında yaparlardı, çünkü doğru zamanın henüz gelmediğini biliyorlardı. İnsanlık Zohar'ın sırlarını keşfetmek ve buna hazır olmak için birkaç yüzyıl daha beklemek durumundadır; bizim çağımıza kadar.

İFŞA OLMA ZAMANI GELDİ

20. yüzyıl yaklaştıkça dünya bir kasırganın içine girmeye başladı. Benzeri görülmemiş teknolojik gelişmeler, devrimler, iki dünyanın savaşı ve tüm ulusların yok edilmesi, bunlar sadece bir yüzyıldan da daha az bir sürede yaşanan büyük şaşkınlıkların bir parçasıdır.

20. yüzyılın ortalarında doğru, insanlık geri dönüşü olmayan bir noktada bulunuyor, köklü bir değişime ihtiyaç duyuyor. Ancak henüz bunun farkında olmasa da, tüm dünyanın bir yönteme ihtiyacı var, yaşadıklarımızın nedenlerini açıklayacak, yönlendirecek ve yola koyacak özel bir ruha... Ve tam de bundan sonra ifşa olacaktır.

Şimon Bar Yohai'nin ruhu, bizim kuşağımızın en büyük Kabalisti olan Yehuda Aşlag, Baal HaSulam aracılığı ile bu dünyaya geri iner. Zamana karşı hareket eder, insanlığın sadece bir sonraki dereceye ilerleyerek, ruhsal düzeyde, gelişme yeteneğine sahip olduğunu bilir. İnsanlığın geleceğe olan endişesi onun aklını ve kalbini doldurur ve huzur vermez, "bir şey yapmak gerekli" der kendi kendine, "bir çözüm üretmenin zamanı geldi, bir yöntem geliştirmeli."

"O zaman karar aldım. Ne olursa olsun, yüksek seviyemden inmek zorunda kalsam bile, kalbimi çevirip, Yaradan'a tüm içtenliğimle yalvarmam gerek ki bana yetenek versin... Dünyanın talihsiz çocuklarına yardım etmek ve bilgi ve zevk seviyesine olanları yükseltmek için..."

Baal HaSulam, "Baal HaSulam'ın Kehaneti"

Kendisinden önceki Kabalistlerin tipik kararlılığı ile Kalaba'yı dünyaya ifşa etme vaktinin geldiğine inanarak çalışmaya başladı. Yalnızca bir tek endişesi vardı. Manevi Merdivenin üst basamaklarına doğru yükselmiş, Zohar Kitabı'ndaki gizlenmiş tüm sırlara ulaşmış olmasından ötürü, ortak bir dilde yazma yeteneğini kaybetmişti... Manevi düzeyi o kadar yüksekti ki bu dünyadan tamamen çıkmıştı. Bu insanlar tarafından nasıl anlaşılabilir?

ZOHAR KİTABI'NA GİRİŞ

ÜÇÜNCÜ BÖLÜM

"Aşlag'ın eserlerinin doruk noktasına büyük bir önemle bakıyorum... Her zaman Zohar Kitabı'nın İbranice bir çevirisi olmadığı için üzüntü duyardı... Ki bu önemli kitap halkımızın manevi hayatında çok anlamlı bir yere sahiptir".

David Ben-Gurion, "Yazışma Dosyası 6.1.1960"

Baal HaSulam (Yehuda Aşlag, 1884-1954) insanlığı cennete, sonsuzluğa ve bütünlüğe kadar çıkaracak olan merdiveni zamana karşı yarışarak inşa eder.

"Ve tefsirime, açıklamamın üstendiği rolün herhangi bir merdiven gibi olduğunu belirtmek için 'Merdiven' adını verdim ki; bir Merdivenden başka eksik bir şeyin olmadığı, her şeyin en iyisi ile dolu olan bir zirveye, bununla tırmanabilir ve dünyada en iyi olan her şeye sahip olabilirim."

Yehuda Aşlag, "Zohar Kitabı'na Giriş, Madde 58"

Baal HaSulam insanlık tarihinin en büyük Kabalistlerinden biriydi. Kabala Bilgeliğini bizlere ulaştırmak için ve bizleri barış ve bütünlüğe yaklaştırmak için, bizim dünyamıza inen özel bir ruh.

"Baal HaSulam "On Sefirot'a Girişin başlangıcında şöyle yazıyor: "Bizleri Kabala Bilgeliğinden ayıran demir duvarı çökertmek için büyük bir ihtiyaç buldum, Tapınak'ın Yıkılış zamanından bu yana, bizim neslimize kadar."

Baal HaSulam hayatının görevinde yola çıkar. Şimon Bar Yohai'nin oluşturduğu kitapların Kitabı'nı alır ve Zohar Kitabı'nın en kapsamlı yorumlamasını oluşturur: Sulam (Merdiven, İbranice). Günde 18 saat çalışıp, dinlenmeden, çünkü görevi kendisi hakkında düşünmekten çok daha önem taşımaktadır. "Zaman çok kısa ve yapacak çok şey var... Bunu başarmam lazım... Her şey buna bağlı... Buna ulaşmam lazım..." diyerek kendi kendine tekrarlayarak söyler.

Ve aslında, Zohar Kitabı'nı ve Ari'nin yazdıklarını yorumlayan ilk kişiydi. Kabala'nın Kadim Bilgeliğini kitlelere uyarlayan ilk kişi; sırf halkın geleceğinden endişe duyduğu için, ülke çapında duyurulan ilk Kabalistik gazeteyi ışığa çıkaran kişi. Bu hayat yolunu tamamıyla belirleyen endişe olmuştur.

Kitapların dışında, makaleler ve gazete ve ayrıca Baal HaSulam, Zalman Shazar, Haim Arlozorov, Yaakov Hazan, Haim Nahman Bialik ve diğerleri gibi halk liderleri ile bir araya gelmiş, dinlemeye istekli olan herkese Kalaba'yı anlatmaya hazır olmuştur.

1940'ların sonunda, bu esinlenmiş adamın sözlerini dikkatle dinleyen, David Ben Gurion ile de bir araya gelmiştir. David çok heyecanlı bir şekilde şöyle söyler: "Burada özgür ve mutlu bir ulus kurabilmemizin tek yolu, eğer bize aşılanmış olan doğal sevgiyi yeniden canlandırırsak başarılabilir... Burada bir millet kurulduğu zaman, vatandaşlarının birbirleri için endişe ettiklerinden emin olmalıyız. Yalnızca bu yolla, bizleri bir araya getirmek ve bir millet gibi varlığımızı sürdürmek için, doğal ve sağlam bir temelle sahip olabiliriz."

Ben Gurion, kendisinin 1960'da yazdığı bir mektupta: "Ben Aşlag'ın eserlerinin doruk noktasına büyük bir önemle bakıyorum... Her zaman Zohar Kitabı'nın İbranice bir çevirisi olmadığı için üzüntü duyardı... Ki bu önemli kitap halkımızın manevi hayatında çok anlamlı bir yere sahiptir." (Yazışmalar Dosyası, 6.1.1960)

Birçok çağdaşı tarafından devrimci olarak algılanan fikirleri, şekillenmeye başlar. Onu bekleyen iş hiç de kolay değildir, zaman içinde Kabala ile ilişkilendirilmiş ayıran duvarları kaldırmak, cehaleti yok etmek ve batıl inançları çürütmek zorundadır. Ama her şeyden önce, bizim neslimizdeki herkes için uygun olan bir manevi gelişim yöntemi oluşturmak zorundadır.

Baal HaSulam bizim dünyamızın Üst Güç tarafından yönlendirildiğini ve herhangi bir değişim yapabilmenin tek yolunun Kabala Bilgeliğinin yaygınlaştırılması olduğunu biliyordu ki bu bizlere bu Gücün Yönetim Sistemi hakkında açıklayıcıdır. Kaderimizi iyi yönde değiştirmeyi başarabilmemizin, bunu yapma zamanının artık geldiğini dikkate alarak, dağıtım yolu ile olacağını umut ediyordu.

Şimon Bar Yohai'nin kendi zamanında yaptığı gibi, Baal HaSulam da bu göreve doğru yola çıkar, engelleyici bir romatizmaya rağmen gücünün geri kalanı ile çalışarak ve sonunda hayali şekillenmeye başlar; hiç bir ön koşul öne sürmeden Kabala Bilimini herkes için erişilebilir yapılır ve Baal HaSulam görevini tamamlar.

Kabala'nın Sesi — Michael Laitman

"Tam kurtuluşa erişebilmemiz yalnızca Kabala bilgeliğinin kitleler arasında yayılması yoluyla başarılacaktır", diye vurgulamaktadır Baal HaSulam. "Ve bu yüzden, halkın enginliğinde bu bilginin yayılmasını hızlandırmak için okullar kurmalı, kitaplar yazmalıyız."

(Baal HaSulam, "Hayat Ağacı Kitabı'na Giriş", Madde 5)

Baal HaSulam bizlere Kabalistlerin yazıları ile bağlantı kurmamıza izin sağlayacak şekilde, Şimon Bar Yohai'nin tüm kelimelerini yorumlar ve açıklık getirir ve böylelikle onun söylediklerini bir bağlantı, yaşam kanalı haline dönüştürür.

Bu büyük adam, günümüzde meyvelerine bizim sahip olacağımız manevi bir devrime liderlik eder. Onun sayesinde, Şimon Bar Yohai ve öğrencileri tarafından başlatılan yayılım halkası tamamlanmış oldu.

Kitap, Şimon tarafından binlerce kilit ile mühürlendi ve var olan tek anahtar ile herkese açılır: Zohar Kitabı'nın Sulam Yorumu.

Yapmamız gereken tek şey onu ellerimize alıp ve hep birlikte Zohar Kitabı'nda gizlenmiş olan mükemmel sırlara, maneviyata doğru yol alan merdivenleri çıkmalıyız.

Michael Laitman

ZOHAR KİTABI
BİRİNCİ BÖLÜM

Zohar Kitabı, diğer Kabala kitapları arasındaki en önemli eserdir ve hepsinden en gizli ve gizemli olanı. Ve ifşa olmasının zamanının henüz gelmediğine inanan bazıları olmasına rağmen, günümüzde keşfediyoruz ki 1800 yıl önce yazılmış olan bu kitap, aslında tam da bizim neslimiz için yazılmıştır. Baal HaSulam (Yehuda Aşlag) bu büyüleyici eser ile gözlerimizi ve kalplerimizi açar.

İnsanlığın başlangıcından beri, her nesilde özel insanlar, Kabalistler, ortaya çıkmış, manevi merdiveni tırmanmayı başarmışlar ve Üst Güç, Yaradan ile en üst iletişime ulaşmışlardır. Bu nedenle, en yüksek Manevi Dünyalardan ve bizim dünyamıza kadar, sevgi ve ihsan etmeye dayanan bu gerçeği bir bütün olarak algılamaya ulaşmışlardır. Dünyada bundan başka bir güç olmadığını ve gerçekte olan her şeyin amacının insanlığa bu duyguyu yaşatmak olduğunu hissettiler.

Kabalistler hayatları boyunca sahip oldukları sorulara cevaplar buldular: Ne için yaşıyoruz? Dünya nasıl oluşmuştur? Ve kaderimizi nasıl kontrol edebiliriz? Başarılarını ünlü Kabala eserlerinde belgelemişledir: Melek Raziel, Yaratılış Kitabı, Hayat Ağacı ve diğerleri.

Bunlar arasında, Kabala Bilgeliğinin en derin ve geniş kapsamlı çalışması olan, Kabalist Şimon Bar Yohai, Rabbi tarafından yazılmış Zohar Kitabı da bulunuyor.

Michael Laitman

"Kutsal Zohar Kitabı'nda mevcut olan bilginin derinliği kapalıdır ve bin anahtarın altında kilitlidir."

Yehuda Aşlag, "Zohar Kitabı'na Giriş" Madde 1

Zohar Kitabı bizden gizli olan Üst Yönetim hakkında konuşur: manevi dünyalardan ve bu büyük sistemde var olan güçlü kuvvetlerden, bu bilgeliğe katılarak bu dünyanın nasıl etkilendiğinden, Üst Dünya'dan bizim dünyamıza tüm olayların ne şekilde aşağı sarktığından ve indiğinden ve ne tür şekiller ve kıyafetler edindiğinden bahseder.

Bu kitabı diğerlerinden ayıran, onun yazıldığı dönemdeki nesle hitap etmek için yazılmamış, ta en başından beri tasarlanmış olan 2000 yıl sonra var olacak nesil için yazılmış olması idi: bizim neslimiz için.

TÜM GİZLENMİŞ OLANI MEYDANA ÇIKARTMAK

20. yüzyıl kendisi ile birlikte insanlık için en büyük ilerlemeleri de beraberinde getirdi. Bu değişiklikler, her zamankinden daha fazla, manevi gelişim için yükselme gerekliliğini doğurdu ve yolu yeni aşama için açtı ki buna tüm nesillerdeki en büyük Kabalistler tarafından işaret edilmiştir.

"Bizim neslimiz, aslında, kurtuluş kapılarında ve eğer sadece gizli bilgeliğin kitleler arasında nasıl yayılacağını bilebilseydik."

Yehuda Aşlag, "Mesih'in Borozanı"

Bize hiç bir şeyin değişmemiş gibi görünmesi olasıdır ve onun içine girmek için doğru zaman bile

olmadığını düşünebiliriz, ancak büyük Kabalistler bunun tam aksini söylüyorlar. Bizim zamanımızda bunun sadece mümkün ve izin verilmiş olması değil esasen bizim görevimiz olduğunu öğretiyorlar.

Zohar Kitabı'nda yazıldığı gibi bu bilgelik 1840 yılından itibaren kitleler arasında yayılmaya başlayacaktır. Vilna De Gaon, Kol HaTor (18. Yüzyıl) adlı kitabında bu sürecin 1990 yılında başlayacağını yazıyor. Hatta şöyle diyor, "Kurtuluş özellikle Kabala çalışmaya bağlıdır." (Ehven Shlomo, 11:3)

Büyük bir Kabalist Kook da şöyle açıklıyor "Ortaya çıkan en büyük manevi sorulara açıklık getirmek yalnızca görkemliler ve mükemmeller içindir, bunlar günümüzde farklı derecelerde tüm ulus için çözümlenmelidir."

Yehuda Aşlag (Baal HaSulam), bizim neslimizin en büyük Kabalisti ki o ondan önce gelen atalarının tüm söylediklerini yorumladı ve gerçek yaptı. Zohar Kitabı'nı çalışmak ve anlamak isteyen herkese izin vermenin zamanı geldiğini, böylece tüm insanlığın da kendisi için Manevi Dünyaya yükselip ulaşabileceğini gördü. Bu amaçla, tüm hayatını bu çalışmada genel, açık, net ve yöntemsel bir yorum oluşturmaya adama kararı aldı.

Baal HaSulam bu kitaptaki gizlenmiş ve kilitlenmiş olan her şeyi kaldırmak ve bizim kuşağımızın tüm ruhlarına uyarlamayı hedeflemişti. Zohar Kitabı için hazırladığı giriş bölümünde bunu neden yaptığını şöyle açıklıyor: "ve tefsirime, açıklamamın üstlendiği rolün herhangi bir merdiven gibi olduğunu belirtmek için 'Merdiven' adını verdim ki, her şeyin en iyisi ile dolu olan bir zirvenin bulunduğu bir yere tırmanmak ve dünyada en iyi olan her şeye sahip olabilmek için tek eksik olan bir Merdivendir."

Yazdığı Merdiven Yorumu, herkesin manevi basamağa gelmesine imkân tanımak, Zohar Kitabı'nda derinleşmesi ve bunu kalbinde hissetmesine izin vermek için tasarlanmıştır.

ZOHAR KİTABI

İKİNCİ BÖLÜM

"Bu giriş bölümünde, görünüşte basit olan bazı konuları açıklığa kavuşturmak istiyorum. Yani, herkesin anlamaya çalıştığı ve açıklamaya kavuşturma çabasında bir hayli mürekkep tüketilen konular. Ancak yine de bunlarla ilgili somut ve yeterli bir bilgiye ulaşamadık."

Yehuda Aşlag, Baal HaSulam,
"Zohar Kitabı'na Giriş" Madde 1

GERÇEK HAKKINDA TEMEL SORULAR

Baal HaSulam Zohar Kitabı'nı bizlere yaklaştırmanın gerekliliği için büyük bir önem gördü, böylece Sulam'ın (Merdiven) yanı sıra, inandığı yorumu öğretti, derin, anlaşılır ve erişilebilir bir giriş geliştirdi. Bizi ellerimizden tutup mükemmel manevi gelişim yolculuğuna çıkaran, Üst Güce giden bağlantıya ulaşmak üzere herhangi biri onun yolundan geçecektir. Bu yüzdendir ki, girişi hayat boyu hepimize eşlik

eden en temel sorularla başlar ve manevi merdiveni tırmanmaya başlamak için benimsememiz gereken doğru iç niyet ile bitirir.

Baal HaSulam'ın girişin başlangıcında yaptığı sorular insanlık tarihi boyunca tüm kuşakların yaptığı soruların bir özetidir: Özümüz nedir? Bizim de parçası olduğumuz bu uzun zincirde üstlendiğimiz rol nedir? Bu sorular daha fazlasını bir araya getirir, örneğin, hayatlarımızla ne yapmamız gerekir? Varoluşun amacı nedir? Neden kötü hissederiz? Nasıl mutlu olabiliriz?

Bu giriş ile daha da derinleştikçe, okuyucu bu sorular hakkında daha da fazla düşünür ve onları çözer. Hayatının iç ve dış bölümleri arasında daha iyi bir denge bulmak için adım adım ne yapması gerektiğini öğrenir.

Aşlag, bizlere İçselliğin bağlanmak anlamına geldiğini, Üst Güç ile ilişkimiz olduğunu ve bunun Kabala çalışmak ile elde edileceğini öğretir. Ve diğer yandan, Dışsallık bizi o Kaynaktan uzaklaştıran, hayattaki en iyi şeylerden bizleri alıkoyan her şeyi ifade eder yani Üst Güçten.

Devamında, Baal HaSulam şöyle açıklıyor, bir kişi ne zaman Kabala çalışmasında daha da derine inerse, otantik kaynaklardan, hayatı daha da düzene girer ve Yukarıdan bolluk çeker, tüm istekleri yerine getirilir.

Michael Laitman

MİLLETİN ENGİNLİĞİNDE BİLGİNİN YAYILIMININ HIZLANDIRILMASI

Tüm Kabalistler bize gelen eserler aracılığı ile çalışarak elde ettikleri tüm mükemmellikleri insanlığın keşfedebileceği gün için beklemedeler, Üst Güç ile bağlantı. Bu gün bizim neslimizde artık geldi.

Zohar Kitabı'na yaptığı giriş ve yorumda, Baal HaSulam bizlere bir can simidi atar ve bunu yaparak, daha iyi bir gelecek için önümüzü açar. Baal HaSulam, Kabalist olmayanlar için "Bin anahtar altında kilitli" olan birçok kitabın daha yorumunu yaptı, Ari'nin yazıları gibi. Zohar görüntülerden ve benzetmelerden "konuşur". Onu yorumlayanlar ne okuduklarını ve metnin ne demek istediğini bilirler. Aynı seviyeye ulaşmış herhangi biri de, orada yazılı olanları anlayacaktır.

Öyle bir şekilde tasarlanmıştır ki sadece belli bir manevi düzeye ulaşmış olanlar onda ne olduğunu keşfedeceklerdir. Bundan önce, kişi okuyamaz ve kitaptaki manevi güçten yararlanamaz, ancak Zohar'da yazılı olanlarla bağlanmak son derece zordur. Yalnızca yüksek manevi düzeylere ulaşmış olanlar onun gerçek anlamına yaklaşabilirler.

Aynı kişi, 125 manevi aşamanın her bir düzeyine tam anlamda ulaşmış olmalıdır ve böylece, Zohar parlayacaktır, tam da isminin ima ettiği gibi: "Sefer ha Zohar" (İhtişamın Kitabı").

Öte yandan, nesiller, kitabın içerdiği sırları keşfetmeye daha layık hale geliyor. Şimon Bar Yohai tarafından yazılan ve gizlenen, daha sonra da Musa de Leon ve ardından Ari'nin nesli tarafından keşfedildi.

Bu yazılar da saklandı ve zamanı geldiğinde yeniden keşfedildi.

Kabalistler Zohar'ın ifşasının iki koşula bağlı olduğunu biliyorlar: doğru zaman ve ruh olgunluğu. Günümüzde, Kabala çalışmanın yeni bir döneminin ortaya çıkışı ile karakterize edilen benzersiz bir olayın tanıklarıyız.

Baal HaSulam tüm kitaplarında vurgular, su götürmez bir şekilde, tüm insanlık için doyurucu ve mutlu bir yaşamın anahtarı içsellik ve dışsallık arasındaki uyumu sağlamakla başarılır. Bu yüzden hepimizi içsellik için hayatımızda belirleyici bir adım atmaya çağırır, yani, Kabala Bilgeliğine.

Baal HaSulam, yalnızca bununla tatmin olmadı, ayrıca istediği zaman mümkün olması için ısrar ediyordu: "Bilgeliğin ulusun enginliğinde yayılmasını hızlandırmak için kitaplar yazın." Böyle yaptı çünkü aslında tüm insanlığı varoluşun sonsuz seviyesine Manevi Merdivenden yükseltebilecek olanın yalnızca Kabala Bilgeliği olduğunu biliyordu.

Önemli Kabalistler
KİTAP, YAZAR VE KABALA'NIN ÖYKÜSÜ

"Bitmeyen hikâye -Alice harikalar diyarında- ve Kabala kitapları arasındaki ilişki fantezi ve gerçeklik arasındaki ince ayrım gibidir...

Küçük ve terkedilmiş eksi bir kitapçıda bir kitap bulan çocuk hakkında bir hikâye vardır. Gizli bir güç onu kitaba doğru çekti, çocuğun kitabı ellerine alıp kaçmasına neden oldu. Çocuk hızla evine koştu, kendisini odasına kilitleyip yatağının üstüne uzandı, kitabı açtı ve okumaya başladı. Kitabın sayfaları arasında harika bir macera ile karşılaştı. Kitabın içine daldı, kendini hikâyenin kahramanları ile bütünleştirdi. Tam anlamı ile okuduğunu "yaşıyordu".

Şaşırtıcı gibi gözükse de, bizim manevi yolumuzun bu hikâyeyle ve aynı zamanda antik ve harika kitapları okuma yönüyle de çok benzerliği vardır.

HAYATIMIZIN HİKÂYESİNİ HAYAL ETMEK VE DENEYİMLEMEK

Kabalistler, bizim dünyamızın "dayanaklarına" etki eden güçlere nüfus etmenin yolunu keşfetmişlerdir. Onlar hayatımızda olan tüm olayların nedenlerini anladılar, gelecekte bizleri nelerin beklediğini keşfettiler ve insanlık için mümkün olabilecek en güzel duyguları yaşadılar. Onların harika keşifleri ve geçtikleri yol, onların kitaplarında özellikle bizler için açıklanmıştır ki bizler de aynı his ve duyguları deneyimleyebilelim.

Onlar kitaplarında "Yazar'ı" bizim hayatımızın kitabını "yazan" olarak açıklarlar. Kabalistler bizi nereye götürdüğünü, ne amaç için olduğunu gördüler ve bunun aracılığı ile bizlerin de bu hikâyeye nüfus edebilmemiz için bir yol açtılar ve hayatımızın bu kısmını etkilediler.

Tanıdığımız ortak kitaplar bizlere bu dünyada olan olayları anlatır. Ancak Kabala kitapları, bizlere başka bir kitaplarda olmayan, olağanüstü harika ve eşsiz bir dünyayı tanımlıyor, Üst Dünya'yı.

Cümleler, kelimeler ve harfler sayesinde, tıpkı "Alice" hikâyesindeki gibi, bizleri manevi bir dünya ile sararlar. Bu Kabalistik kitabın sıradışı özelliğidir, okuyucuya Manevi Dünya ile ilgili anlattığı şeyin düzlemini taşıma yeteneği vardır.

Kitaplarına "Meguilot" (parşömen, İbranice) denmesinin nedeni öylesine değildir, çünkü bu kelime "GiluY" (keşif, İbranice) kelimesinden gelmektedir. Bu, kitabın temel amacını bizlere gösterme yoludur: ondaki gizli hazineyi keşfetmek, yani, tam ve mükemmel bir yaşama uzanan yolu.

BİR FANTEZİDEN SAĞLAM BİR GERÇEĞE

Bu noktada kesinlikle sorular soracaksınız, iyi bakalım, biz bu mutluluk yoluna doğru atılmak istiyoruz, ancak bunu nasıl yapacağız? Bu nasıl keşfedilir? Kabala kitaplarını okumamız yeterli midir? Açıkça cevaplamak gerekirse, tam olarak böyle değil.

Bu alanın içine girebilmek için, ufak bir ayrıntı gerekmektedir, küçük ama önemli olan "irade ya da arzu". Oraya gitmeyi arzulamamız gerekir ki böylelikle Kabala kitabı bizleri Kabalistlerin ulaştığı o büyülü diyarlara götürebilsin. Eğer otantik Kabala kitaplarını gerçek bir arzu ile Manevi Dünyada bizleri bekleyen mutluluğa ulaşmak için okumayla meşgul olursak, hissetmeye başlarız, kitap bunu yavaş yavaş bizim için yapacaktır.

Biraz karmaşık gözüküyor, ancak Baal HaSulam bunun nasıl olduğunu "On Sefirot Çalışması'na

Giriş" makalesinde söyle açıklıyor: "... Kabala Bilgeliği ile ilgilenenler için harika ve paha biçilemez bir erdem vardır ve çalıştıklarını anlamamalarına rağmen, çalışmaya duydukları büyük istek ve özlem ile ruhlarını çevreleyen Işıkları kendilerine doğru uyandırırlar..."

"Bundan dolayı... Kişi bu bilgelik ile ilgilenmeye başladığı zaman ve Işıkların isimlerinden ve ruhları ile alakalı olan kaplardan bahsettiğinde, bunlar onu bir ölçüde aydınlatırlar. Yalnızca, ruhun içinde kıyafetlenmeden aydınlatırlar, çünkü onları almak için kaplardan yoksundurlar."

"Hiç şüphe yok ki, bunu yaparken art arda aldığı aydınlanma, gökyüzünden lütuf çeker ve saflık ve sağlıkla dolar ki onu doruğa önemli ölçüde yaklaştırabilsin", ("On Sefirot Çalışması'na Giriş", madde 155).

Baal HaSulam, "Kabala kitaplarında MANEVİ Dünyada Kabalistler tarafından keşfedilmiş olan özel bir kuvvet vardır," diye açıklar. Kim bu kitapları yazarın yazdıkları ile özdeşleşme arzusu ile okursa, bu güç aslında ona yaklaşmaya başlar. Aynı, hikâyeyi okurken "yaşayan" çocuk gibi, bizler de hikâyeye girer ve onu "yaşarız."

İşte bundan sonra geleceğimiz bizlerin önünde açılır ve ifşa olur, ancak bu sefer artık bir fantezi değildir, sahici bir gerçekliktir.

Kabalistlerin geliştirdikleri kitaplar bir ipin ucu gibi işlev görürler, büyüleyici bir dünya yoluna atılmak için ve ondaki gizli hazineyi keşfetmek için bir çağrı.

ISAAC LURIA ASHKENAZI – KUTSAL ARİ –

Sadece bir buçuk yıllık bir süre içerisinde, Isaac Luria (Kutsal Ari) Kabala'yı herkes için erişilebilir hale geticek bir devrim yaptı. Bu zamandan beri, onun "Lurianic Kabala" metodu baskın bir yöntem haline gelmiştir.

Isaac Luria'nın hayatı (Kutsal ARİ), -16. yüzyılın en önemli Kabalisti ve Kabala Bilgeliği tarihi ve evrimindeki en etkili isimlerden biri- gizem ve efsanelerle çevrelenmiştir.

1534 yılında Kudüs'te doğdu ve otuz sekizinde, 1572 yazında bir salgın sonrası hasta düşerek çok erken yaşta vefat etti.

Sekiz yaşındayken babasını kaybetti ve ailesi evsiz kaldı. Çaresizlik içinde, annesi genç Isaac'i amcası ile yaşaması için Mısır'a, Sfat'a gelmeden önce uzun seneler kaldığı yere yolladı.

Genç olarak, saatlerce hatta günlerce, kendini odasına kapatıyor, Zohar Kitabı'nı çalışmaya dalıp onun inceliklerini anlamaya çalışıyordu. Efsaneler Ari'nin "Elias'in İfşası" (eşsiz bir manevi ifşa) ve Zohar'ı "ondan" çalışmak ile ödüllendirildiğini açıklar. Ari için, Zohar Kitabı kendisi için tüm dünyaydı.

Sfat, 16. yüzyılda Kabalistik öğretinin başkenti, ayrıca, Meron Dağı bölgesinde yer almasından dolayı, Zohar Kitabı'nın yazarı, Şimon Bar Yohai'nin kalıntılarının olduğu yer olmasından da ötürü birçok kişiyi kendisine çekiyordu.

Ari'nin Mısır'ı bıraktığı ve Safed'e gittiği gün, sert bir kış Mısır'ı vurdu. Şiddetli yağmurlar sele neden oldu ve Nil kıyıları taştı, kentleri çamur ve su örtüsü altında kalmıştı.

Bir rivayete göre, o korkunç fırtınalı gecelerin birinde, İlyas Peygamber Ari'ye ifşa olmuştur. Bu, bahsi geçen hikâyeye göre, dedi ki "Senin sonun yakındır. Buradan git ve aileni Sfat şehrine, sabırsızlıkla beklendiğin yere götür. Orada bilgeliğini aktaracağın öğrencin Haim Vital'i bulacaksın, onu varisin ve yerini alacak kişi olarak atayacaksın."

"Bu dünyaya sadece Rav Haim Vital'in ruhunu düzeltmek için geldin, bu ruh değerli olduğu için."

Böylece, 1570 yılında, kışın tam ortasında, Ari Sfat'a gitti. Otuz altı yaşındaydı ve hayatta yalnızca 2 yılı kalmıştı.

DEVRİMCİ VE KABALİST

Kabalistler, Kabala Bilgeliğini Ari'den önce 1500 yıl boyunca sakladılar. Gece yarısı kalkıp, bir mum yakıyorlar ve seslerinin dışarıdan duyulmaması için tüm pencereleri kapatıyorlardı. Saygıyla Kabala Kitaplarını açıyorlar ve gizli gerçekleri çözmeye çalışarak ona dalıyorlardı.

Çalışmaları gizliydi, kapalı kapılar ardında öğretiliyordu. Kabalistler ilmin yanlış yorumlanmasından korkuyorlardı. "Nesil", dediler, "henüz hazır değil."

İnsanlık, halka Kabala Bilgeliğin kapılarını açacak doğru öğretmeni yüzyıllar boyu bekledi. Sonunda,

Ari'nin Sfat'a gelişi ile ve Zohar Kitabı'nın ifşa olması sonucu kitleler arasında Kabala'nın sırlarının ortaya çıkması için izin verildi.

Ari'nin önemini ve itibarını boyutlandırmak zordur; sadece bir buçuk yıl içinde, Kabalistik düşünce içinde derin bir iz bıraktı ki tek bir kelime yazmadan, onun tüm bilgeliği Haim Vital aracılığı ile iletilmiştir, Ari'nin ilk öğrencisi ve tek varisi, yaşarken yazılarını yayımlamaktan çekindi. Bu yazılar daha sonraki yüzyıllarda yakınları ve öğrencileri tarafından düzenlenmiştir.

Vital'in ilk yazılarının arasında Etz Haim (Hayat Ağacı) kitabı bulunmaktadır ki bu kitap Ari'nin Kabalistik öğretilerilerini açık ve basit bir şekilde sunar. Diğer önemli derleme olan Sekiz Kapı -diğerlerinin arasında-, reenkarnasyonu anlatan sekiz kitaplık bir dizidir.

Ari Sfat'a geldiği zaman, "Aslan'ın Yavruları" olarak tanınan bir grubu organize etti ki bu gruba zamanın en önemlileri de dâhildi: Solomo Elkabetz, ünlü şarkı Lekha Dodi (Bak, Sevdiğim)'in bestecisi ve büyük Kabalist Musa Cordovero (Ramak) ki o arkadaşı ve öğrencisi olmasının yanı sıra, Ari'nin büyüklüğünü kabul eden ilk kişi olarak tanınır.

Vefatından önce, Ramak öğrencilerine şöyle dedi: "Bir adam olduğunu bilin, burada oturan, ardımdan yükselecek ve bu neslin gözlerini Kabala bilgeliği ile aydınlatacak... Benim günlerimde, kanallar kapatılmıştı... Ve onun günlerinde, o kanallar ortaya çıkacak... Ve bilin ki o büyük bir adam, Raşbi'den bir kıvılcım. [Şimon Bar Yohai]"

Michael Laitman

Ramak'ın Ari'yi onun mirasçısı olarak tayin ettiği buradan da anlaşılıyor ve öğrencilerine onu öğretmenleri olarak kabul etme talimatını veriyor.

Ari, yeni bir insanlık ve maneviyat çağının habercisi oldu. Sadece büyük Kabalistlerin değil, ayrıca Kabala bilgeliğinin kitlelere açılmasına "En Yüksekten izin verilen" ilk kişi oldu.

Kabala'nın seçilmiş insanlar için olan metodunun, herkese sunulmak için neslin anlayacağı bir şekilde ifade edilmesi onu sonsuza kadar yüce bir Kabalist yapar.

Bugün, birçok ruh manevi yükseliş için hazırdır ve Lurianic Kabala sayesinde, -Kutsal Ari tarafından gelen yöntem- yaratılış Amacına ulaşabilirler.

YEHUDA AŞLAG – HAREKET ZAMANI

Bu en büyük Kabalistlerden birinin biyografisidir, "Baal HaSulam" olarak da bilinen Yehuda Aşlag'ın.

Polonya'da fırtınalı bir kış akşamında, Yehuda Aşlag evine normalden daha geç döndü. Odanın bir köşesine paltosunu bıraktı ve düşünceli bir şekilde koltuğa oturdu. Bir kelime bile etmedi. Uzun bir sessizlikten sonra, ailesini bilgilendirdi. "Yeni bir dönemin eşiğindeyiz. Daha fazla Polonya'da kalamam. İsrail'e Alia (göç) etmenin zamanı geldi..."

Baal HaSulam çağımızın en takdir edilen Kabalistlerinden biriydi. Bize Kabala bilgeliğini getirmek için bu dünyaya gelen ve bizleri barış ve birlik dolu bir hayata daha da yaklaştıran eşsiz ruhlardan biridir.

Michael Laitman

"Bizleri Kabala Bilgeliğinden ayıran bu demir duvarı alaşağı etme isteğim var" diye yazdı Baal HaSulam. Kesinlikle, o Zohar Kitabı'nı, Ari'nin makalelerini tam olarak yorumlayan ilk Kabalistti ve Antik Kabala Bilgeliğinin tüm herkes için erişilir olmasına imkân verdi. Ayrıca Kabalistik yazıları halk için yayınlayan ve halk arasında yaygınlaştıran ilk kişiydi.

GÖÇ ETMEK İÇİN MÜCADELE

1921 yılının o gününde Baal HaSulam'ın İsrail'e göç etme arzusunu dile ilk getirişi değildi. Birkaç yıl önce İsrail'deki yeni bir yerleşim yerinde yaşamaya gidecek üç yüz ailelik bir grup için Alia düzenlemeye çalışmıştı. Onu dinleyen herkese "Karanlık bulutlar Avrupa semalarında geziniyor", diye söylüyordu. "Saat hızlı ve zaman önemlidir."

Varşovalı din adamları bu planı keşfettiğinde, grup zaten İsveç'ten kendi ev eşyalarını taşımak için bir gemi bile kiralamıştı ve göç etmek için hazırlanıyorlardı. Fakat Yahudi Cemaatinin önde gelenleri Baal HaSulam'ın bu planına sertçe karşı çıkıp bu göçün engellenmesi için ellerinden geleni yaptılar ve sonunda da başarılı oldular.

Yine cemaatin önde gelenleri, grubu organize eden Baal HaSulam'ı dışladılar, aşağıladılar ve hatta onu aforoz ettiler. Buna rağmen, Baal HaSulam yılmadı ve çabalarında devam etti. Kısa bir süre sonra ve parasız bir şekilde, Aşlag ailesi ile ve bir öğrencisi ile beraber Kudüs'e göç etti.

SEVGİYİ CANLANDIRMAK

Kırklı yılların sonuydu, David Ben Gurion'un evinde, Tel Aviv, 17.cadde de bulunan mütevazı dairede. Akşam sekizde, Ulusal Konsey Başkanı önünde oturan adamı hayran hayran dinliyordu... Eğer yeteri kadar yaklaşırsak kelimelerinin parçalarını duyabilirdik: Adam çok tutkulu bir şekilde "David" dedi, "burada bağımsız ve mutlu bir devlet inşa edebiliriz, keşke sadece hepimizin içinde uyuyan o doğal sevgiyi uyandırabilseydik..."

Ve devam eder, "Burada bir devlet kurulduğu zaman vatandaşlarının birbirlerinden sorumlu olduklarından emin olmalıyız. Yalnızca bu şekilde sağlam ve doğal bir temele sahip olarak, bir millet olarak varlığımızı devam ettirecek yapıyı inşa edebilir ve devam ettirebiliriz..."

David Ben Gurion "Birçok kez" diyor, "Baal HaSulam ile Kabala ve ulusun geleceği hakkında görüşmek için bir araya geldim."

Neden ben Gurion Baal HaSulam ile birçok toplantı düzenledi? Baal HaSulam ne ifade ediyordu ve niçin Ben Gurion'un anlatılanları ifşa etmek için bu kadar ilgisi vardı? Baal HaSulam halkının özünü tanıyordu. Biliyordu ki İsrail halkının sadece manevi prensipler temelleri üzerinde hayatta olabileceğini biliyordu. Ben Gurion ile yaptığı görüşmelerde bunu tekrar tekrar vurguluyordu: "Burada birbiri ile birleşmiş bir toplum inşa etmek adına karşılıklı görevimizde başarılı olabilmek için", diyordu, "dostlarımız için içimizdeki sevgi kıvılcımını uyandırmamız gerekir. Aksi takdirde, er ya da geç ortak bir ilgi alanı bulamayız."

Bununla birlikte, Ben Gurion yalnız değildi. Yehuda Aşlag, Moshe Sharett'in, Zalman Shazar, Moshe Aram ve Chaim Arlozorov dâhil olmak üzere, o zamanki milletlerin tüm liderleri ile bir araya geldi. Düşünce ve görünümdeki farklılıklar hakkında düşünmeden, Baal HaSulam'ın tek endişesi manevi temeller üzerine kurulacak bir toplumdu.

HALK İÇİN KABALA

Baal HaSulam ulusun liderleri ile toplanmakla yetinmedi. İsrail'e gelmesinden kısa bir süre sonra, zamanının tamamını öğretmeye ve "Dost Sevgisi" yöntemini yaymaya adadı. 1933 yılında, halkın gerçek birleşmesinin yolunu hazırlamak maksadı ile bir dizi makale yayınlamaya karar verdi.

"Hareket Zamanı", Kabala bilgeliğinin bizim neslimizin erişebileceği bir konumda olmasını başarabilmek için yazılmış ilk makale ve Baal HaSulam'ın niyetini kanıtlayan bir mirastır. O gelinceye kadar, Kabala çok gizli bir şekilde çalışılıyordu; ancak, tüm bunlar değişmek üzereydi.

"Ben bu nesilde doğduğum için kendimi mutlu hissediyorum, çünkü artık bu bilgeliğin yazılmasına izin verilmiştir."

Baal HaSulam, Kabala Bilgeliği ve Onun özü.

İnsanlığın Kabala bilgeliğine ihtiyaı vardı ve Baal HaSulam bunu dünyaya sunmanın yolunu belirlemişti. Onun yaygınlaştırma çabalarının önemli bir parçası olarak, Baal HaSulam, Ari tarafından yazılmış olan metinleri açıkladı ve altı ciltlik bir dizide yorumlarını yayınladı: On Sefirot Çalışması.

Eserinin girişinde, Baal HaSulam herkesin cevap aradığı bir soruyu yazmıştı, "Hayatımın anlamı nedir?"

"Sadece Kabala bilgeliğini büyük çoğunlukla paylaşımı ile tam kurtuluşa erişecek kişiler olabiliriz", diye kesin olarak belirtti Baal HaSulam. "Ve eminim ki gerekli olan şey tüm dünyada bilgeliğin yayılmasını hızlandırmak amacıyla okullar kurmak ve kitaplar yazmak zorunluluğumuzdur."

SEVGİ İLE YAZILMIŞ BİR GAZETE

5 Haziran 1940'da, Baal HaSulam devrim niteliğinde bir adım atmaya karar verdi: Kabala bilgeliğinin çekirdeğini oluşturan fikirleri derledi, sade terimlerle yeniden yazdı ve tarihin ilk Kabalistik organında yayınladı. HaUma (Ulus). Baal HaSulam yayınında ulusa tek bir mesajla seslendi: Birleşmemiz gerekmektedir!

Ne yazık ki, Kabala'nın yayılmasına karşı olan bazı kişiler İngiliz Mandası yetkililerine başvurdular ve gazetenin kapatılması için asılsız söylentiler yaydılar. Böylelikle, tek bir baskı ile birliği, birlik bağını ve insan sevgisini yayma teşebbüsü ile yapılan ilk gazetenin önü kesildi.

Ancak, Baal HaSulam'ın bu olaydan sonra cesareti kırılmadı, Kabala bilgeliğini paylaşma arzusu denemelerine son vermedi. Bilgeliği yaymak adına her ne yapabilecekse onu denemekte kararlıydı ve

hayatının en önemli eserini olan Zohar Kitabı üzerine yorumu olan Sulam'ı (Merdiven), yazmaya başladı.

GÖKYÜZÜNE UZANAN MERDİVEN

Bu sahne Kudüs'de gerçekleşir, yıkık dökük harap bir binada. Baal HaSulam'ın yaşı yetmişe yaklaşmıştır. Eski bir baskı makinesi üzerinde iki büklüm uzun saatler geçirir, ona kalan az bir güçle harfleri organize eder.

Harflerin içinde bulunan kurşun içeriği onun sağlığını etkilemişti, ancak o cesaretini kırmadı. Tam tersine, yüzüne ışık doğdu. "İşimi bitirmem gerek" diye düşünüyordu, "çünkü tüm dünyanın kaderi buna bağlıdır..." Doğruldu, derin bir nefes aldı ve çalışmasına devam etti...

Baal HaSulam hasta yatağından dışarı çıkabilmek için kendinde az kalan tüm enerjisini toparlar, doktorun verdiği emirlere karşı çıkar ve dinlenmeyi bırakıp yazmaya devam ederdi. Günde 18 saat çalışıyordu. Uykuya daldığı zamanlarda, karısı romatizmalı avucuna sıkışan kalemi çıkartmak için parmaklarını açardı.

Bir dizgiciyi işe alamayacağı için, Baal HaSulam tüm matbaa dizgisini kendisi yapıyordu. Her bir harfi yerine yerleştiriyor, Zohar Kitabı'nı baskısı için hazırlıyordu.

Yehuda Aşlag görevini tamamlamıştı. "Merdiven" yorumu bizlere ulaştı, Zohar Kitabı hakkındaki Yorum, tıpkı Ari'nin kapsamlı çalışması olan On Sefirot Çalışması gibi. Bizlere mutluluk, bütünlük ve sonsuzluğu bulmamız için gereken yolu açtı. Tüm yapmamız gereken bu yolu izlemek ve yerleştirdiği manevi merdivenin basamaklarından tırmanmak.

"Yeryüzünden destek alan ve başı göklere değen bir merdiven..." (Yaratılış 28:12)

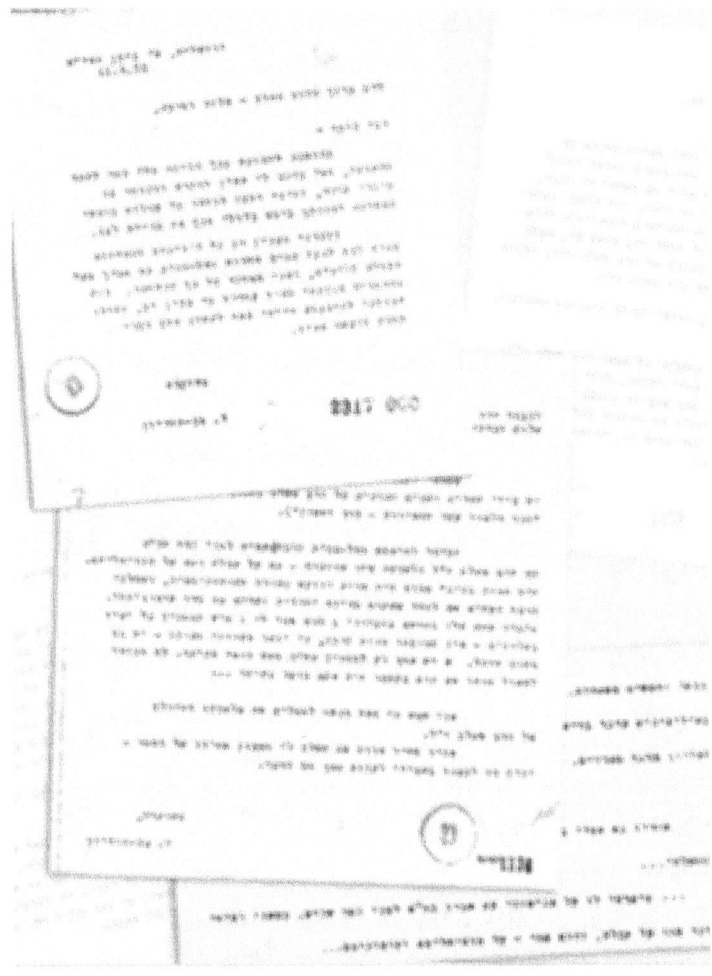

"Aşlag'ın çalışmaları için harcadığı çabayı çok önemli buluyorum. Her zaman Zohar'ın İbranice bir çevirisi olmadığından dolayı üzüntü duyardı. Aslında, Bialik Enstitüsü'nün kısmi bir çeviri yayınladığı doğrudur, ancak bu kitabın, tamamen Aramice anlamayan, İbranice okuyanların eline gelmesi daha uygun olacaktır... Bu önemli kitap... insanlığın manevi hayatında çok önemli bir yere sahiptir." (Ben Gurion, Dosyalar, Yazışmalar, 6/1/1960/)

BARUH ŞALOM HALEVİ AŞLAG, RABAŞ

Baruh Şalom HaLevi Aşlag (Rabaş), Yehuda Leib HaLevi Aşlag (Baal HaSulam)'ın oğlu ve danışmanı, bulunduğu yüksek manevi konumun yanı sıra, çok mütevazı bir adamdı ve zamanını okuyarak ve yazarak geçirdi. Bizler ve gelecek kuşaklar adına yaptığı katkıyı anlatabilmek için kelimeler bulmak gerçekten çok zordur.

ALTIN SARISI BİR NESİL

Birçok yönden, Rabaş "altın sarısı bir neslin" en sonuncusu oldu, en büyük Kabalistler zincirinin son halkası. Bu Hz. İbrahim ile başladı ve Yehuda Aşlag ve oğlu Rabaş ile son buldu. Rabaş'ın rolü bizler için belki daha önemli, çünkü o bizleri diğer tüm büyük Kabalistler ile bağlantıya geçirir. O eserleri ile Kalaba'yı bizim neslimize uyarlamayı başardı.

Manevi merdivenin tepesinde olmasına rağmen, Rabaş insanlarla iletişimini çok iyi sürdürmüştür ki onun tek isteği bu dünyanın sunacağından daha fazla bir şeyin var olup olmadığını bilmekti. Bulunduğu Yüksek manevi seviyesine bağlı olarak, yirminci yüzyılın sonlarında yaşayacak olan bizlerin yaşamın gerçek sırrını keşfetmemizin gerektiğini anladı. Kabala bilgeliğini, kolay, doğrudan ve bizim neslimizin anlayacağı dile uyarladı. Bunu yaparak, bizlere sonsuz ve büyüleyici bir dünyayı tanıttı ve oraya ulaşabileceğimiz en güvenli yolu göstermiş oldu.

EVDEN AYRILMAK

Baruh Aşlag 13 yaşındayken, babası Yehuda Aşlag (Baal HaSulam) Polonya'yı terk edip İsrail'e büyük bir arzu ile göç etti. Baal HaSulam İsrail'de Kabala'yı yaymak için ona katılacak daha çok Kabalistle karşılaşmayı umuyordu, bu yüzden 1921'de Varşova'yı bırakıp Kudüs'e taşındı.

İsrail'de, İsrail'in büyük hahambaşısı İbrahim Isaac HaCohen Kook ve Kudüs'ün büyük hahambaşısı ve manevi lideri ve Ortodoks topluluğunu siyasi lideri Haim Sonnenfeld tarafından Rav (Öğretici) olarak kabul edildi. Rabaş "Rav" ünvanını aldığında daha 17 yaşında idi.

BABASININ ÖĞRENCİSİ

Rabaş çok genç yaşta yaşamın sırrını keşfetme arzusunu hissetmiş ve kararlılıkla onu bulmak için çalışmıştır. Tek arzusu babasının öğrencisi olabilmekti, zamanın en büyük Kabalistinin. Babasının yolundan yürümek ve Kabala öğretisinde derinleşmeyi istiyordu, yüreğinde yanan arzuyu Kabala dışında bir şeyin dolduramayacağını biliyordu.

Elbette, Rabaş bir kez niyetinin samimi olduğunu gösterdiğinde, Baal HaSulam onu öğrenci grubuna kabul etti. Babasının derslerine katılabilmek için, Rabaş'ın eski Kudüs şehrinden babasının yaşadığı Givat Shaul mahallesine kadar her gece kilometrelerce yürümesi gerekiyordu.

Yolda, İsrail'i yöneten İngiliz Mandasının (1922-1948) askeri kuvvetlerinin koyduğu engellerin (girişe yasak bölgelerin) arkasından gizlenerek gidiyordu.

1930'ların başlarında Kudüs'teki zor koşullara rağmen, Baruh Aşlag babasının yolunu takip etmek için büyük bir arzu duyuyordu ve paylaşılan derslerin ve toplantıların hiçbirini kaçırmadı. Babasının tarafına bağlı kaldı ve ona her seyahatinde eşlik etti, notlar aldı ve mümkün olan her şekilde ona hizmet etti.

Zamanla Baruh, Baal HaSulam'ın en yakın öğrencisi oldu ve onunla özel bir şekilde çalışmaya başladı. Babası O'na On Sefirot Çalışmalarını ve Zohar Kitabı'nı öğretti, ona sorduğu soruları yanıtladı ve onu üstlenmek üzere olduğu rol için hazırladı: Çağımız için Kabala Bilgeliğini anlaşılır ve uygun bir dille kitlelere yaymak.

ŞAMATİ

Rabaş, çalışkan öğrenci, babasından duyduğu her şeyi Şamati (duydum) adını verdiği bir deftere yazdı. Baal HaSulam'ın bir kişinin manevi yoldaki çalışmaları hakkında yaptığı açıklamaları belgeleyen binlerce notu biraya getirdi. Ölüm döşeğinde, Rabaş bu defteri öğrencisi ve kişisel asistanı olan Michael Laitman'a miras olarak bıraktı. Daha sonrasında ise bu defter aynı başlık altında kitap olarak yayınlandı.

30 yılı aşkın bir süre, Rabaş babasının öğrencisi ve kişisel asistanı oldu, tüm bu süre boyunca tüm dünya milletleri için öğretileri ve ruhuna sevgiyi çekti. Kurtuluşa ulaşmanın tek yolunun ulus içinde ve tüm dünyada Kabala Bilgeliğinin yayılması ile mümkün olacağını anladı. Yıllar sonra, Rabaş'ın öğrencilerinin belirttiğine göre bu ruh onun tüm hayatı boyunca "başlıca damgası oldu", ve gerekli mesajı öğrencilerine bırakmıştı.

DÜNYA İLE BAĞLANTIDA AYRICA ONDAN İZOLE

Rabaş, tıpkı önceden babasının düşündüğü gibi, bir Kabalist olarak yücelmek istemiyordu. Ona teklif edilen resmi görevleri geri çevirdi. Önünde eğilinen biri olmak ve birçok kişiye lider olmak yerine Rabaş tüm zamanını ve gücünü iç çalışmaya ve öğrencileri Kabala'ya hazırlamak için harcadı. Onlar Kabala bilgeliğini yayacak ve Baal HaSulam'ın yolundan dürüstçe devam edeceklerdi.

İçsel olarak, Rabaş tüm dünya ile iletişimde idi. Ancak, dışsal olarak, sanki kendini soyutlamış bir adamdı. Dul eşi, Feiga Aşlag "Bizim komşularımız bile O'nun bu gizli bilgeliği öğrettiğini bilmiyorlardı" diyor.

Ancak, tevazu etmesine rağmen onu gerçekten arayanlar Rabaş'a doğru olan yolu buluyorlardı. Onun öğrencisi ve yardımcısı olan Michael Laitman ve ona gelenler arasında ünlü kişiler vardı ki Kabala Bilgeliğini çalışmak için gizlice Rabaş'ın evine giderlerdi, diyor.

Yeni öğrencilerle yaptığı çalışmada Rabaş tek ve çağdaş olan bir yöntem geliştirdi. Kolay anlaşılabilir bir dille, manevi çalışma aracılığı ile kişinin iç çalışmasının her aşamasını haftalık makaleler şeklinde yazdı. Bu anlamda, bizlere gerçek bir hazinenin güvencesini vermiştir, böylelikle tam ve denenmiş bir yöntem ile herkes manevi dünyayı algılamayı başarabilir.

Bu haftalık makaleler, Sılavey HaSulam (Merdivenin Basamakları) adı verilen bir kitap serisi olarak gruplandırılmış ve derlenmiştir. Rabaş ardında Israil'de ve dünyanın birçok yerinde birçok öğrenci grupları bıraktı. Bu gruplar onun ve Baal HaSulam'ın kitaplarını çalışmaya devam ediyorlar. Rabaş gerçekliğin en derin yönünün keşfedilmesinin yolunu: Üst Dünya'yı bizlere sunmada diğerlerinden çok daha başarılı oldu.

"Yalnızca Kabala Bilgeliğini kitlelere yaymak yolu ile tam kurtuluşa ulaşabiliriz."

Yehuda Aşlag (Baal HaSulam) "Hayat Ağacı Kitabına Giriş"

BNEY BARUH

1991 yılında Rabaş'ın vefatından sonra, onun öğrencisi ve kişisel asistanı olan Michael Laitman, "Bney Baruh" (Baruh 'un Oğulları) adıyla bir Kabalistler topluluğu kurdu. Bu grubun amacı Rabaş'ın yolunda devam etmek ve onun yöntemini kitlelere yaymaktır.

Baruh şimdi tüm dünyada binlerce öğrencinin katıldığı uluslararası bir harekete dönüştü. Bu öğrenciler otantik kaynaklardan Kabala çalışıyorlar ve bu bilgeliği öğrenmek isteyen herkese ücretsiz olarak yayıyorlar.

Baruh HaLevi Aşlag'ın benzeri yoktur. Yüce bir Kabalistti ve kendisini yeni kabalist neslin eğitimi için yeni bir manevi yöntem oluşturmaya adadı. Kabala metodunu bizim neslimize adapte edebileceğine inanmıştı ki bu onun insanlığa en büyük katkısı olacaktı.

Aşlag tüm dünya için daha aydınlık bir geleceği tanıtmak istiyordu ve bunu başardı. Bizim tek yapmamız gereken onun geliştirdiği bu emin yöntemi uygulamaktır. Bunu yaptığımız zaman, nesiller boyunca her Kabalist tarafından keşfedilen, tam, doğru ve ebedi gerçekliğin bize ifşa olmasıyla ödüllendirileceğiz.

Bayramların Manevi Kökleri

TİŞRİ ŞENLİKLERİ, ADAM VE KABALA

20. yüzyılın en büyük Kabalisti olan Yehuda Aşlag, Baal HaSulam, tüm insanlığın "Yeni Yılının" 500 sene önce, ARİ'nin (Isaac Luria Ashkenazi) vefatı ile 16. yüzyılda başladığını doğruladı.

Ari, Kabala Bilgeliğinin herkese Kalpteki Noktalarını geliştirecek iznin verildiği o bölümünü ortaya çıkartmıştı. Sfat'da yaşadığı ve öğrettiği yıllar boyunca, teknolojik gelişmenin başlamasının yanı sıra insan düşüncesinde de yeni bir akım başlamıştı.

Bugün, düşünce, toplum, bilim ve teknoloji alanlarındaki 500 yıllık değişiklikten sonra, teknolojik ilerlemeler bize daha iyi bir hayat vermedi, aksine, mutluluk düzeyinde gerileme olduğu görülmektedir. Acı, açlık, sosyal boşluklar ve nefret her geçen yıl şiddetlenmekte, buna umutsuzluk ve genel anlamda yolunu kaybetmişlik hissi de eklenmektedir. Şu anda kişisel kriz ile birlikte küresel krizi de yaşıyoruz.

Kabala'ya göre, şu an şahit olduğumuz bu ciddi durum aslında evrimimizin bir sonraki seviyesi için bir hazırlıktır, insanlığın yeni manevi yolculuğunda ilk durak.

Yeni yıl kişisel ve evrensel yeni bir başlangıcı içerir. Tıpkı annesinin rahminden ayrılmaya başlayan bir embriyo gibi, bizler de manevi doğumun sancılarını yaşıyoruz, bizlere yeni bir gerçekliğe tekrar doğmak için baskı yapan kasılmalarla, Işığı birlikte keşfedeceğiz.

ZAMAN VE RUHUN İÇİNDEKİ KİLOMETRE TAŞLARI

Bizlerin egomuzu dostumuzun üzerinden çıkar sağlayarak kullanma şeklimiz, gerçeği destekleyen hassas ve uyumlu tabana ters düşmektedir. Tişri kutlamaları -Roş Aşana'dan (Yeni Yıl) Simhat Tora'ya (Tora'nın Mutluluğu) kadar- bireyin manevi yoldaki kilometre taşlarını sembolize eder; egonun bireysel ve küresel bir şekilde düzeltilmesi sürecini.

Manevi Dünya'da zaman kavramında, genel bir anlayış eksikliği söz konusudur. Kim manevi dünyasını araştırmaya başlarsa, bu kilometre taşlarından geçecektir – zaman içinde donmuş olan, ki onlar bayramlardır- günlük takvimden bağımsız olarak. Yani, "Manevi Yeni Yıl" herhangi bir zamanda oluşabilecek bir durumdur.

BAYRAM KUTLAMALARI - İŞARETLER VE SEMBOLLER

Kişi bir aşamadan diğerine ilerlerken ve bir üst basamağa tırmanırken, kendisine gerçekliğin yeni ve daha derin yönleri açılır.

Kabala'ya göre, bayramlar –insanoğlunun Manevi Dünyada yükseldikçe gerçekleştirmesi gereken eylemler- bizlere manevi rolümüzü ve üzerinde çalışmamız gereken gerçek düzeltmeyi hatırlatır: başkalarına karşı olan tutumumuzu değiştirmek, kendim için almaktan ihsan etmeye, yani dost sevgisine dönmek.

Manevi keşif süreci birkaç evreye ayrılır:

Birincisi "Roş Hodeş Elul" (Elul ayının ilk günü) olarak adlandırılır. Elul "Ben sevgiliminim ve sevgili benimdir" (İbranice), çok derin bir öneme sahip olan bu Kabalistik ifadede kullanılan kısaltmalardır. İnsanoğlunun O'nunla arasındaki ilişkinin "form eşitliğine" dayalı olduğunu sembolize eder. "Ben sevgiliminim": Eğer ben başkalarına ihsan etmek ve onları tıpkı o Güç (sevgilim) gibi sevmek istiyorsam, o zaman "...Ve sevgili benimdir": bana ihsan etmek isteyen Gücün Üst Bolluğunun tamamını kendimden geçip diğerlerine doğru alıyorum.

Elul ayı bizim Yaradan ile form eşitliğine ulaşmamız için belirlememiz gereken ilk durumdur: "Ben sevgiliminim ve sevgili benimdir" ifadesinin uygulamaya konmasıdır.

Roş Aşana (Yeni Yıl) ikinci aşamadır, burada kişi ilerlediği her yeni manevi basamağa doğru araştırmasına başlar.

İnsanoğlu kalbinde bir soru ile manevi yola doğru girer: "Hayatımın amacı ne? Kişinin kendi kendini muayene etmek için araçlara ihtiyacı olduğu noktada, aslında gerçeği yöneten yasaların bulunduğu bir sistem olduğunu keşfeder ve doğasını değiştirmeye başlar.

Roş Aşana ile Yom Kipur (bağışlanma günü) arasında, orta bir aşama vardır: "Tövbenin On Günü".

Kabala'nın açıkladığına göre kişinin iç özünü oluşturan 10 temel özellik bulunmaktadır. Bu orta aşamada, hayatında çektiği acıların nedenlerinin kendi doğasından kaynaklandığını büyük bir yoğunlukta keşfeder; böylece, bir sonraki düzeltme olan Bağışlanma Günü için hazırdır.

Kişinin Yom Kippur'da üstlendiği alma arzusuna ait beş kısıtlama, onun egosunu düzeltmeye bulduğu çözümü ifade eder: oruç, cinsel ilişkiye girmeme, deri ayakkabı kullanmama, yıkanmamak vesaire.

Kabala'ya göre, Sukkah (çadır) ruhun yapısını temsil eder. Bizim için olan Bolluğu alma yeteneğidir ve saman egoyu aşmak için olan gücü sembolize eder.

Geleneğe göre, samanın dalları atılmalıdır, içimizdeki süreci temsil eder: öncelikle, sevmediğimiz diğer herkesi sevme ihtiyacı, tıpkı Sukkah'dan atılmış dallar gibi. Ancak, manevi yolda ilerledikçe, adam başkalarına olan davranışını değiştirir ve bu durumun gerçeklikte işleyen Üst Gücü yaklaştırdığını anlar.

Sukkot'un yedi günü boyunca, adam egosunun üstünde yükselir, nitelikten niteliğe, her gün, dost sevgisine ve Yaradan ile bağlantısına daha çok özlem duyarak. Nitelikler, Sukkah'ın (ziyaretçileri) tarafından temsil edilmektedir.

Bu sürecin zirvesi düzeltmenin bir sonraki aşaması sırasında bir sevinç patlaması üretir: Simhat Tora (Tora'nın sevinci). Böylece kişi Üst Gücün tüm nitelikleriyle tam benzerlik durumuna ulaşarak ruhunun düzeltilmesini başarır, sonuç olarak da sevinç ve sonsuz bolluk ile doyum koşuluna ulaşır.

ROŞ AŞANA: MANEVİ YENİ YIL

"... Dua kalpten edilmelidir... Yani, adamın dudaklarından çıkanlarla kalp hemfikir olmalıdır... 'çünkü adam gözleri ile bakar ve Yaradan kalbi görür."

Baruh Aşlag "Şamati 122"

Kabala Bilgeliğine göre, Bayramlar kişinin manevi gelişim sürecini sembolik olarak açıklar. Bu "yıl" olarak adlandırılan bir dolaşım sürecidir ki, her yeni durum anlamına gelir, kişi aynı deneyimlerden geçer, yalnızca her defasında daha derin ve net bir şekilde, kendisini daha iyi anlamaya yardımcı olarak. Böylece 6000 manevi gelişim yılı durumu değişme gösterir, ta ki insanoğlunun deneyimleyebileceği tüm zevkleri hissedene kadar.

Bu "yılların" geçmesiyle, Kabalist bir sonraki basamağa tırmanmaya yardımcı olacak durumlarla tekrar ve tekrar karşılaşır. Kabalistler bu durumlara "bayram, tatil ve Şabat" adını verirler.

Kabala Bilgeliği bizden gizli olan gerçeği açıklar ki bu kişiye manevi gelişim yolunda ifşa olur. Kişiye, insanın nasıl yaratıldığını ve ne için yaşadığını anlamasına yardımcı olur.

Bu ta İbrahim Peygamber zamanından bu güne kadar, nesiller boyu yaşamış olan birçok Kabalistin binlerce yıldır gerçekleştirdiği bir analizdir. Bilgi birikimleri nesilden nesile yazılı ya da sözlü olarak aktarılmıştır. Yıllar içinde yazılan Kabala kitapları, yazarlarının ulaştığı manevi edinimleri açıklar. Bizim zamanımızda, bizlerden herhangi biri bu edinimlere ulaşabilir.

"ADAM HARİŞON (İLK İNSAN)"

Tora bize dünyanın altı günde oluşturulduğunu söyler, ışık ve karanlık arasındaki altı adım. Altıncı günde "Adam HaRişon (ilk insan) yaratıldı ve tam da Cumartesi'den önce günah işledi ve "Cennetten" atıldı. Adam HaRişon tüm ruhların mükemmellik durumunu sembolize eder. Günah işlediğinde, ruhu binlerce parçaya ayrıldı –yani, ruhları- ki bunların birbirleri ile arasındaki iletişim koptu. Her birimizde bu binlerce ruhtan biri vardır. Bizim görevimiz, hepsini bir araya getirip Adam HaRişon'un ruhundan bir tek olarak birleşmektir. Bu şekilde onun "günahını" düzeltebilir ve "Cennete" geri dönebiliriz.

Roş Aşana'nın tarihi, bizlere ruhlarımızı düzeltmeye başlamamız gerektiğini hatırlatır, yani özgün durumu olan bütünlüğe dönmesini.

Kişi kendini manen düzletmeye, Adam HaRişon'un onda bulunan parçasından başlar, ilk on gün boyunca – burada on manevi seviyeyi deneyimler- şu anki durumu ile ruhunun düştüğü mükemmellik durumu arasındaki farkları keşfeder.

Ve böylece, On Sefirot'tan oluşan ruhunu düzeltmeye gelir ki bunlar Teshuva'nın (Bağışlanma Günleri) on gününü sembolize eder. Ne zaman ki o her iki durum arasındaki farklılığın büyüklüğünü anlar, düzeltilme güçlerini ister ve günahlarının bağışlanması gerektiğini hisseder. Bu duruma maneviyatta "Yom Kipur (Bağışlanma Günleri, Kapara- Bağışlanma anlamına gelen İbranice kelimeden türetilmiştir)" olarak isimlendirilir.

Ve bu adamın geçtiği manevi durumların sıralamasıdır: Roş Aşana'da (Yeni Yıl) adam düzeltmesi gereken şeyin ne olduğunu keşfeder. Yom Kipur'da, düzelmek için yardım eden kuvvetleri ister, Sukkot'ta bu güçleri alır ve düzeltilmeden geçer ve Simhat Tora'da (Tora'nın Alınması) da "Adam HaRişon'un" ruhun parçalarının birleştirilmesi ile bu çalışmayı tamamlar.

Bu durum yılın günlerine bağlı olmayan içsel durumlardan bahseder, örneğin Kabalist tam bir yılı, iki günlük bedensel bir zaman diliminde geçebilir. İçsel değişimin ritmi sürecin uzunluğunu belirler. Buna bağlı olarak, maddesel Yeni Yıl'ın (Roş Aşana) manevi olanını temsil eden bir çağrışım olduğunu hatırlamak çok önemlidir. Bir Kabalist haftanın herhangi bir gününde "Manevi Yeni Yıl" adı verilen bir durumda olabilir.

Her bir Kabalist yaşamı süresince toplamda 6000 yıllık değişimden geçer, ta ki ruhunun düzeltilmesi durumuna gelene kadar, Adam HaRişon'un bireysel parçası olarak.

Böylece Kabalist kendi rolünü tamamlar ve daha fazla reenkarne olmak durumunda kalmaz.

"... Buradan çıkaracağımız sonuç, tüm o doğanlar, Adam HaRişon'un ruhundan yalnızca ufak bir parçasından doğarlar ve ne zaman o parçasını düzeltirse artık reenkarne olması gerekmez. Dolayısıyla, adam ona ait olan parçayı tek başına düzeltemez ve Ari "Hayat Ağacı" kitabında bununla ilgili şöyle yazmıştır: 'Dostuna benzer bir gün daha yoktur, arkadaşına benzer bir başka an daha yoktur ve bir başkasına benzeyen bir adam daha yoktur'". (Rabaş, Makale "İnsanoğlu hangi dereceye ulaşmak zorundadır.")

DÖRT TÜR VE SUKKOT

Manevi açıdan bakıldığında, Sukkot bayramı manevi gelişimin kritik noktalarından birine işaret eder: Işığın ruhun içine ilk girişi. Tora adı verilen bu Işık ve onunla dolmak, kişiye çok büyük bir mutluluk sağlar. Bu yüzden, Tora'nın alınmasında Sukkot'tan sonraki bayrama Simhat Tora (Işığın Mutluluğu) denir.

Sukkah'ın kurulumu ve fiziksel konumu -ya da çadırların- atalarımızın Sina Çölünde kullandıklarına denk gelirler, bizlere Kabalistler tarafından tıpkı diğerleri gibi Mitzvot olarak verilmişlerdir. Mitzvot (emir ya da buyruklar), bu dünyaya bizlere iletilmiş olan Üst Dünyaların yasalarıdır. Bu dünyada gerçekleştirdiğimiz her bir Mitzva (tekil, Mitzvot) Üst Dünyalardan bir manevi yasayı temsil eder. Kabalistler bu yasaları ruhlarının manevi âleminde gözlemler ve bu bayramları daha yüksek, ebedi ve hayat dolu olarak deneyimlerler.

Manevi bir eylem gerçekleştirmek için bir Masah (perde) edinmiş olmamız gerekir. Bunun anlamı kendi bencil arzularımızı aşma yeteneği elde etmiş olmamız ve bunun bir sonucu olarak da eşsiz bir zevk olan "Yaradan'ın Işığını" almışız demektir. Saf ihsan etme niyeti ile ne zaman hareket etsek, aslında bu yaptığımız bir "manevi harekettir." Bunun tersine, aynı eylem ne zaman ki kendini şımartmak için yapılsın, o zaman bu bedensel ve egoist bir davranış olarak kabul edilir.

MANEVİ SUKKAH

Maneviyatta Sukkah, ışığı alma yeteneğine sahip olan Kli'nin (kap) yapısıdır. Diğer bir deyişle, Sukkah ruhu temsil eder. Üst Işığı almak için, içimizde Işık ile karşılıklı ilişkileri yansıtabilen, Sukkah adı verilen manevi bir yapı inşa etmemiz gerekmektedir.

Ruh düzeltilme sürecinden geçtiği süre içerisinde, tam anlamıyla Üst Işığı alamaz. Yani bu Işık "etrafında" ya da onun dışında kalır, orada bekler ve dolayısıyla adı: "Saran Işıktır". Işığın oraya girmesi ve orayı doldurabilmesi için, ruh nitelikleri Işık ile eşleştirilmelidir. Ve Işığın kalitesi olarak sevginin, ona benzemesi için, kişinin kendi bencilliğinin üstüne çıkması ve Işığın kalitesi ile eşit hale gelmesi gerekirsevgi ve ihsan etme nitelikleri.

Ruhun bu özelliklerle benzerlik durumuna ulaştığı durum Sukkah'ın kurulma yasaları tarafından temsil edilmektedir. Eğer maneviyatta yükselmek istiyorsak, O'nun Işığının hazzıyla dolmak istemekten daha ziyade, yalnızca iki şey istememiz gerekmektedir: Birlik ve Yaradan'a olan sevgi. Bu durum Yaradan'ın Işığı'nı hissettiğimiz zaman ortaya çıkabilecek egoist zevkten korunmamız için perdeye (Masah) sahip olmamızı gerektirir. O zaman bu perdenin edinimi, Sukkah'ın çatısının samandan inşa edilmesi yolu ile gösterilir.

Diğerlerini sevme ve onlara ihsan etme becerisi kazanmaya odaklandığımız ölçüde, Saran Işık bize bencil arzularımızı aşma gücü vererek ruhlarımızı düzeltir. Samandan yapılan çatının gücü ile Üst Işığın ruhlarımıza alınmasına izin verir. Böyle bir durumda, niteliklerimiz Yaradan'a benzer hale gelecek ve böylece O'nunla sonsuz sevgide birleşmeyi başarabileceğiz. Bu gerçek mutluluktur, Tora'nın mutluluğu, Simhat Tora'dır.

DÖRT TÜR BAHARAT

Sukkot bayramında kullanılan dört baharat manevi gelişim sürecinde deneyimlediğimiz 4 aşamayı temsil eder. Bunların her biri koku ve tat olarak birbirinden ayrıt edilir, yalnızca kokuya sahip olan, sadece tadı olan, ya da hiçbirine sahip olmayan. Koku zihni betimler ve tat kalbi temsil eder:

- Bazen maneviyat her ikisinde de güzel görür, zihin (koku) ve kalp (tat). Kabalistler bu duruma Etrog (limon) adını verirler.

- Bazı zamanlarda kişi maneviyatın heyecan verici ancak anlaşılması güç olduğunu düşünür. Bu durum, kokusuz "tat" olarak kabul edilir. Kabalistler bu duruma Lulav (palmiye dalı) adını verirler.

- Diğer zamanlarda, maneviyat kokusu olan ancak tadı olmayan şekilde deneyimlenir tıpkı Hadas (mersin meyvesi) gibi. Onun önemi çok açıktır, ancak henüz kalp onu hissedemezken zihnin onu anlaması mümkündür.

- Sonunda, kişi maneviyatta ne zaman ne bir koku ne de bir tat hissedemez hale gelir, burada Aravot (söğüt) durumundadır.

Ancak maneviyatta ilerleyebilmek için, maneviyattan ne koku ne de tat almıyormuşuz gibi hissettiğimiz bir durumun içinde olsak da Yaradan'a doğru dönmemiz gerekmektedir. Sonunda, tüm durumları ortak bir hedefe doğru birleştirmek bizlere

her koşulda sınırsız gerçek bir manevi haz alma ve deneyimleme yeteneğini kazandırır.

HANUKA VE KABALA

Çok karmaşık bir dünyada yaşıyoruz. Acılardan kaçmaya çalışıyoruz ancak hayatımızdan sadece arada sırada tat almayı başarabiliyoruz. Doğa'da bizim için bir plan var mı bilemiyoruz. Bu oldukça anlamsız bir varoluş.

Yaratılışın elementlerini incelediğimiz zaman, onun ne kadar zeki, bilge ve özel olduğunu görürüz, her şey bir amaç, bir neden ve bir etki için yaratılmıştır.

Bizden altta olan seviyeleri nasıl inceleyeceğimizi biliyoruz: Cansız, bitkisel ve hayvansal. Yalnızca insanların varoluş nedeni bilinmemekte.

Bu yüzdendir ki toplum, insan karakteri ve psikoloji hakkındaki bilgiler bir bilim haline dönüşmemiş, aksine yaşamlarımız aracılığı ile toplanan gözlemlerin birikimine dönüşmüştür.

Kabala Bilgeliği çok eskilere dayanır, yıllar önce Hz. İbrahim tarafından ifşa edilip insanlara anlatılmaya başlanmıştır. Bizlere nasıl davranmamız ve gelişmemiz gerektiğini bilmemiz için, öncelikle kendimizi ve kendi toplumumuzu öğrenmemiz gerektiğini gösterir.

Doğuşu antik Babil'e, insanlığın ilk medeniyeti kurmaya başladığı yıllara dayanmaktadır. İnsanlar, gururları için, Doğa'yı kontrol edebilecekleri, gökyüzüne uzanan bir kule inşa etmek istiyorlardı ve bu esnada birbirlerini anlamayı bıraktılar.

Michael Laitman

İbrahim de aslında onlardan biriydi ve şöyle söyledi: " Bu doğru bir hareket değil ve başarısız olacağız. Bizler Doğa'yı tanımıyoruz ve büyüyen egomuzu takip edemeyiz. Başka bir yoldan gitmek zorundayız. Yani, ego büyümeye devam etse bile bizim önceden sahip olduğumuz ilişkileri onun üstünde yeniden oluşturmamız gerekecek."

"Eğer böyle yaparsak, 'dost sevgisine doğru' gelmek için kullanırsak göreceksiniz, tam onun içinde, kendi doğamız içinde bir düzen keşfederiz: Doğa'nın harika yasalarını!"

Kendi egosunun üstünden gelmekle –fedakârlığı egonun yerine uygulama- İbrahim Üst Doğa'nın kanunlarını keşfetti, bu şekilde isimlendirirler çünkü "egoyu" aşarlar.

İnsanın gerçek doğasının ifşa olmasına ve onun nasıl etkinleştirileceğini almaya yardımcı olan bu yönteme: lekabel kelimesinden gelen ve İbranice almak anlamına gelen "Kabala Bilgeliği" denir.

Sonrasında, diğer Babillilere bu bilgeliği öğretmeye başladı, kendi Kabalistler grubunu kurdu ve zaman içinde bu grup bir ulusa dönüştü. Bugün "İsrail" diye anılan topraklara geldikten sonra –İbrahim ve Musa tarafından öğretilen şekilde davranarak– bir ego büyümesi deneyimi daha yaşamaya geri döndüler, Tora'ya aldıklarında ulaştıkları seviyenin tersine birbirlerine karşı "karşılıklı sevgi", "karşılıklı sorumluluk", "dostunu kendin gibi sev" ve "tek kalpte tek adam gibi" davranmak yerine birbirlerine değersiz ve egoistçe davranmaya başladılar.

Birbirlerine egoistçe davranmaya başladıklarında, fiziksel krallıkta gerçekleri belirleyen manevi kuvvetlerler aracılığı ile aynısının dışsal olarak gerçekleşmesine sebep oldular, böylelikle de komşuları olan Yunanlıların saldırısını kolaylaştırdılar.

Yahudilerle karışık olan Helenlilerle daha büyük bir sorun oraya çıktı. Toplumdan bir grup Hz. İbrahim'in öğretisine devam etmek istiyorlardı fakat bir başka grup insan ise şöyle diyordu: "Hayır. Bizlerin egomuzun üzerine çıkmamız mümkün değil; geri kalan diğer uluslar gibi olmalıyız." Kendi zamanlarındaki Babilliler gibi egoistçe (kişisel sevgileriyle) yaşamak istiyorlardı.

Aralarında savaştılar, ta ki Matityahu, İbrahim'in kendi zamanında yaptığı gibi, aynı yöntemi kullanarak, ayağa kalkıp şöyle diyene kadar: "Hayır. Bunu kabul edemeyiz. Hepimiz bu yeni Yunan kültürünü imha etmeliyiz. Bu sorunun üstüne yükselmeli ve Yaradan'a doğru yeniden 'tek bir kalpte tek bir ulus' olmaya başlamalıyız, bu kıymetli güç, iyi ve hayırsever, sevginin gücüdür."

Ve bu şekilde ayağa kalktılar, savaştılar ve galip geldiler.

Babil'de İbrahim'e, daha sonra Musa ve Mitatyahu'ya olan her şey, aslında aynı mücadeledir; egonun yoğunlaşmaya başlaması, sevgi ile onun üstüne yükselmemiz içi bizi zorlaması ve bu şekilde galip gelecek olmamız.

İsrail halkının – (Kalbi Yaradan'a doğru yönelen her kişi – Yaşar-doğru, El-Yaradan) olarak adlandırılmasının sebebi egonun üzerinden sevgiye doğru nasıl yükseleceklerini bilmelerindendir.

İsrail'in oğulları tekrar ayağa kalkarlar, İbrahim'in geliştirdiği ve söylediği bu yönteme dayanarak: "Dinleyin, Ey Ulus! Hadi!' İsrail ulusu' olarak gerçekten var olduğumuz seviyemizi yeniden yükselelim, tıpkı 'tek kalpte tek adam' gibi ve düşmanlarımızı bu şekilde yeneriz: Yunanlılar, Amalekler, Naziler; hepsinden en sonuncusuna kadar. Bu bizi kurtarabilecek tek şeydir!"

Bu durum onların hiçbiri ile savaşmamızı gerektirmez, başarılı olmamız için tek bir durum birlikteliğimizdir, tıpkı İbrahim'in, Musa'nın (Tora'nın verilmesi anında) ve Mitatyahu'nun bize öğrettiği gibi: "Aramızdaki Yunanlıları öldürmek zorundayız." Yani, egoya batmış olan arzularımızı. "Bunların üstünde yükselmek ve kardeş sevgisinde birleşmek zorundayız."

Oradan tüm yabancıların üstüne zafer gelecektir. Tüm insanlık bizleri "seçilmiş ulus", özel, kutsal ki bunun anlamı "ihsan eden", sevgi veren, "fedakâr ulus" olarak tanıyacak olmalarıdır.

Eğer buna ulaşabilirsek, tüm dünyanın minnettarlığını kazanırız!

Tarihteki Hanuka Bayramı budur ve günümüzde yapmamız gereken aynı Hanuka'dır, tıpkı tüm Helenlilerin arasındaki Yahudiler, her birimizin içindeki Helenist arzular gibi. Problemi kendimiz ile çözmek zorundayız, içimizde, her birimizin içinde ve her birimizde.

Kabala, Hanuka mucizesinin bizleri maneviyat yolundan çıkaran arzuların üstesinden geldiğimiz anki başarıyı simgelediğini açıklamaktadır. Kendi egomuzu aşarak – fedakârlığı getirerek-, Yaradan ile birlikteliğe ulaşırız.

Birçok kez bayramlara mekanik olarak, amaçlarını ve neyi anlatmak istediklerini düşünmeden katılırız. Hiç Hanuka'nın manevi kökünü sorduk mu? Neden mum yakarız ve Yunanlılar kimlerdir? Anlamını üst taraftan bakarak anlamak, bizlere tüm insanlığın tıpkı bütün olduğu bir birliğe ulaşmış harika, geniş ve derin bir dünyanın kapılarını açar.

Bu yeni boyutun içgörü kazandırabilmek için, bizler üzerinde etki gösteren üst güçlerin bilgisi aracılığı ile var olan her şeyin manevi dünyada bir kökü olduğunu anlamak önemlidir. Bahsi geçen bu kök bizim davranışlarımızı, düşüncelerimizi ve duygularımızı motive eder, tıpkı yeryüzünde deneyimlediğimiz farklı etkinlikler gibi.

Kutladığımız bayramların ruhun manevi gelişim aşamaları ile çok yakından bir ilişkisi vardır. Hanuka mumları kişinin Manevi Dünyaya ulaştığında edindiği Merhamet Işığını sembolize ederler. Işık, her geçen gün yakılan fazladan bir mum ile dereceli olarak artar.

Yunanlılar, bizleri bencillikte dalıp kalmamız için cesaretlendiren arzulardır. Kardeşlik sevgisi ile birleştiğimiz zaman, tıpkı tek kalpte tek bir insan gibi, bizleri egoyu alt etmek için alıkoyan güçlerin üstesinden gelebiliriz.

TEKRAR BAĞLANMA AŞAMALARI

Kabala Bilgeliğinin bize Hanuka'nın Tapınağın rehabilitasyonu ile ilgili olduğunu söyler. Manevi bakış açısından, Tapınağın anlamı Yaradan ve yaratılanın birleştikleri yerdir. Bu nedenle, imhası (Hanuka hikâyesindeki hürmetsizlik) demek her ikisi arasındaki bu yapışık birlikteliğin kırılması anlamına gelir. Kabalistlerin yeniden inşa etmeye çalıştıkları ise bu birleşmedir.

Tekrar bağlanmanın iki aşaması vardır. Birincisinde, birey, tüm insanoğlunu karakterize eden egoist doğasının üstüne, manevi dünya ile birleşeceği bir kap (Kli, İbranice) oluşturarak nasıl yükseleceğini öğrenir. Bir Düzeltme aşamasıdır. Hanuka Bayramı bu aşama ile ilgilidir, bu yüzden ismi ikiye ayrılabilir: Hanu (park edilmiş, İbranice) ve Ka (aka kelimesinden gelir, İbranice) mola anlamına gelmektedir. Yani, manevi yolun iki aşaması arasındaki mola anlamına gelir, kabını bir kez düzeltmeyi başardığında ve ikinci aşamada Işık ile doldurmaya başlamadan önceki ara aşamadır.

Bu işlem elinde kırık bir bardak tutan susuz bir kişinin durumundaki gibi gelişir. Onu doldurmadan ve ondan içmeden önce onu onarması gerekir. Maneviyattan ayrı olduğunu hisseden kişinin O'nun vermek istediği bolluğu almadan önce Yaradan ile olan birlikteliğini oluşturması gerekir.

İşte o zaman, Alma aşamasını, düzeltme aşamasında edinilen bu yeni araç ile insanoğlu tarafından ulaşılmış büyük zevkleri alma yeteneğini kazandığını söyleriz.

MUCİZE GERÇEKLEŞTİRİLİR

Helenliler fiziksel olarak İsrail'i yok etmek istemiyorlardı, maddi egemenlik için değil, manevi egemenlik için savaştılar. Tapınağa insan tarafından yapılmış heykeller koyup İsrail'i onun karLısında eğilmeye zorladılar. Mitatyahu, Makabilerin lideri, onlara inatla karşı çıktı. Onun liderliğinde savaştılar ve Yunanlıları yendiler, bu demek oluyor ki, halkı doğanın kanunlarını uygulamaya değmez olduğunu düşündürmek için bastıran egoist arzuları yendiler, yani, Üst Dünya ile iletişim kurmak için egoizmin üzerinden geçerek birleştiler.

Yunanlılar güçlendikçe, İsrail'in inancı da daha güçlü hale geldi. Bu savaş İsrail'in zaferini işaret edecek mucizevi bir olay ortaya çıkana dek sürdü. Mucize oldu.

Hanuka mucizesi Yaradan'a katılmayı ve O'nunla birleşmeyi başardığımızı gösterir. İsrail'in zaferinin ardından, çok önceden İbrahim peygamber tarafından kurulan düzeltme yönteminin uygulanması ile –Kabala Bilgeliği- "dostunu kendin gibi sev" ilkesine tekrar hâkim oldu.

İsrail bizleri Yaradan'a götüren direkt güç olarak yorumlanır. İsra İbranice direk anlamındaki Yaşar kelimesinden gelir ve İbranice bir kelime olan El de Allah anlamına gelmektedir. Bu nedenle, İsrail kelimesi bu iki kelimenin birlikteliği ile "doğrudan Allah'a" anlamına gelir, bu dünyanın arkasında olan manevi neden gibi, aslında, bizim yeryüzünde var olma nedenimizdir.

UZUN ZAMANDIR ÖZLEMİ ÇEKİLEN

Helenliler üzerindeki zafer, manevi krallıkta herhangi bir yaratılanın yolunun temelini oluşturur. Bu yol bizleri, Yaradan'ın bizler için sonsuz bollukta hazırladığı bitiş çizgisine götürecek olan düzeltmeleri başarabilmemizi sağlar.

Kabalistler kitaplarına beş duyunun algılayabileceğinin ötesinde olan, güzel ve büyüleyici, yüce bir zevk elde etmek ve dolgunluk için hayatlarımızı bilinçli bir şekilde kontrol etme fırsatımızın olduğu bir dünyanın var olduğunu açıklarlar. Eğer onun izlerini

takip edersek, hepimiz ve her birimiz, Üst Güc'e bağlanmak amacı ile aramızdaki manevi bir bağlantıyı sağlamak için çabalayarak, sözü edilen bolluk ve mutluluğu deneyimlemeye geliriz.

TU BİŞVAT: BAHÇIVANLIĞIN MANEVİ KÖKLERİ

Eğer manevi yanın ile temasa geçmeyi arıyorsan, buna köklerden başlaman gerekir!

Yaşamımızda maneviyatı istemek neden önemlidir?

Kabala Bilgeliği ile en çok ilişkilendirilmiş sembol Hayat Ağacıdır. Kabala, tüm antik yazılardaki gibi bitki âleminin örnekleri ile doludur. Tarih boyunca insanın ruhsal gelişimini göstermek için bahçecilik sistemlerinden yardım alınmıştır. Böylece, derin ruhsal süreçleri ortaya çıkarmak için Kabala'nın bizim fiziksel dünyamızdan görüntüler ve örnekler aldığını keşfetmek şaşırtıcı değildir.

Bu bilgeliğin hedefi hayatlarımızda, işimiz içinde ve serbest zamanlarımızda manevi (içsel) yönde bizlere edinim kazandırmaktır. Biliyoruz ki bahçeye uygun gübreler vermezsen çiçek açmaz, ancak bunlar olması gerektiği gibi hazırlanmazlarsa bahçe için bir tehdit haline dönüşebilirler. Benzer şekilde, Kabala bizlere ruhlarımızın "uygun gübreler" haline dönüşmesi için düşüncelerimizi nasıl geliştireceğimizi öğretir.

Bu faydalı yol, bizlere kendimiz hakkında bilmemiz gereken her şeyi, sevdiklerimizle, arkadaşlarımızla olan ilişkilerimizi ve her şeyden öte Doğa ile olan bağlarımızı nasıl iyileştireceğimizi öğretir.

MANEVİ BAHÇECİLİK

Aynı bir ağaç gibi, meyve (manevi) vermek ve daha önce bahsedilene ulaşmak için, sen ve ben, ağaçlar ve bitkiler için gerekli olan aynı işi yapmalıyız. Eğer

ruhlarımızın işlenmeye ihtiyacı olan tüm kısımlarını gübreler, otları temizler ve işlersek, maneviyatımız yoğunlaşır ve hayatlarımızı zevk ile doldurur. Eğer bu mahsulü üretmek için çalışırsak "su akıntıları yanına dikilen, mevsiminde meyve veren ve yaprakları solmayan ağaç gibi olur ve başladıkları her şeyde başarılı olurlar."

Bu durumda, iç "bitkilerimizle" ne yapmamız gerekir ki daha gür bir şekilde büyüsünler?

KAZMAK

Maneviyatta, çapa ile kazmanın anlamı, ruhumuzun içini sınıyoruz demektir. Kabala'ya göre, bu dünyaya neden geldiğimizi, yalnızca orada, kendi içimizde keşfedeceğiz. Hayatlarımıza ait tüm sorular kendi benliğimizin en derinlerinde bulunmaktadır. Eğer onları bulmak istiyorsak kendi ruhlarımızın içinde kazı yapmamız gerekir ki ortaya çıksınlar.

NASIRLARI KALDIRMAK

Nasır yüzeysel bir kusurdur. Eminim ki maneviyat, kişinin Doğa ile olan ilişkisinde endişe duyar, bu çok içsel, özel bir süreçtir, bu yüzden manevi yansımalarımızı kendimize saklamak daha uygundur. Bahçende çalışmak için bulunduğun zaman, kimsenin aklından geçenleri bilmeye ihtiyacı yoktur. Eğer gübrelemeyi düşünüyorsan, eğer bunu sadece fiziksel olarak yapıyorsan tamam. Ancak, aynı zamanda ruhunu gübrelemek istiyorsan, çift kazanç elde edersin: Ruhunun manevi bahçesinde ve fiziksel bahçende. Ve eğer manevi meyvelerinin uzun süreli olmasını istiyorsan, onları kendi içinde sakla.

FAZLA YAPRAKLARI KALDIRMAK

Doğa'yı yeniden keşfetmek için Kabala çalıştıkça, çabalarımız, arzularımız ve niyetlerimiz "yaprak" olarak adlandırılır. Bir kez Doğa ile bu ilişkiyi kuralım, bu çabalar, arzular ve niyetler "meyve" halini alırlar. Olduğumuz şeyi değiştirmeyiz, ancak dikkatimizi odakladığımız şeyi değiştirebiliriz: Maneviyatın anlamı Doğa'ya odaklanmaktır, diğer taraftan maddeselliğin anlamı da kendimize odaklanmaktır.

Yapraklar çok önemlidirler. Onlar güzeldir, bize gölge olurlar ve meyveyi büyürken korurlar. Fazla yapraklar ağacın suyunu ve enerjisini tüketirler, ancak meyveye büyük ve sulu olarak büyümesi için yardımcı olacak yeteri miktarda yaprağa ihtiyacımız vardır. Benzer şekilde, erdemli olmayı öğrenirken eğer Doğa ile hızlı bir şekilde bağ kuramazsan şaşırma, senin "iç yapraklarrın" senden gizleniyorlar. Henüz bunun farkında olmasan bile, onlar içinde büyümekte olan meyveleri, yapraklar arasında gizli şekilde korurlar.

TOZ HALİNE GETİRMEK

İbranicede (Kabala'nın orijinal dili) toz haline getirmek, toz ya da kum ile örtmek anlamına gelir. Ayrıca savaşmak anlamındadır. Doğa ile ilişkilendirmek için, bizim dünyamızı manevi dünyadan ayıran duvarın üstünde bir köprü asmak gereklidir. Buraya tamamen kendimize odaklanmış olarak geldik ve Doğa ile ilişki kurmak için onun üzerinde odaklanmamız gerekmektedir. Ve savaşmamız gerekmekte, çünkü bizim içsel doğamız Doğa'ya odaklanmamıza karşı çıkar ve bizlere aykırı düşünceler gönderir. Bizim işimiz bu düşünceleri "toz ile örtmek" ve önemine göre ve hedefimize layık olacak şekilde mahkûmiyet altına alıp gömmektir.

SU

Michael Laitman

Su yukarıda -gökyüzünde- ve aşağıda –yeryüzünde- bulunur. Yaşam olan her şeyin içindeki ana maddedir. Dolayısıyla, suyun Doğa'yı ya da daha doğrusu rahmeti temsil etmesi şaşırtıcı değildir. Nasıl ki Doğa bilgedir, su da evrendeki tüm bilgileri içerir. Bitkiler suyun bu özelliğini nasıl kullanacaklarını bilirler ve bu da onlara ne zaman çiçek açma zamanları geldiğini söyler.

Büyümek için, bir bitkinin sadece su ve minerallere ihtiyacı vardır ki birçok zaman aynı suyun içinde hepsini barındırır. Su gibi, hayatın ve büyümenin tek nedeni olma yeteneğine sahip başka hiçbir madde yoktur. Hidrolojik döngü, suyun "yukarı" ve "aşağı" dünyaları bağlantıda tutmasını sağlar, tıpkı Yaradan'ın maneviyatta yaptığı gibi. Böylece, bahçıvanın ihtiyaç duyduğu tek ve en önemli bilgi, bitkiye ne kadar ve nasıl su vereceğini bilmektir.

MANEVİ BİR BAHÇIVAN OLMAK

Bahsi edilen her şeyden de anlaşılacağı üzere, fiziksel bahçecilik diğer hobiler gibi değildir. Bu çok derin manevi köklerden gelen ciddi bir çalışmadır. Ancak manevi bahçeciliğin daha yüksek bir amacı vardır ve onu uygulayanları, ebedi ve sonsuz sevgide, ruhların birbirleri ile ve Doğa ile bağlı olduğu yerde, varoluşun gizli krallıklarına yükseltebilir.

Michael Laitman

PURİM: ESTER KİTABI – İÇ MUCİZE

Ester Kitabı'nın sonunda, kötü adam mahkûm olur ve idam edilir; ancak bu hikâyenin gerçek anlamı nedir?

Ester Kitabında dört ana karakter vurgulanır, aslında onlar sadece iki kişidir: Birincisi Kral Ahasuerus, Kraliçe Ester ve yaygara çıkaran iki kişi, Mordehay (iyi olan) ve Aman (kötü olan).

İbranice, Ester Kitabı'nın adı Meguilat Eser'dir. Meguilat, Gilui (keşif) kelimesinden ve Ester de, Hester (gizlenme) kelimesinden gelir. Diğer bir deyişle, Ester Kitabı'nın gizli olanın keşfedilmesi ile ilgili olduğudur.

İlk olarak, unutmamalıyız ki Kabala Bilgeliği bizlere mutlak gerçekte sadece Yaradan ve onu algılayan bir Yaratılış olduğunu açıklar. Tora ve İbranice diğer eski metinler, aslında başka "dillerde" yazılmış ve Kabala Bilgeliği ile aynı konsepti açıklayan metinlerdir.

Ester Kitabında, Kral net bir şekilde Yaradan'dır, ancak diğer aktörlerin hiçbiri ayrı birer varlık değildirler, aslında her bir karakter Yaradan'ın yaratılışının sadece bir yönüdür.

Bu, hatırlanması gereken anahtar bir kavramdır çünkü sonunda iyinin kötüyü yendiği ahlaki bir hikâyeden tamamen farklı olarak, bizim Yaradan ile kişisel ilişkimiz hakkındaki bir alegoriye dönüşür. Kabala'ya göre, Ester, Aman ve Mordehay bizim içimizdedirler ve Yaradan eğer O'na katılmak ve O'nunla mutlu olmak istersek, kazanmamız gereken yardımseverlik niteliğidir.

Hikâye, iyi adam olan Mordehay karaktekterinin kurulması ile başlar. O, kralın görevlilerinden ikisinin onu öldürmek için suikast planladığını keşfeder ve onu tehlikeye karşı uyarır. Ancak kralın tepkisi beklediğinden çok farklıdır, bu durum karşısında Mordehay yerine Haman'ı destekler! Bizim hikâyemizde, Ester kolektif ruhtur, yani Yaratılışın tamamını temsil eder. İki rakip Haman ve Mordehay, ruha ait olan iki eğilimi temsil eder. Kötü olan, egoistlik (Haman), iyi olan, fedakârlık (Mordehay).

Bu roller kralın Mordehay yerine Haman'ı desteklemesinin nedenidir: Çünkü Fedakârlığı seçmek ve ardından Yaradan ile birleşmek için, kişi öncelikle bencillik tuzağının bizler için ne anlama geldiğini anlamak zorundadır. Bizler alma arzusundan yaratıldık. Fedakârlık yönünde bir değişiklik yapmak için bencilliğin bizler için kötü olduğunu fark etmek ve dolayısıyla, değişmeyi istemek esastır.

Bu nasıl olur? Haman'a (egoistliğe), kendi gerçek doğasını ortaya çıkaran, karşı koyamayacağı bir tuzak koyarak.

Bu nedenle ve en son sonuçlarına kadar, Haman'a daha ve daha çok güç verilir ta ki bu arzuya engel olamayana kadar, "Kralın onurlandırmak istediği bir adama ne verilmelidir?" diye sorulduğunda o kancadaki yemi yutmuştur.

"Eğer kralın onurlandırmak istediği biri var ise, kral tarafından kullanılmış gerçek bir kaftan ve onun bindiği bir at ve hayvanın kafasına koymak için bir kraliyet tacı getirin."

Kabala'nın Sesi — Michael Laitman

"Sonra kaftanı ve atı gerçek asaletin bir ileri gelenine teslim ederler, kralın onurlandırmak istediği adamı giydirirler ve kentin ana caddesi boyunca at üzerinde gezdirirler, onun önünde ilan ederek şöyle denir: "Kralın onurlandırmak istediği adama edilen muamele budur."

Ester Kitabı'nın özünde maneviyatın nasıl kazanılacağının en derin ilkesi yatmaktadır: Yaradan'ı keşfetmek için, ilk önce kendini keşfetmeye hazır ol, çünkü hepimizin parçası olduğu, sadece tek bireyden yapılmış olan Yaratılış: zevk alma arzusudur ve Yaradan'ın doğası ise: ihsan etme arzusu ki bu Yaratılışın tamamiyle zıttıdır.

Eğer Yaradan ve Yaratılışı iki insan gibi düşünürsen, bu sanki birinin nefret ettiğini diğeri seviyormuş gibidir. Birbirleri ile iletişim kuramazlar. Eğer iletişim kurmak istiyorsak, Yaradan gibi olmamız gerekmektedir, en azından bir noktaya kadar. Ne kadar çok O'nun gibi olursak, iletişimimiz daha çok ve daha iyi olur.

Ester Kitabı'ndaki hikâyeyle hepimizin gitmesi zorunlu olan manevi ilerleme yolunu tam olarak anlarız. Hikâyenin güzelliği, bu durumu ilk defada aşmamız gerekmediğidir, daha ziyade onun derin anlamını zamanla tanıdığımız ölçüde aşacağımızdır.

Michael Laitman

Tora'daki bu birkaç sayfa birçok defa okunabilir, her defasında daha yeni sırlarını keşfederek. Tek ihtiyacımız olan, bu basit ilkeyi özümsemektir: Yaradanı keşfetmek için, ilk önce kendini keşfetmeye hazır ol. Ne zaman Yaradan'ı daha çok tanımak isteyelim, bunun yerine O bize, bizim kim olduğumuzu gösterir. Ama bu gizlendiği için değildir, çünkü Yaradan'ı gerçekten seven Mordehay'ın büyüklüğünü keşfetmeden önce içimizdeki Haman'ı keşfetmemiz gerekmektedir.

Bu şekilde çalışarak, bu yöntem aracılığı ile yalnızca Yaradan'ı keşfetmeyi garantilemekle kalmaz ayrıca Mordehay'ın hizmetleri karşılığı aldığı ödüle de layık oluruz: "Haman kaftanı ve atı aldı, Mordehay'ı giydirdi ve kentin ana caddesinde gezdirdi, onun önünde ilan ederek: 'Kralın onurlandırmak istediğine işte böyle muamele edilir."

Ve ayrıca, Mordehay'ın son ödülü Haman'ın en büyük arzusudur: "Ve kral Haman'dan almış olduğu yüzüğü tuttu ve Mordehaya verdi". Böyle ki iyi, kötü ve güzel (kraliçe) bizim içimizdedir. Onları keşfetmek için yalnızca Yaradan'dan istememiz gerekmekte ki alabilelim.

PESAH (HAMURSUZ BAYRAMI): İÇSEL ANLAM

Kabala'ya göre Tora'nın tüm hikâyeleri manevi gerçeklikteki olayların birer temsilidir. Maneviyat ile bağlantı kurabilmek için kişinin, maddesel olanın onun üstünde nasıl bir hâkimiyeti olduğunu ve ondan nasıl kurtulacağını anlaması gereken bir süreçten geçmesi gerekir.

Zohar Kitabı, Paraşat "Behalotca" 58. maddede şöyle yazılıdır: "Şimon dedi ki: Tora'nın Esav, Laban ve benzerlerini anlatan basit ve basmakalıp hikâyeler için geldiğini söyleyen kişiye yazıklar olsun! Tora'nın tüm kelimeleri çok yüksek şeyler ve üst gizlilikler ile alakalıdır."

Tora, tıpkı Pesah hikâyesi gibi, manevi gerçeğin ve insanoğlunun içinde ne olduğunu tam olarak tarif eder. Kişi Pesah Efsanesinin (Hagada) gerçek anlamını yalnızca Mısır'dan kendi kişisel kaçışını deneyimledikten sonra anlar ve bu bayramı içsel olarak kutlar.

Doğası gereği, adam yalnızca zevkle dolmak için hareket eder. Kabala bunu: "Kendisi için alma arzusu" ya da "Egoistlik" olarak isimlendirir.

Buna karşın, dünyayı Yöneten Gücün özniteliği, insanın özniteliğinin tam tersidir, onun tek dileği bireye bolluk, keyif ve haz sağlamaktır. Kabala'da bu "İhsan Eden Güç" ya da "Fedakârlıktır". Bunlar Pesah Efsanesinin ve aslında gerçekte tam olarak Tora'nın bahsettiği güçlerdir.

İhsan Eden Güç ile benzerlik manevi gerçekliğe giriştir. Bu, bireyde içsel bir değişimdir, egoist doğasından fedakârlığa doğru geçirdiği bir dönüşüm. Ancak ihsan etme özelliğini almadan önce tam kapsamı ve gücüyle kendi egoistliği ile aşina olmalıdır. Pesah hikâyesinde, Firavun, adamın egoist olan ve Musa da fedakâr olan doğasını temsil eder.

PESAH NEDİR?

Pesah "Pasah" kelimesinden gelir ki "bir adım atlamak" anlamına gelir yani insan karakteri üzerinden "atlamak" demektir.

Mısır'dan göçten önce birey kendi hayatı üzerinde etkisi olmaksızın, egosunun kontrolü altında esir olarak bulunur.

Mısır'dan göçten sonra, manevi dünyada Yaratılışın Çalışmasına katılmayı öğrenir ve hayatını ve var olduğu gerçeği yönetmeyi öğrenir. Üst Güç ile bağlantı, içsel ve manevi olarak Pesah'ın yerine getirilmesiyle, sonsuz ve tam bir zevk olarak hissedilir.

PESAH'IN MANEVİ YOLU

Mısır'a göç, adamın güvende ve maddi zevklerle tatminde bulunduğu yerdir. Burada sonsuza kadar onu tatmin edeceğine inandığı eşyalar, bilgi, tecrübe, statü vb. şeyler vardır.

"Mısır'da yeni bir kral yükseldiği" zaman, o ana kadar adam edindiği her şeyin şimdi "Krala", "egoizme", "Firavuna" ait olduğunu görür.

Özgür ve mutlu hisseden adam, aniden zevk arzusunun bir kölesi haline geldiğini, derin bir utanç duygusu ile dolarak, başkalarına kendinden asla hiçbir şey vermediğini keşfeder. Üst Güce bağlanmakta ve onun gibi ihsan edici olmakta yeteneksizdir. İşi zor, ancak bir amacı ya da meyvesi yoktur.

Edinmiş olduğu inançların hepsi parçalanır. Ve böylece, Pitom'un ve Ramses'in güzel şehirleri "toprak tarafından yutulmuştur."

Bu kişiyi, "neden başıma bütün bunlar geliyor?" ve "bu durumdan çıkmak için ne öğrenmem gerekiyor?" sorularına götürür.

Sonrasında, kişiye iki kuvvet ifşa olur: Yalnızca kendini ve kişisel zevkini düşünen Mısırlı ve doğrudan Yaradana katılmak için can atan İsrailli (Yaşar- direk, El- Yaradan, kelimeleri İbranice bir kelime olan İsrail'i oluşturur), Üst Gücü, Zevkin Kaynağını.

Michael Laitman

PESAH'DA, İSRAİL (YAŞAR, EL) EGONUN ÜSTÜNDE HÜKÜM SÜRER

Kişi Mısır'ı aşmak için İsrailli yönünü güçlendirmek için karar verdiği zaman, yardım ister, Tora'da yazılı olduğu gibi: "ve İsrail'in oğulları kölelik altında inliyor, feryat ediyorlardı; sonunda yakarışları Tanrı'ya erişti". (Mısır'dan çıkış 2:23) Yani, Üst Kuvvete doğru yönlenir ve Firavun'un, egonun egemenliğinden onu kurtarması için yalvarır.

Böylece Musa denilen iç kuvvet adamda ortaya çıkar, onu Mısır'dan İsrail'e "çekecek" (Musa, İbranice Limşok, "çekmek" demek) ve onlara bahsi geçen bir adım atlamak (Lifsah, Pesah) için yardımcı olacaktır.

Musa, Firavun'un evinde büyümüş olmasına ve onu tanımasına rağmen, Üst Gücün yardımına, bir mucizeye ihtiyacı olduğunu biliyordu.

Musa'nın sürekli talepleri, Firavun'un İsrail halkının evlerinden çıkmasına daha ve daha fazla karşı olmasına neden oluyordu. Hayatlarını daha zor hale getiriyor ve bir darbe alıyordu, daha çok çalışmaya zorluyor ve bir başka darbe alıyordu, kendi egemenliğini güçlendirmeye çalışıyor ve ek darbeler alıyordu, ta ki On Salgın aracılığı ile ki bunlar gerekli olan on içgörüdür ve bu iki gücü tam anlamı ile ortaya koyarlar:

Firavun İsrail üzerindeki kontrolünden vazgeçer ve Yönetici olarak Üst Gücü tanımak zorunda kalır. Ve İsrail Halkı yardım isteğinin iyi ve gerekli bir şekilde analiz edilmesi gerektiğini kabul etmek zorundadır yoksa egoizmin yükünden asla kurtulamayacaktır.

PESAH- KURTULUŞ İÇİN FIRSAT

Egoizmden kurtuluş titiz bir hazırlık gerektirir ki bu dönüşüm gerektiren bir değişim anlamına gelir. Kabalistler Pesah'ı kutlamak için Nisan ayını beklemezler, bizlere her gün egodan nasıl kurtulacağımızı öğretirler.

Yani, Pesah insan tarafından yaşanan içsel bir durumdur. Ancak, tüm halk tarafından kutlanılan bu özel tarih, insanın asıl Amacını hatırlatmak içindir: Doğa'nın üzerinde sıçramak ve Üst Güç ile direkt bağlantıya ulaşabilmek için.

Pesah'ta bireyin içini etkileyen ışıklar, güvenli bir şekilde, Firavun karşısındaki son engel olan Kızıl Denizin geçilmesine yardımcı olur ve yalnızca Pesah'da değil, bütün bir yıl boyunca, yer ve zamandan özgür olarak, arzulayan herkesin, Manevi Dünyanın Üst Gücünün hazırladığı haz ve bereketten zevk almasına izin verir.

TİŞA BEAV: ÜZÜNTÜ VEYA İYİ GELECEK

Tarih boyunca yılın bu zamanı hep kötü olaylar getirmiştir. Tapınakların yıkılışı ve hatta daha yakın zamanda; Avrupa'daki katliamlar, Varşova'daki Getto başkaldırıları. Bu, sanki doğada tam da bu zamanda her türlü korkunç felakete neden olan bir güç varmış gibidir. Av'ın (İbrani takviminde aylardan biri) 9'unda bu tür korkunç olayların olmasına neden olan nedir?

Kabala'ya göre, insanoğlunun bu İlahi vasfın en üst seviyesine ulaşması için, yeryüzünde bulunduğu süre içerisinde çok özel bir süreçten geçmesi gerekmektedir. Bu amaçla, manevi bir yaşama ulaşmayı arzulaması, geriye kalan diğer tüm insanlarla birlikte maddesel olan her şeyin üstünde, birlikte ve tam sevgiye gelmeyi arzulaması gerekmektedir.

Bu arzunun oluşumu "Sürgün" adı verilen ego patlamalarının dört aşamasıyla ve "Kurtuluş" yani bu durumun aşılmasıyla gerçekleşir. Bu süreç insanoğlunu varoluşun en üst seviyesi olan Yaradan seviyesine götürmeyi amaçlar.

Antik Babil'de, İbrahim Peygamberin yaşadığı dönemde, bundan yaklaşık 4000 yıl önce, o zamana kadar tıpkı ufak bir aile gibi, Doğa ve insanlığın geri kalanı ile uyum içinde yaşayan bir medeniyette ego ilk kez patlak verdi. Bu olay sonucunda birbirlerini hissetmeyi ve anlamayı bıraktılar. Başkalarını ve Doğa'nın kendisini kontrol etmek istiyorlardı ki bu durum Tora'da "Babil Kulesi" hikâyesi ile tarif edilir.

Hz. İbrahim Kabala Bilgeliğini keşfetti –egonun ıslah yöntemini- ve neslindekilere bu ego patlamasının olduğunu çünkü bunun üstünde yükselmeleri gerektiğini açıkladı. Onlardan, tam ve ebedi varlığın hissinin korunması için birlikte kalmalarını ve "dost sevgisini" yerine getirmelerini istedi. Bu egonun, yalnızca doğru bir şekilde kullanılarak, aralarındaki varlığı ve bağı üst seviyeye çıkarabileceğini söyledi. Çok ufak bir grup ona itaat etti ve başarılı oldu.

Egonun bu gruba ikinci saldırısı Mısır'da meydana geldi, Musa'nın yükselip onları egonun üstünde ikinci kez yükselttiği zaman, Sina Dağı'nda Tora'nın Alınmasına doğru, Tora'nın ışığını kullanarak, Üst Güç'le nefreti sevgiye dönüştürdü.

Av'ın 9'unda, milattan önce 586'da, İlk Tapınak yıkıldı, İbrahim'in grubundaki üçüncü bir ego patlaması nedeniyle, sürgünden çıkarken, üçüncü defa, 70 yıl sonra geri dönmek ve İkinci Tapınağı inşa etmek için.

500 yıldan daha da fazla bir süre sonra, Av'ın 9. gününde, dördüncü kez ego patlak verdi ve bunun üstesinden gelinememesiyle, İbrahim'in grubu manevi derecesini tamamen kaybetti: dost sevgisi, Üst Gücün hissinin yitirilmesi ile dördüncü sürgüne çıktılar. Bu egonun son patlak verişi oldu, ve o zamandan bu güne kadar, 2000 yıl sürgün süreci yaşandı.

NEYİN SÜRGÜNÜ?

Manevi köklerimizden, İlahi ve Doğayı Yöneten Güç ile bağlantımızdan, tam ve kapsamlı bir dünya hissinden. Hayatlarımızın amacının anlaşılmasının sürgününden, varlığımızın ebedi akışına.

Geçmişte, örneğin, çok daha az şeyle memnun oluyorduk: Yemek, içmek, çocuklar, bir inek, otlak ve bu kadar. Ancak, her nesil, bir öncekinden daha büyük bir zevk alma arzusu ile gelir, yaşamdan daha fazla talepleri vardır. Biz buna egoizm diyoruz: daha farklı ve çeşitli yoğunluktaki her tür şeyle kendini doldurmak, kendisi ile beraber kültürel devrimler getirerek, sosyal, yönetimsel, teknolojik ve diğer her şeyde değişiklikler yaparak.

İşte bunlar Sürgündür: maneviyatın koparılması, bir şeylerin eksik olduğu hissiyatı, bir öz, bir amaç eksikliği.

Günümüzde, pek çokları daha yüksek bir mana, farklı bir şeyler arıyor, ancak bulamıyorlar. Bu yüzden uyuşturucuya, depresyona ve mutlak bir umutsuzluğa düşüyorlar.

Egoizm bizleri daha ve daha çok uzaklaştırıyor ve aileler parçalanıyor. Bizler ayrıldık, ancak bunun bizleri daha mutlu etmediğini anladık. Bu gerçek bir hüsran büyük bir düşkırıklığıdır.

Kabala'ya göre ego patlaması, Üst Güçle ebedi bağlantıda, mutlu bir yaşamda manevi bir hissiyatla, varoluşun bir seviye daha yükseltilmesine neden olmayı amaçlar.

SÜRGÜNÜN SONU

Çok özel bir zamanda yaşıyoruz: Manevi sürgünün sonunda, en sonuncusunda. "Sürgün" (Galut) ile "Kurtuluş" (Geula) arasındaki tek fark, İbranice Alef harfinden kaynaklanmaktadır ki onun anlamı "Dünyanın Kahramanıdır", Üst Gücün ifşası, bizleri ıslah eder ve Sürgünden çıkmamıza yardım eder.

Kabalistler, bu Kurtuluşun, bizim neslimizde gerçekleşeceğini ya da buna çok az bir zaman kaldığını söylerler, ancak günümüzde bu ego patlamasının etkileri hissedilmeye başlandı, bizleri boşanmalara, aşırılıklara, teröre, uyuşturucuya ve genel anlamda hayatı bırakma arzusuna sürüklüyor.

Bunlar insanoğlunun bu tür bir varoluşun üstünde yükselişe başlaması gerektiğine dair açık işaretlerdir. Dahası, sistematik olarak ortaya çıkan bu olaylar, Av'ın 9'u ile aynı manevi kökten gelmektedir, hüsranlardan kaynaklanan bencilliğin patlak vermesi.

Diğer taraftan, Doğa'nın kendisinin bizleri birleşmek için iteklediğini görüyoruz, her defasında daha fazla karşılıklı bağımlılıkla, dünya daha küçük bir köy haline gelmektedir. Yani; ego bizleri birbirimizden uzaklaştırır, ancak diğer taraftan dünya gittikçe daha çok birbirine bağlı hale gelir. Bu aşırılıklar insandaki çaresizlik duygusunu arttır.

KURTULUŞ

Kabalistler kurtuluşun kaçınılmaz olduğunu açıklıyorlar, ancak bu iki yolla mümkün olabilir diyorlar: Acılardan kaçarak ya da umut verici bir geleceğe doğru iyi ve büyüleyici bir Amaç arayarak. Bu, bizim dünyamızı hareket ettiren güçlerin oluştuğu yer olan Manevi Dünyaya bağlanmakla ilgilidir. Eğer oradaki varlığımızı düzenlersek, burada da iyi hissederiz.

Yapmamız gereken tek şey tüm harabelerin kendi içimizden geldiğini görmeye gelmek, tıpkı tüm dünyadaki ego belirtisinin bir sonucu olarak ve gelmesi ve bizleri egonun üstünde birleştirmesi için Üst Gücü kullanmak gibi. Böylelikle, hayatlarımız üstündeki kontrolü kaybetmek yerine, buraya gelme Amacımızı gerçekleştirebiliriz.

Eğer, nefretten geçip kardeşçe sevgiye yönelerek yükselir ve bu evrensel egonun üstünde birleşirsek,

tüm kişisel ve evrensel problemlere çözüm buluruz ve dünyamız tamamiyle değişir. Hepimiz manevi derecenin en üst seviyesi olan Yaratılışın Amacına yükseliriz.

Bu Av'ın 9'unda da gerçekleşir: Harabelerin olduğu yerde, yükseliş meydana gelecektir.

BNEY BARUH HAKKINDA

Bney Baruh, Kabala bilgeliğini tüm dünya ile paylaşan büyük bir Kabalistler grubudur. 38 den fazla dildeki çalışma araçları bir nesilden diğerine geçmiş otantik Kabala metinlerini temel alır.

Mesaj

Bney Baruh dünya çapındaki binlerce öğrencinin birçok çeşitli hareketinden oluşmaktadır. Her öğrenci kendi kişisel koşullarına ve yeteneklerine göre kendi yolunu ve yoğunluğunu seçer.

Son yıllarda grup, orijinal Kabala kaynaklarını çağdaş bir dille sunan gönüllü eğitim projeleriyle uğraşan bir hareket olarak büyüdü. Bney Baruh tarafından dağıtımı yapılan mesajın özü insanların birlik olması, ulusların birliği ve insan sevgisidir.

Binlerce yıldır, Kabalistler insan sevgisinin yaratılışın temeli olduğunu öğretmektedirler. Bney Baruh kesinlikle Din, Irk, Dil, v.b. bir ayırım gözetmez. Bu sevgi Hz. İbrahim'in, Hz. Musa'nın ve onların kurduğu Kabalist grupların günlerinden beri hakim olmuştur. İnsan sevgisi temelsiz nefrete dönüştüğü zamanlarda, millet sürgün ve ızdırap içine düşmüştür. Eğer bu eski-ama-yeni değerler için bir yer açarsak, farklılıklarımızı bir kenara koyup birleşmek için gerekli olan güce sahip olduğumuzu keşfedeceğiz.

Bin yıldan beri gizlenmiş olan Kabala bilgeliği şimdi açığa çıkıyor. Bizim yeterince geliştiğimiz ve onun mesajını uygulamaya hazır olduğumuz bir zaman için bekliyordu. Bugün Kabala ulusların kendi içlerindeki ve uluslar arasındaki gruplaşmaları, ayrılıkları birey ve toplum olarak çok daha iyi bir durumda birleştirecek bir mesaj ve çözüm olarak ortaya çıkmaktadır.

Tarih ve Kökeni

Kabalist Michael Laitman, Ontoloji (Varlık Bilimi) ve Bilgi Kuramı Profesörü, Felsefe ve Kabala konusunda doktora, Tıbbi Bio-Sibernetik konusunda yüksek lisans yapmıştır ve 1991 de, hocası Kabalist Baruh Şalom HaLevi Aşlag'ın (Rabaş) vefatından sonra Bney Baruh adlı Kabalist grubunu kurmuştur.

Kabalist Michael Laitman akıl hocasını anmak için onun anısına grubuna Bney Baruh (Baruh'un Oğulları) adını verdi. Hayatının son 12 yılında, 1979 dan 1991 e kadar onun yanından hiç ayrılmadı. Kabalist Laitman, Aşlag'ın en önemli öğrencisi ve özel asistanıydı ve onun öğretim metodunun takipçisi olarak tanındı.

Rabaş 20.yüzyılın en büyük Kabalisti Yehuda Leib HaLevi Aşlag'ın ilk oğlu ve takipçisidir. Yehuda Aşlag, Zohar kitabı üzerine yazılmış en kapsamlı ve en saygın tefsirin yazarıdır. Sulam Tefsiri (Merdiven Tefsiri) manevi yükseliş için eksiksiz bir metod ifşa eden ilk Zohar tefsiridir.

Bney Baruh tüm çalışma metodunu bu büyük manevi liderler tarafından kazılmış yol üzerine temellendirir.

Kabala Dersleri

Yüzyıllardır Kabalistlerin yaptığı gibi ve Bney Baruh faaliyetlerinin odağındaki en önemli ögesi olarak, Kabalist Laitman Bney Baruh'un İsraildeki merkezinde her gün 03.00-

06:00 (İsrail ve Türkiye saatiyle) arası verdiği dersler yer almaktadır. Dersler simultane olarak 7 dilde; İngilizce, Rusşa, İspanyolca, Almanca, İtalyanca, Fransızca ve Türkçe olarak çevirilmektedir.

Tüm Bney Baruh faaliyetleri gibi canlı yayınlarda dünyanın her yerinden olan binlerce öğrenci için ücretsiz olarak sunulmaktadır.

Finansman

Bney Baruh Kabala bilgeliğini paylaşmak üzere kâr amacı gütmeyen bir organizasyon olarak kurulmuştur. Bağımsızlığını ve niyetlerin saflığını koruyabilmek için Bney Baruh hiçbir devlet ya da politik oluşum tarafından desteklenmemektedir, fonlanmamaktadır ya da hiçbir kuruluşa bağlı değildir.

Çoğunlukla bu aktiviteler ücretsiz olarak sunulduğu için, grup aktivitelerinin temel kaynağı öğrencilerin gönüllü olarak katkıda bulunmalarından oluşmaktadır.

Kabalist Michael Laitman'ın Kabala'yı Arayışı

Bir çok derste ve röportajda Kabala'ya nasıl geldiğim bana sürekli sorulan bir sorudur. Kabala'dan uzak bir takım konuların içerisinde olsaydım muhtemelen bu sorunun geçerliliğini anlayabilirdim. Ancak Kabala hayatımızın amacının öğretisidir; hepimize çok yakın ve her birimizi ilgilendiren bir konu! Dolayısıyla bence daha uygun bir soru, Kabala'nın kişinin kendisi ve hayat ile ilgili soruları içinde barındırdığını nasıl bulduğum olmalı. Yani soru, "Kabala'yı nasıl keşfettiniz?" değil, "Neden Kabala ile ilgileniyorsunuz?" olmalı.

Hâlâ çocukluk çağındayken, tıpkı bir çok insan gibi, neden var olduğum sorusunu sordum. Bu soru, dünyevi zevklerin peşinde koşarak bu soruyu bastırmadığım anlarda sürekli beni rahatsız ediyordu. Bununla beraber, bu soruyu defalarca suni şeylerle, örneğin ilginç bir meslek edinip kendimi yıllarca işime adayarak ya da uzun yıllar peşinde koştuğum kendi ülkeme göç etmekle bastırmaya çalıştım.

1974 yılında İsrail'e geldiğimde de hayatın manası nedir sorusuyla hâlâ boğuşuyordum; yaşamaya değecek bir neden bulmaya çalıştım. Elimdeki imkânları kullanarak eski konuları (politika, iş hayatı vs) farklı yorumlarla ele alıp herkes gibi olmaya çalışsam da hâlâ bu ısrarlı soruyu silip atamıyordum: Hangi nedenden dolayı tüm bu şeyleri yapmaya devam ediyorum? Diğer herkese benzeyerek ne elde ediyorum?

Maddi ve manevi zorlukların etkisiyle beraber realiteyle başa çıkamayacağımın farkına varmam 1976 yılında beni dindar bir hayat yaşamaya getirdi, ümidim bu hayat tarzının bana daha uygun düşünceler ve fikirler getireceği ve yapıma daha uygun olacağı inancıydı.

Hiçbir zaman insanlığa özel bir meylim olmadı, sosyal bilimler, psikoloji ya da Dostoyevski'nin derinliğinin değerini ölçecek bir ilgiye sahip değildim. Sosyal bilimlerdeki tüm ilgim hep alelâde seviyedeydi. Belli bir düşünce ya da hissin derinliğinden kaynaklanmıyordu.

Buna rağmen, çocukluğumun erken dönemlerinden beri bilime güçlü bir çekim hissediyordum ve sanırım bu bana çok faydalı oldu.

1978 yılında tesadüfen Kabala dersleri için bir reklam gördüm. Hemen gidip kayıt yaptırdım ve doğamın geleneksel heyecanıyla Kabala'ya daldım. Bir çok kitap aldım ve bazen haftalarımı bile alsa cevaplar bulabilmek için bu kitapları derinlemesine çalışmaya başladım.

Hayatımda ilk kez böylesine derinden, özümden etkilenmiştim ve anladım ki benim ilgi alanım buydu çünkü yıllardır kafamı karıştıran konuların hepsiyle ilgileniyordu.

Gerçek bir öğretmen aramaya başladım, tüm ülkeyi dolandım ve bir çok yerde derslere katıldım. Ama içimden bir ses sürekli esas Kabala'nın bu olmadığını söylüyordu, çünkü benden değil soyut ve uzak şeylerden bahsediyordu.

Tüm bulduğum hocaları terk ettikten sonra bana yakın bir arkadaşımın da Kabala'ya ilgi duymasını sağladım. Akşamlarımızı birlikte, bulabildiğimiz tüm Kabala kitaplarını çalışarak geçirirdik. Bu aylarca sürdü.

1980 yılında soğuk, yağmurlu bir kış gecesi, Pardes Rimonim ve Tal Orot kitaplarını çalışmak yerine, çaresizlikten, kendimi de şaşırtacak şekilde arkadaşıma Bney-Barak şehrine gidip bir hoca arayalım dedim.

Orada bir hoca bulursak derslere katılmak bizim için uygun olur diye de teklifimi haklı çıkarmaya çalıştım. O güne kadar Bney-Barak şehrini sadece birkaç kere Kabala kitapları ararken ziyaret etmiştim.

O gece Bney-Barak soğuk, rüzgarlı ve yağmurluydu. Kabalist Akiva ve Hazon-İsh dört yoluna geldiğimizde camı indirip sokağın öteki tarafında uzun siyah palto giymiş bir adama seslendim: "Buralarda nerede Kabala çalışırlar bana söyler misin?" Dinci bir mahallenin ne tür bir atmosferi olduğunu bilmeyenler için bu sorunun kulağa çok garip geleceğini söyleyebilirim. Kabala hiçbir dini eğitim okulunda öğretilmiyordu. Hatta Kabala'ya ilgi duyduğunu başkasına söyleyecek kişiler bile bulmak mümkün değildi. Ancak sokağın karşı tarafında duran bu yabancı, sanki hiç şaşırmamışçasına bana cevap verdi: "Sola dön ve turunç bahçelerine gelene kadar devam et, orada bir bina var. Orada Kabala öğretiyorlar."

Tarif edilen yere geldiğimizde karanlık bir bina bulduk. İçeriye girdiğimizde yan bir odada uzun bir masa gördük. Masada dört beş tane uzun ak sakallı adam vardı. Kendimi tanıttım ve Rehovot'tan geldiğimizi söyleyip Kabala çalışmak istediğimizi ekledim. Masanın başında oturan yaşlı adam bizi katılmaya davet etti ve ders bittikten sonra konuşuruz dedi.

Sonra ders Zohar Kitabı'ndan Sulam tefsiriyle bir bölüm okuyarak, yarı Aşkenazi (Yidiş) dili mırıldanarak ve sadece yarı bakışlarla insanların birbirlerini anladığı bir ortamda devam etti.

Bu insanları görüp dinledikten sonra sadece yaşlılıklarını geçirmek için bir araya gelen bir grup adam sandım, henüz akşam fazla geç değildi ve Kabala çalışabileceğimiz bir yer daha bulmak için zamanımız vardı. Ama arkadaşım beni durdurdu ve bu kadar kaba davranmamın uygun olmadığını söyledi. Birkaç dakika sonra da ders sona ermişti ve yaşlı adam kim olduğumuzu öğrendikten sonra telefon numaralarımızı istedi. Bizim için uygun bir hocanın kim olabileceğini düşünüp haber vereceğini söyledi. Bunun da çabamızı daha önceleri gibi boşa harcamaktan başka bir şey olmayacağını düşündüğümden telefon numaramı vermekte biraz çekingendim. Benim tereddüdümü hisseden arkadaşım kendi numarasını verdi. Ve iyi akşamlar diyerek oradan ayrıldık.

Ertesi akşam arkadaşım evime geldi ve yaşlı adamın kendisini arayıp bize bir hoca ayarladığını ve hatta ilk dersin o akşam olduğunu söyledi. Bir geceyi tekrar boşa geçirmek istemiyordum ama arkadaşımın arzusuna boyun eğdim.

Tekrar oraya gittik. Yaşlı adam bir başkasını çağırdı, kendisinden biraz daha genç fakat onun gibi beyaz sakallı biri; genç adama Yidiş dilinde birkaç kelime söyledi ve ayrılarak bizi yalnız bıraktı. Hocamız hemen oturup çalışmaya başlayalım dedi. Bir makale ile başlamayı tavsiye etti "Kabala'ya Giriş"; ben ve arkadaşım bu makaleyi daha önce defalarca anlamaya çalışmıştık.

Boş odadaki masalardan birine oturduk. Bizlere her paragrafı açıklayarak tek tek okumaya başladı. O anı hatırlamak benim için her zaman çok zordur; yıllarca arayıp da hiçbir yerde bulamadıktan sonra sonunda aradığımı bulduğuma dair keskin bir his vardı içimde. Dersin sonunda bir sonraki gün için ders ayarladık.

Ertesi gün bir kayıt cihazıyla geldim. Esas derslerin her sabah saat 3 ile 6 arasında olduğunu öğrendikten sonra, her gece gelmeye başladık. Ayrıca her ay yeni ayı kutlama yemeklerine de katılmaya başladık ve herkes gibi merkezin masraflarına katkıda bulunup aylık ödemelerimizi yapmaya başladık.

Her şeyi ille de kendim keşfedeceğim arzusuyla genellikle de biraz agresif olarak sık sık tartışmalara girdim. Ve bizlerle olan tüm olaylar grubun hocasına hep gidiyordu ve o da bizler hakkında sürekli soru soruyormuş. Bir gün bizim hocamız sabah dersinden sonra saat 7 gibi grubun büyük hocasının benimle "Zohar Kitabı'na Giriş" kitabını çalışabileceğini söyledi. Ancak, birkaç ders sonra benim bu derslerden hiçbir şey anlamadığımı görünce, kendi hocam aracılığıyla bu derslerin durdurulacağını söyledi.

Hiçbir şey anlamamama rağmen onunla çalışmaya devam etmeye razıydım. İçsel anlamlarına inebilme ihtiyacının dürtüsüyle, sadece mekanik olarak okumaya bile hazırdım. Çok alınmama rağmen zamanımın gelmediğini bilmiş olsa gerek ki dersleri sona erdirdi.

Aradan altı yedi ay geçti ve bizim hocamız vasıtasıyla büyük hocamız onu arabamla doktora götürüp götüremeyeceğimi sormuş. Elbette hemen kabul ettim. Yolda bana bir çok konudan bahsetti. Ben ise ona Kabala ile ilgili sorular sormaya çalışıyordum. Ve o yolculukta bana, şu an ben hiçbir şey anlamıyorken benimle her şeyden konuşabileceğini ama gelecekte anlamaya başladıkça benimle bu kadar açık konuşmayacağını söyledi.

Ve aynen söylediği gibi oldu. Yıllarca sorularıma cevap vermedi bana şöyle derdi "Kimden talep edeceğini biliyorsun" yani Yaradan'dan bahsediyordu, "talep et, sor, yalvar, iste, ne istiyorsan yap, her şeyi O'na yönlendir ve her şeyi O'ndan talep et!"

Doktor ziyaretlerimiz pek bir işe yaramadı ve kendisini kulak iltihabından koca bir ay hastaneye yatırmak zorunda kaldık. Bu zamana kadar hocamı bir çok kez doktora götürdüm; ve hastaneye alındığı gün geceyi onun yanında geçirmeye karar verdim. Tüm bir ay boyunca hastaneye sabah 4'de gelir, telleri tırmanır, görünmeden binaya girerdim ve çalışmaya başlardık. Tüm bir ay boyunca! O zamandan sonra Kabalist Baruh Şalom Halevi Aşlag, Baal HaSulam'ın en büyük oğlu, benim hocam oldu.

Hastaneden ayrıldıktan sonra, sık sık parklara uzun yürüyüşlere gittik. Bu yürüyüşlerden döndükten sonra duyduğum her şeyi harıl harıl yazardım. Bu sık yürüyüşler her gün üç dört saat sürerdi ve zaman içinde alışkanlık oldu.

İlk iki yıl boyunca hocama sürekli daha yakına taşınabilir miyim diye sordum, ama yakında oturmamın bir gereklilik olmadığını hatta Rehovot'a gidiş gelişlerimin manevi çalışma açısından çaba olduğunu söyledi. Ancak, iki yıl sonra hocam yakına taşınmamı ve Bney-Barak'ta yaşamamı kendisi tavsiye etti ve nedendir bilinmez pek bir acelem yoktu. O kadar yavaş hareket ediyordum ki bu konuda, hocam gidip benim için kendisine yakın bir apartman dairesi buldu ve taşınmamı söyledi.

Hâlâ Rehovot'ta yaşarken hocama daha önce katıldığım bir merkezde Kabala çalışmaya teşebbüs eden birkaç kişiye ders verebilir miyim diye sordum. Bu haberi fazla heyecanlı karşılamasa da daha sonraları derslerimin nasıl gittiğini sordu. Kendisine Bney-Barak'taki grubumuza yeni kişileri davet edebileceğimi söylediğim zaman kabul etti.

Sonuç olarak bir çok genç erkek grubumuza katıldı ve birden tüm merkez cıvıl cıvıl hayat dolu bir yer oldu. İlk altı ayda yaklaşık on kadar düğün oldu. Hocamın hayatı ve günleri sanki yeni bir anlam kazanmıştı. Birçok insanın Kabala çalışmak istediğini görmesi kendisini çok memnun etmişti.

Günümüz genellikle sabah saat 3'de başlardı ve sabah saat 6'ya kadar çalışırdık. Her gün sabah saat 9'dan 12'ye kadar parka yürüyüşe ya da denize giderdik.

Döndükten sonra ben evime çalışmaya giderdim. Sonra tekrar eve giderdim ve sabah saat 3'de tekrar derse katılırdım. Bu şekilde yıllarca devam ettik. Tüm dersleri kasete kayıt ederdim, derslerin kayıtları bini geçti.

Son beş yılımızda, 1987'den itibaren, hocam beraber Tiberias'a yolculuk etmemizin iyi olacağını söyledi ve her iki haftada bir iki günlüğüne Tiberias'a giderdik. Bizi herkesten ayıran bu geziler aramızda bir yakınlaşmaya sebep oldu. Ama zamanla aramızdaki manevi algılayışın farkından kaynaklanan mesafe içimde giderek büyümeye başladı ve bu mesafeyi nasıl kapatacağımı bir türlü bilemedim. Bu mesafeyi, o yaşlı adamın her defasında fiziksel bir ihtiyacı nasıl geri çevirerek mutlu olduğunu net olarak algılayabildiğimde görebiliyordum.

Onun için sonucun net olduğu bir şey kanundu, ister yorgun olsun ister hasta günlük çalışma programı son derece disiplinli uygulanıyordu. Yorgunluktan yığılacak bile olsa günün gerekli olan tüm planını her detayıyla eksiksiz yerine getirirdi ve üstlendiği hiçbir şeyi tam halletmeden bırakmazdı. Yorgunluktan nefessiz kalıp, nefes darlığı çekmesine rağmen bir dersini bile atlatmaz, sorumluluğunu hiçbir zaman bir başkasına devretmezdi.

Onun bu olağanüstü gücünün, amacının yüceliğinden ve Yaradan'dan geldiğini bilmeme rağmen, onu sürekli böyle gördüğümde kendime olan güvenim sarsılır ve başarılı olma ihtimalimin olmadığını düşünürdüm.

Onunla T'veria ve Meron dağına yaptığımız gezilerin bir anını bile unutmam mümkün değil. Uzun geceler onun karşısında oturur, bakışlarını, sözlerini ve mırıldandığı şarkıları içime alırdım. Bu hatıralar içimde hâlâ yaşıyor ve bugün bile benim yolumu belirleyip rehberlik ediyorlar. On iki yıl boyunca her gün bire bir çalışmamızdan içimde kalan tüm bilgi, bağımsız olarak yaşıyor ve işliyor.

Sık sık hocam bir konuşmasından sonra çok alakasız bir cümle söylerdi ve bunu bu cümlelerin dünyaya girip yaşaması ve işlevlerini yerine getirdiğinden emin olmak için yaptığını söylerdi.

Grup çalışması Kabalistler tarafından çok eski zamanlardan beri yapılmaktadır ve ben de hocamdan yeni gelenlerden böyle gruplar oluşturmasını ve bu grupların bir araya gelmelerini düzenleyecek yazılı bir plan talep ettim. Bu şekilde haftalık makale yazmaya başladı ve hayatının son günlerine kadar da devam etti.

Sonuç olarak bizlere kendisinden sonra bir araya getirdiğimiz bir çok ciltlik muazzam materyal kaldı ve yıllar boyunca biriktirdiğim kayıtlarla birlikte, Kabala ilmi üzerine çok geniş kapsamlı anlatımlar oluşturduk.

Yeni yıl kutlamaları esnasında, hocam aniden göğsündeki bir baskıdan dolayı rahatsızlandı. Ancak çok yoğun ısrardan sonra tıbbi bakıma girdi. Doktorlar kendisinde hiçbir hastalık ya da rahatsızlık bulamadılar, ama Tişrei ayının beşinci gününde 5752 (1991) yılında vefat etti.

Son yıllarda gruba katılan bir çok öğrenci hâlâ Kabala çalışmaya devam etmekte ve yaratılışın içsel anlamını araştırmaktadır. Öğreti yaşamaya devam etmektedir, tıpkı geçmiş yüz yıllarda olduğu gibi. Kabalist Yehuda Aşlag ve onun büyük oğlu, hocam Kabalist Baruh Aşlag, çabalarıyla bu öğretiyi bizim neslimizin ve zamanımızda dünyamıza inen ruhların ihtiyacına göre uyarladılar.

Manevi bilgi Kabaliste Yukarıdan kelimeler olmadan aktarılır ve tüm duyu organları ve akıl tarafından eş zamanlı algılanır. Dolayısıyla, bütünüyle anında algılanır.

Bu bilgi sadece bir Kabalistten, ya aynı ya da daha Üst Seviyedeki bir başka Kabaliste aktarılabilir. Aynı bilgiyi henüz o manevi seviyeye ya da manevi dünyaya gelmemiş bir insana aktarmak mümkün değildir, çünkü bu kişi gerekli algıdan yoksundur.

Bazen bir hoca kendi perdesiyle (Masah) öğrencisini geçici olarak kendi bulunduğu manevi seviyeye çekebilir. Bu durumda, öğrenci manevi güçlerin ve hareketlerin özüyle ilgili bir nosyon edinebilir.

Manevi dünyaya henüz geçmemiş bir kişi için standart bilgi aktarım yöntemleri uygulanır: yazılar, sözlü anlatım, direkt iletişim, kişisel örnek vs.

"Yaradan'ın İsimleri" adlı makaleden de bildiğimiz gibi harflerin tarifi anlamının ötesinde bir şey, yani içsel manevi mesajı aktarmak için kullanılabilir. Ancak kişi manevi anlamlarına tekabül eden algıları edinmediği sürece, kelimeleri okumak masaya boş tabaklar koymak ve yanlarına güzel yemeklerin isimlerini yazmak gibidir.

Müzik daha soyut bir şekilde bilgi aktarmaktadır. Bizim dünyamızı yöneten ve yedi kısımdan ya da Sefirot'tan oluşan manevi varlık "Atsilut'un Partsuf Zer Anpin'i" gerçeğinin ışığı altında, tıpkı görünebilen bir ışık gibi, yedi temel güç -nitelik- tondadır.

Bulunduğu duruma göre, kişi müziği besteleyen Kabalistin manevi koşullarını çıkarabilir. Bu kişi melodiyi oluşturan Kabalistle aynı seviyede olmak zorunda değildir; içsel manasını kişisel manevi derecesinin mümkün kıldığı kadarıyla kavrayabilir.

1996, 1998 ve 2000 yıllarında Baal HaSulam ve Rabaş'a ait üç müzik diski kaydedilmiş ve çıkartılmıştır. Melodiler Kabalist Laitman'ın hocası Kabalist Aşlag'dan duyduğu şekilde sunulmuştur. Sözlere ek olarak, melodilerin sesleri de bir çok Kabalistik bilgi taşımaktadır.

Kabala Bilimi - Herkes İçin Manevi İlim Kitabı

Çağımızın büyük Kabalistlerinden Yehuda Aşlag ve onun oğlu ve varisi Baruh Şalom Aşlag, yaşamın temel sorusuna cevap getirir: Hayatımın anlamı ne? Zohar ve Yaşam Ağacı kitaplarının yorumlarına dayandırılan bu kitapla günlük yaşamda Kabala ilminden nasıl faydalanacağımızı öğreniriz. Büyük Kabalistlerin otantik metinlerine ilave olarak, bu kitap, bu metinlerin anlaşılmasını sağlayan pek çok yardımcı makaleyle birlikte, Kabalistlerin deneyimlediği Üst Dünyaların evrimini betimleyen çizimlerden oluşur.

Kabala Bilimi kitabında, Baruh Aşlag'ın kişisel asistanı ve baş öğrencisi Michael Laitman, manevi dünyaları edinmeyi amaçlayan Kabala öğrencileri için kadim makaleleri uyarlamıştır. Laitman günlük derslerini bu ilham verici makalelere dayandırarak, Üst Alemlere muhteşem yolculuğumuzda izleyeceğimiz manevi yolu daha iyi anlamamız için bizlere yardımcı olur.

Merdivenin Sahibi

İnsanlık tarihinin en yıkıcı çağının şafağında, 20. yüzyılda, gizemli bir adam insanlık ve onun acılarının alışılmadık çözümüyle, sosyo-politik arenada ortaya çıktı. Kabalist Yehuda Ashlag, yazılarında açıklıkla ve tüm detaylarıyla öngördüğü savaşları, karışıklıkları ve daha çarpıcı olarak da bugün yüz yüze kaldığımız ekonomik, politik ve sosyal krizi anlattı. Birleşmiş bir insanlık için duyduğu derin özlem, onu Zohar Kitabını açmaya -ondaki eşsiz gücü- herkes için ulaşılabilir yapmaya zorladı.

Kabalist, kabala, maneviyat, özgür seçim ve realitenin algısıyla ilgili bildiğinizi düşündüğünüz her şeye arkasını dönen, sinematik bir romandır. En yüksek edinim derecesine ulaşmış, tüm realiteye hükmeden tek güçle direkt temas içindeki insanın, hissiyatını ve içsel çalışmasını aktarmaya çalışan kendi türündeki ilk romanıdır.

Kabalist, bilimsel bir açıklık ve şiirsel bir derinlikle birlik mesajı verir. Dinin, milliyetin, mistisizmin, uzay ve zamanın şeffaf yapısının ötesine geçerek, bize tüm insanlıkla beraber doğayla ahenk içinde olduğumuzda, tek mucizenin içimizdeki mucize olduğunu gösterir. Bize hepimizin Kabalist olabileceğini gösterir.

Ölümsüz Kitabın Sırları

Musa'nın beş kitabı, tüm zamanların en çok satan kitabı Tora'nın parçasıdır. Bu şekliyle Tora, şifreli bir metindir. Masalların ve efsanelerin altında, insanlığın en yüksek seviyeye doğru yükselişini— Yaradan'ın edinimi- anlatan bir alt metin saklıdır.

Ölümsüz Kitabın Sırları, Tora'nın Yaratılış ve İsrail Halkının Mısır'dan sürgünü hikayeleri gibi en gizemli ve sıklıkla alıntı yapılan dönemlerinin şifresini çözer. Yazarın enerjik ve kolay anlaşılır üslubu, insanın kendi dünyasını sadece arzu ve niyetle değiştirebildiği realitenin en derin seviyelerine, mükemmel bir giriş yapmanızı sağlar.

Kitabı okurken Tora'da anlatıldığı gibi olmuş veya olmamış fiziksel olayların seviyesinin ötesine geçiş yapacaksınız. İçinizde Firavun, Musa, Adem, Havva, hatta Habil ve Kabil'in olduğunu keşfedeceksiniz. Onların hepsi sizin bir parçanız. Onları içinizde keşfettikçe ve Ölümsüz Sevgiye, Yaradan'ın edinimine doğru ilerledikçe, bu gizli realitenin muhteşem hazineleriyle bizi ödüllendiren Yaradan'ın sonsuz sevgisini de keşfedeceksiniz.

Kişisel Çıkar Özgecilliğe Karşı

Bu kelimelerin yazıldığı zaman, dünya hala İkinci Dünya Savaşından beri en uzun gerileme sürecini geçiriyor. Tüm dünyada on milyonlarca insan, işlerini, birikimlerini, evlerini ve en önemlisi gelecekleri için olan ümitlerini kaybettiler.

Ancak krizler tarih boyunca sürekli olağandı. Bu krizi geçmiş krizlere kıyasla farklı kılan insanoğlunun şu anki gerginliğinin yapısıdır. Toplumumuz çatışma içeren iki uç noktaya doğru çekilmiştir – bir taraftan globalleşme ile gelen bağımlılık ve öteki taraftan da giderek büyüyen kişisel, sosyal ve politik narsizm. Bu koşul dünyanın daha önce hiç görmediği bir felaketin oluşumu!

Bu karanlık geleceğin önüne geçebilmek için, Kişisel Çıkar Özgeciliğe Karşı, bu dönemde dünyanın önünde bulunan sorunlarına yeni bir perspektif getirerek, insanoğlunun bir dizi hatasına bağlamaktansa, gereklilikten büyüyen egoizminin sonucu olarak değerlendirmektedir. Bu anlayışla, kitap egomuzu bastırmak yerine, toplumun iyiliği için kullanmanın gerekliliğini dile getirmektedir.

Kabala ve Bilim

Prof. Michael Laitman eşsiz ve etkileyici bir kişilik: Kabala ve bilimin sentezini anlaşılır bir şekilde gerçekleştiren yetenekli bir bilimadamı

—Daniel Matt, Tanrı ve Big Bang kitabının yazarı: Bilim, maneviyat ve Zohar arasındaki harmoniyi keşfetmek.

Bu gezegendeki geleceğimiz için kritik tercihler yapacağımız bir dönemde, kadim Kabala bilgeliği seçeneklerimizi hem arttırdı hem de yeniledi. Klasik kutsal yazılarda yer alan bilgelik, yüzleşmekte olduğumuz ve önümüze açılan fırsatları taşıyabilmemiz için getirilmeli ve bu mesaj tüm dünyada tüm insanlara ulaşılabilir yapılmalı. Prof. Michael Laitman, diğerlerinden farklı olarak bu çok önemli meydan okumayı başarmaya ve bu tarihi görevi yerine getirmeye yetecek güçtedir.

—Prof. Ervin Laszlo, Kaos Noktası, Bilim ve Akaşik Alan kitabı da dahil 72 kitabın yazar : Herşeyin Birleşik Teorisi

Kadın ve Kabala

Bir arzu sonucu ortaya çıkanı ellerinizde tutuyorsunuz. Birçok kadın bir araya gelerek, yeni gelen bütün kadınlara Kabala çalışmasında yardımcı olabilmek için bu kitapçık üzerinde çalıştı. Toplanan soruların tümü Bney Baruh Kabala Eğitim Merkezine yeni başlamış olan kadın öğrencilerin sordukları sorulardan olulmaktadır. Cevaplar Dr. Laitman'ın kitaplarından, derslerinden ve konuşmalarından alınmıştır. Sorulan sorular bizim maneviyatı edinmek isteme ihtiyacımızdan ortaya çıkmıştır: bizler buna açız, kalplerimiz bunun ağırlığında haykırıyor. Bizler kendimizi her şeyi yapabilecek duruma hazır, amaca doğru erkeklerimizi desteklemeye hazır buluyoruz.

Dr. Laitman bize der ki: "Kadınların karşılıklı sorumluluk hissiyatı içerisinde erkekleri uyandırmak ve onları bir araya getirmek için bağ kurmaları gerekir ki, erkekler birbirleri ile bağ kursunlar ve bu birlik sayesinde maneviyata erişsinler. Daha sonra erkekler arasındaki bu bağ ve karşılıklı sorumluluk sayesinde maneviyat kadınlara da geçecektir. Bunun sonucunda herkes bir bütün olacaktır –ulusun erkek ve dişi parçası veya bütün insanlığın."

Işığın Tadı

"Bu nesilde bulunduğum için mutluyum zira artık Kabala Bilgeliğini yaymak mümkün."

Kabalist Yehuda Aşlag – Baal HaSulam

Binlerce yılın sonunda gizli olan Kabala Bilgeliği bizim neslimizde ifşa olmaya başladı. "Işığın Tadı" adlı bu kitap bilgeliğin üzerine bir pencere açmakta. Kitap, günümüzün her bireyi için ilk defa duygularında tadacağı bir lezzet ve kalplerinde yoğun bir anlayış sağlayacaktır.

Bu kitap neslimizin en yüce kabalisti Dr. Michael Laitman'ın her sabah verdiği canlı derslerden derlenmiştir.

Kabalanın Sesi

Bizim neslimizin en sonuncusu olan Büyük Kabalist Baruh Aşlag'ın öğrencisi ve kişisel asistanı olmak benim için çok büyük bir ayrıcalıktır. Basitçe söylemek gerekirse, tüm içtenlik ve sevgimle ondan öğrendiklerimi okuyucularla paylaşmaktan çok mutlu olacağım.

Dr. Michael Laitman

Kabala'nin Sesi, Kabala makalelerinden seçilerek ve derlenerek hazırlanmış olup, bu otantik bilgeliğin zengin ve tam bir mozaiğini meydana getiren on bölümden oluşmaktadır.

Bir Demet Başak Gibi

Neden Birlik ve Karşılıklı Sorumluluk Bu Zamanın Çağrısıdır

Bu kitap, bazı Yahudilerin en ürkütücü ve gizemli sorularına ışık tutar: Bu gezegendeki rolümüz nedir? Bizler gerçekten "seçilmiş insanlar mıyız?" Eğer öyle isek, ne için seçildik? Anti-Semitizme neden olan nedir ve bu iyileştirilebilir mi?

Tüm zamanların Yahudi tarihçileri ve bilgelerinin sayısız referansının kullanıldığı bu kitap, Yahudilerin ulaşmak istediği ama bir o kadarda tanımlaması zor hedefini yerine getirmek için bir yol haritası sunar: sosyal bağlılık ve birlik. Gerçekte birlik, yalnızca Yahudilerin bunu sabırsızlıkla bekleyen dünyaya vereceği bir hediyedir.

Birlik olduğumuzda ve bunu tüm dünyayla paylaştığımızda huzur, kardeş sevgisi ve mutluluk tüm dünyada sonsuza kadar hüküm sürer.

Kabalaya Uyanış

Dünyanız değişmeye hazır. Bu neslin en büyük Kabalistinin rehberliğinde sizde bunu gerçekleştirin. Micheal Laitman, Kabalayı Yaradan'a yaklaşmayı sağlayan bir bilim olarak görür. Kabala yaratılış sistemini, Yaradan'ın bu sistemi nasıl yönettiğini ve yaratılışın bu seviyeye nasıl yükseleceğini çalışır. Kabala manevi doyuma ulaşma metodudur. Kabala çalışması ile siz de kalbinizi ve sonuç olarak yaşamınız başarıya, huzura ve mutluluğa doğru nasıl yönlendireceğinizi öğrenirsiniz.

Kadim ilim geleneğine bu farklı, özel ve hayranlık uyandıran girişiyle büyük Kabalist Baruh Aşlag (Rabaş)'ın öğrencisi Laitman bu kitapta, size Kabalanın temel öğretilerinin derin anlayışını ve bu ilmi başkalarıyla ve etrafınızdaki dünyayla ilişkilerinizi netleştirmek için nasıl kullanacağınızı anlatır. Hem bilimsel hem de şiirsel bir dil kullanarak, maneviyatın ve varoluşun en önemli sorularını araştırır:

Hayatımın anlamı ne? Neden dünyada keder var? Reenkarnasyon manevi yaşamın bir parçası mı? Mümkün olan en iyi varoluş aşamasını nasıl edinebilirim?

Bu eşsiz rehber, dünyanın ötesini ve günlük hayatın sınırlamalarını görmeniz, Yaradan'a yaklaşmanız ve ruhun derinliklerine ulaşmanız için size ilham verecek.

Erdemliliğin Yolu

Bugün Kabala Bilgeliğinin insanlığa bir mesajı var:

Günümüzün sorunlarını ancak birlik ve beraberlikle çözüme ulaştırabiliriz. Problemler raslantısal değil, onları gözardı etmemeliyiz. Dahası, oluşan durumu doğru bir biçimde değerlendirebilirsek hayatımız yeni, mutluluk ve sükunet dolu bir yöne akmaya başlayacaktır. Gelişi güzel değil, gayet bilinçli bir şekilde yaşamımıza yön verebiliriz.

Üst Dünyaları Edinmek

Micheal Laitman'ın sözleriyle, "Özü tam bir özgecilik ve sevgi olan manevi nitelikleri anlamak, insan idrakinin ötesindedir. Bunun sebebi insanoğlunun bu tip hislerin var olabileceğini kavrayamaması ve herhangi bir eylemi yerine getirmek için teşvik bekleyip, kişisel kazanç olmadan kendini büyütmeye hazır olmamasından kaynaklanmaktadır. Bu sebeple özgecilik gibi bir nitelik, insana Üstten verilir ve sadece deneyimleyenler bunu anlayabilir."

Üst Dünyaları Edinmek, yaşamımızda manevi yükselişin muhteşem doyumunu keşfetmemize olanak sağlayan ilk adımdır. Bu kitap, sorularına cevap arayan ve dünya fenomenini anlamak için güvenilir ve akılcı bir yol arayan tüm insanlar içindir. Kabala ilmine bu muhteşem giriş, aklı aydınlatacak, kalbi canlandıracak ve okuyucuyu ruhunun derinliklerine götürecek olan farkındalığı sağlar.

Zoharın Kilidini Açmak

Zohar Kitabı(Aydınlığın Kitabı), şimdiye kadar yazılmış en gizemli ve yanlış anlaşılan yapıtlardan biridir. Yıllar boyunca kendinde uyandırdığı hayranlık, şaşkınlık ve hatta korku emsalsizdir. Bu kitap tüm Yaratılışın sırlarını içermesine rağmen, bugüne kadar bu sırların üzeri bir gizem bulutuyla örtülmüştür.

Şimdi Zohar, insanlığa yol göstermek için ilmini tüm dünyanın gözleri önüne sermektedir, şöyle yazıldığı gibi (VaYera, madde 460), "Mesih'in günleri yaklaştıkça, çocuklar bile ilmin sırlarını keşfedecek." 20. Yüzyılın büyük Kabalistlerinden Yehuda Aşlag (1884-1954), bize Zohar'ın sırlarını açığa çıkaracak yepyeni bir yol göstermiştir. Bu yüce Kabalist, yaşamlarımıza hükmeden güçleri bilmemize yardım edecek ve kaderimize nasıl hükmedeceğimizi öğretecek, Zohar Kitabına giriş niteliğindeki dört kitabı ve Sulam (Merdiven) Tefsirini yazmıştır.

Zohar'ın Kilidini Açmak, üst dünyalara nihai yolculuğun davetiyesidir. Kabalist Dr. Michael Laitman, bilgece bizi Sulam Tefsirinin ifşasına götürür. Bu şekilde Laitman, düşüncelerimizi düzenlemekte ve kitabı okumaktan kaynaklanan manevi kazancımızı arttırmaktadır. Zohar Kitabıyla ilgili açıklamaların yanı sıra kitap, bu güçlü metnin kolay anlaşılması ve okunmasını sağlayan, özenle çevrilmiş ve derlenmiş Zohar kaynaklı sayısız ilham verici alıntıya da yer vermiştir.

Kalpteki Nokta

Hayatın elimizden kayıp gittiğini hissettiğimizde, toparlanmak için zamana ihtiyacınız olduğunda ve düşüncelerinizle baş başa kalmak istediğinizde, bu kitap içinizdeki pusulayı yeniden keşfetmenize yardım edecek. Kalpteki Nokta, ilmi sayesinde tüm dünyada ve Kuzey Amerika'da kendini ona adamış öğrenciler kazanmış bu insanın makalelerinden oluşan eşsiz bir kitaptır. Dr. Michael Laitman bir bilim adamı, Kabalist ve büyük saygı uyandırarak kadim ilmi temsil eden büyük bir düşünürdür. Bu fırtınalı günlerde popüler www.kabbalah.info sitesi vasıtasıyla, gerçeği ve sonsuz huzuru arayanlar için umut ışığı olmaktadır.

Açık Kitap

Bu kitap çok temel görünse de, Kabala'nın temel bilgisini ifade eden bir kitap olma niyetini taşımıyor. Daha ziyade, okuyucuların Kabala kavramlarına, manevi nesnelere ve manevi terimlere yaklaşımını ilerletmeye yardım içindir.

Kişi bu kitabı defalarca okuyarak içsel görüş ve duyu geliştirir ve daha önce içinde var olmayana yaklaşır. Bu yeni edinilen görüşler, sıradan duyularımızdan gizlenmiş olan boşluğu hisseden algılayıcılar gibidirler.

Dolayısıyla, bu kitap manevi terimlerin düşüncesini geliştirmeye yardım amaçlıdır. Bu terimlerle bütünleştiğimiz ölçüde, tıpkı bir sisin kalktığı gibi, etrafımızı saran manevi yapının ortaya çıkışını içsel gücümüzle görmeye başlayabiliriz.

Yine, bu kitap olguların çalışılmasını hedeflememiştir. Bunun yerine, yeni başlayanların sahip oldukları en derin ve en güç algılanan hisleri uyandırmak için yazılmış bir kitaptır.

Dost Sevgisi

Grubun Amacı

Burada, Baal HaSulam'ın yolunu ve metodunu takip etmek isteyen herkes, bir grup olmak için bir araya geldik ki hayvan olarak kalmayalım ve insan denilen varlığın derecelerinde yükselelim.

Rabaş'ın Yazıları, 1. Bölüm, "Topluluğun Amacı"

Erdemliliğin İncileri

Erdemliğin İncileri, tüm nesillerin büyük Kabalistlerinin yazılarından, makalelerinden özellikle de Zohar Kitabının Sulam(Merdiven) Tefsirinin yazarı Yehuda Aşlag'dan derlenen alıntılardan oluşur. Bu yapıt, kaynağı referans alarak, insan yaşamının her aşamasıyla ilgili Kabalanın yenilikçi kavramlarını açıklar. Kabala çalışmak isteyen herkes için eşsiz bir hediyedir.

İlişkiler

"Bilim ve kültürün gelişiminin yanı sıra, her nesil kendinden sonra gelen nesle, biriktirdiği ortak insanlık tecrübesini aktarır. Bu bellek bir nesilden diğerine, çürümüş bir tohumun enerjisinin yeni bir filize geçmesi gibi geçer. Belleğin aktarımında var olan tek şey, Reşimo veya enerjidir. Maddenin çürümesi gibi, insan bedeni de çürür ve tüm bilgi yükselen ruha aktarılır. Daha sonra bu ruh yeni bedene yerleşir ve bu bilgiyi veya Reşimo"yu hatırlar.

Genç bir çiftin çocuğunun dünyaya gelişinde tohumdan gelen bilgiyle, ölmüş bir insanın ruhunun yeni bir bedene geçerken beraberinde getirdiği bilgi, arasındaki fark nedir? Neticede anne ve baba hayatta ve çocukları da onlarla beraber yaşıyor! Hangi ruhlar, onların çocukları oldu?

Yüzyıllar boyunca tüm uluslar, doğal olarak sahip oldukları tüm bilgiyi miras yoluyla çocuklarına geçirmek için büyük bir arzu duydular. Onlara en iyi ve en değerli olanı aktarmak istediler. Bunu aktarmanın en iyi yolu yetiştirme tarzı, bilgiyi öğretmek, kutsal olduğu düşünülen fiziksel eylemler yöntemi ile düzenli toplum oluşturmaya çalışmak değildir.

Kabalanın Temel Kavramları

Bu kitabı okuyarak kişi daha önce var olmayan içsel alametler geliştirir.

Bu kitap, manevi terimlerin analizini hedefler. Bu terimlere uyumlu olmaya başladıkça, etrafımızı saran manevi yapının tıpkı bir sisin kaybolmaya başlaması gibi örtüsünü açmaya başladığına tanık oluruz.

Kabala kitapları, Baal HaSulam'ın dünyayı kötülüklerden kurtarmanın sadece ıslah metodunu yaymaya bağlı olduğunu belirten yönlendirmelerini izlemeyi amaçlamıştır, tıpkı şöyle dediği gibi, "Eğer gizli olan ilmi kitlelere nasıl yayacağımızı bilirsek, kurtuluşun tam eşiğindeki bir nesil oluruz."

Bu gerçekleştirmenin tek yolu olan Kabala kitaplarını tüm dünyayla paylaşmak olduğunu biliyoruz. Bu sebeple tüm bu kitapları internette ücretsiz olarak yayınlıyoruz. Amacımız her köşeye bu ilmi mümkün olduğunca yaymaktır. Basılmış kitapları pek çok insana ulaştırabilir, onlar vasıtasıyla ilmin başkalarına yayılmasına yardım edebilirsiniz.

Kabalanın İfşası

Kabalaya gizli ilim denilmesinin 3 nedeni vardır. Birincisi kabalistler tarafından özellikle gizlenilmiş olduğundan. Kabalanın insanlara öğretilmesi ilk 4000 yıl kadar öncelerine Hazreti İbrahim'e dayanmaktadır MÖ 1947-1948 yıllarına. Milat tarihinin başlangıcına kadar geçen 2000 yıllık süreçte bu öğreti gizlenmeden halka öğretilmekteydi. Hz İbrahim'in çadırının önünde oturup geçen yolculara gösterdiği misafirperverlik hikâyesini biliyoruz. Sunduğu yiyecek ve içeceklerle birlikte aynı zamanda insanlara bu ilmi anlattığını da biliyoruz. O dönemlerde var olan ruhlar bizim neslimize göre daha arıydılar ve bu öğretiyi daha doğal olarak anlayabildiler.

Kabalanın Gizli Bilgeliği

Artan krizler dünyasında, fırtınanın ortasında bir ışığa, yanlış giden şeylerin nereden kaynaklandığını görmemizi sağlayan ve en önemlisi de dünyamızı ve yaşamlarımızı daha huzurlu ve yaşanabilir kılmak için ne yapmamız gerektiğini öğreten bir rehbere ihtiyacımız var. Bu temel ihtiyaçlar sebebiyle bugün Kabala ilmi milyonlara ifşa olmuştur. Kabala, yaşamı geliştirme metodu olarak düzenlenmiştir. Kabala bir araç ve Kabala İlminin Gizli Bilgeliği bu aracı nasıl kullanacağımızı öğreten bir yöntemdir. Bu rehber, bu kadim bilimi günlük yaşantımıza uyarlamanın yanı sıra, Kabalanın temellerini öğrenmek için ihtiyacınız olan bilgiyi bize sunar.

Kaostan Ahenge

Kaostan Ahenge: Kabala İlmine Göre Küresel Krizin Çözümü, dünyanın bugün içinde bulunduğu endişe verici aşamasına yol açan unsurları açığa çıkarır.

Birçok araştırmacı ve bilim adamının hemfikir olduğu gibi, insanoğlunun sorunlarının kaynağı insan egosudur. Laitman'nın çığır açan yeni kitabı sadece insanlık tarihi boyunca tüm acıların kaynağı olan egonun ifşasını değil, aynı zamanda egolarımıza bağlı olarak, mutluluğa nasıl ulaşacağımızı ve sorunlarımızı nasıl fırsata dönüştüreceğimizi de açıklığa kavuşturur. Kitap iki bölümden oluşur. İlki, insan ruhunun analizi yaparak, ruhun nasıl egonun zehri olduğunu ortaya koyar. Bu kitap mutlu olmak için yapmamız gerekenlerin ve acıya sebep olduğu için kaçınmamız gerekenlerin bir haritasını çizer. Kitap boyunca Laitman'ın insanlık aşamasının analizi bilim kaynaklı veriler, çağdaş ve kadim Kabalistlerinden alınan örneklerle desteklenmiştir.

Kaostan Ahenge yeni bir varoluş aşamasına kolektif olarak yükselmemiz gerektiğini ve bu hedefi kişisel, sosyal, ulusal ve uluslararası seviyede nasıl başaracağımızı gösterir.

Niyetler

Derste otururken, sizinle beraber çalışanlar vasıtasıyla uyanan müşterek ruha bağlı olarak içsel değişimleri deneyimlersiniz. Herkes, siz de dahil, hepimizi birleştiren Kaynağa bağlanır... Beraber çalıştıkça hepimiz birbirimize bağlanmaya çalışırız. En önemli şey, herkesin aynı Kaynağa, aynı düşünceye bağlanmasıdır... Sadece bu güç bizi birbirimize bağlar.

Ruh ve Beden

Zamanın başlangıcından beri insan, varoluşun temel sorusuna cevap aramaktadır: Ben kimim, dünyanın ve benim var olmamızın sebebi ne, öldükten sonra bize ne oluyor? Hayatın anlamı ve amacı ile ilgili sorularımız, gündelik hayatın sınamaları ve acıları, küresel bir boyuta ulaştı – neden acı çekmek zorundayız? Bu sorulara cevap olmadığından, mümkün olan her yöne doğru araştırmalar yapılmaktadır.

Kadim inanç sistemleri, şimdilerde moda olan doğu öğretileri, bu arayışın bir parçasıdır. İnsanlık sürekli olarak varlığının akılcı kanıtını aramaktadır; insan binlerce yıldır doğanın kanunlarını araştırmaktadır.

Kabala bir bilim olarak bunun araştırılmasında bir yöntem öneriyor. Bu yöntem, insanın evrenin gizli olan bölümünü hissetme becerisini geliştirmesine olanak tanıyor. "Kabala" kelimesi "almak" demektir ve insanın en yüksek bilgiyi alma ve dünyayı doğru pencereden görme özlemini ifade eder.

Yarının Çocukları

Yarının Çocukları: 21. Yüzyılda Mutlu Çocuklar Yetiştirmenin Temel Esasları, siz ve çocuklarınız için yeni bir başlangıç olacaktır. Yeniden başlat düğmesine basabilmeyi ve bu sefer doğru olanı yapmayı hayal edin. Hiçbir mücadele, hiçbir sıkıntı ve en iyisi, hiçbir tahmin yok.

Büyük keşif şudur ki çocukları yetiştirmek, tamamen oyunlardan, onlarla oynamaktan, onlarla küçük yetişkinlermiş gibi ilişki kurmaktan ve tüm önemli kararları birlikte almaktan ibarettir. Çocuklara dostluk ve diğer insanların iyiliğini düşünmek gibi olumlu şeyleri öğretmekle, nasıl otomatik olarak günlük hayatınızın diğer alanlarını da etkilediğinizi görünce şaşıracaksınız.

Herhangi bir sayfayı açın ve orada, çocukların yaşamlarına ait her alana dair düşünceleri sorgulatan sözler bulacaksınız: ebeveyn – çocuk ilişkileri, dostluklar ve sürtüşmeler, okullar nasıl tasarlanır ve nasıl işler konusunda açık, net bir tablo. Bu kitap, her yerdeki tüm çocukların mutluluğunu amaç edinerek, çocukların nasıl yetiştirileceğine dair taze bir bakış açısı sunuyor.

Sonsuza Kadar Birlikte

Yani, eğer bir gün siz de kalbinizin derinlerinde, hafif bir "Şak!" hissederseniz, bilin ki şefkatli ve bilge bir sihirbaz size sesleniyor, çünkü sizin dostunuz olmak istiyor.

Ne de olsa, yalnız olmak çok üzücü olabilir.

İNTERNET AĞIMIZ

Ana sitemiz:

http://www.kabala.info.tr/

İlk internet sitemiz olup en temel dokümanların yayınlandığı portal sitemizdir. Kabala hakkında Türkçe olarak yayında olan dünyadaki en büyük doküman arşivi olarak kabul edilebilir.

Dr. Michael Laitman'ın Blog Sitesi:

http://laitman.info.tr/

Hocamız Dr. Michael Laitman'ın günlük derslerinden derlediği kısa makalelerinin yayınlandığı blog sitedir.

Bu blog sitesi şu an 19 dilde yayın yapmaktadır ve Türkiye'deki öğrenci ve dostlarımızın katkılarıyla site Türkçe olarak da yayınlanmaktadır.

Dr. Michael Laitman'ın Eğitim Sitesi:

http://michaellaitman.com/tr/

Bu sitede Dr. Michael Laitman'ın uluslararası kamuoyunda dile getirdiği güncel sorunlara yönelik sunumlarını ve bu konularla ilgili uzmanlarla yaptığı söyleşileri takip edebilirsiniz.

Dr. Laitman, eğitim metodoloji ve uygulamaları ile günümüzde eğitimin geçirdiği en sıkıntılı dönemlerde olumlu değişimi desteklemektedir. Eğitime yeni bir yaklaşım sunarak, bağımlı ve integral dünyada yaşamın gereklilikleri için eğitime yeni bir yaklaşım sunmaktadır.

ARI Enstitü Merkezi:

http://ariresearch.org/tr/

ARI Enstitüsü, kâr amacı olmayan bir organizasyon olarak kurulmuştur. Eğitim uygulamalarına, pozitif değişime yaratıcı fikirler ve çözümlerle, şimdiki neslimizin giderek daha çok ihtiyaç duyduğu eğitim konularına kendini adamış bir organizasyondur. ARI, entegre ve birbirine bağlı yeni dünya düzeninin ve kurallarının farkına varılmasını ve küresel yeni dünyada uygulanmasını yeni bir düşünce yaklaşımı olarak sunmaktadır. İletişim ağları, multimedya kaynak ve aktiviteleriyle, ARI uluslararası ve farklı akademik çalışma grupları arasında işbirliğini desteklemektedir.

Kabala İlmi Eğitim Sitemiz:

http://em.kabala.info.tr/

Bu site internet olanakları kullanılarak en geniş kapsamlı eğitimi insanlara sunmak için yapılmıştır. İnternet ortamında bulunan sınıflar ve dünyanın en geniş kapsamlı Kabalistik metinler kütüphanesi gibi hizmetler sunan Bney Baruh'un tüm çabası, sorularınıza cevaplar bulabileceğiniz ve içinde yaşadığımız dünyayı daha iyi anlayabilmenizi sağlayacak olan bir ortam yaratabilme üzerine yoğunlaşmaktadır. Tüm kurslar ücretsizdir.

Media Arşivi:

http://kabbalahmedia.info/

Bu sitemizde yıllardır işlenmekte olan tüm ders, çalıştay ve söyleşi programlarının video ve MP3 arşivine ücretsiz olarak ulaşabilirsiniz.

Kabala TV Sitesi:

http://kabalatv.info/

Her sabah 03:00 – 06:00 arası yapılan canlı dersleri bu sitenin ana sayfasından takip edebilirsiniz. Ayrıca bu sitede Bney Baruh Kabala Eğitim Merkezi'nin Türkçe dilinde düzenlediği tüm video arşivini inceleyebilirsiniz. Bu sitede ayrıca 24 saat canlı yayın yapan TV odası ve aynı zamanda belirli zamanlarda canlı yayın yapan Radyo odasına ulaşabilirsiniz.

Sviva Tova – İyi Çevre:

http://kabbalahgroup.info/internet/tr/

Bu sitede Bney Baruh dünya topluluğu ile ilgili günlük bildirimleri takip edebilirsiniz. Bu bildirimler sayesinde tüm etkinliklerimizden haberdar olup bu etkinliklere internet üzerinden dâhil olabilirsiniz.

Ari Film:

http://www.arifilms.tv/

Ari Film yapımcılarının Kabala İlmi hakkında gerçekleştirmiş oldukları tüm sinema ve video çalışmalarına bu site aracılığıyla ulaşabilirsiniz.

Kitap Sitemiz:

http://www.kabbalahbooks.info/

30 farklı dilde yayınlanmış tüm kitapları bu sitede inceleyebilirsiniz.

Müzik Sitemiz:

http://musicofkabbalah.com/

Her birimiz müziği farklı algılarız. İki kişinin aynı melodiyi nasıl algıladığını karşılaştırmak mümkün değildir. Kabala, ruhun ilmi, bu nedenden dolayı kişiye özeldir. Kabala ruhun tümüyle açılıp, yaratıldığı zaman içinde mevcut olan mutlak potansiyeline ulaşması için bir yoldur.

Bu sitede yer alan melodiler, çok büyük kabalistlerden biri olan Baal HaSulam ve geçmişteki Kabalistlerin yaptıkları bestelerin farklı değişimleriyle düzenlenmesinden oluşmuştur. Ziyaretçiler ayrıca müzik ve Kabala ile ilgili bazı materyallere bağlantı bulabilirler.

Sosyal Ağlar:

Tüm sosyal ağlarımızın kısa linklerine sitelerimize girerek ulaşabilirsiniz.

Katkı Sunun

Kabala İlmi bir grup çalışmasıdır. Dünya'nın birçok ülkesinde grupları bulunan Bney Baruh Kabala Eğitim Enstitüsü tüm faaliyetlerini öğrencilerinin gönüllü katkıları ile sürdürmektedir. Bu katkılar bireylerin niteliklerine göre değişmektedir. Sitemizde de incelediğiniz gibi Bney Baruh, prensipleri gereği, kullanılabilecek tüm Öğrenim Araçları ile Manevi Bilgi'yi öncesinde hiç bir ön koşul öne sürmeden tüm insanlığa ücretsiz olarak götürmeyi kendisine ilke edinmiştir.

Bu doğrultuda Manevi Dağıtıma katkı sunmak isteyenler **turkish@kabbalah.info** adresine yazarak Bney Baruh ile iletişime geçebilirler.

NOTLARIM

www.ingramcontent.com/pod-product-compliance
Lightning Source LLC
Chambersburg PA
CBHW071218080526
44587CB00013BA/1418